中國歷代書目題跋叢書

張元濟 撰
張人鳳 整理

# 涵芬樓燼餘書錄

顧廷龍署

上

**圖書在版編目(CIP)數據**

涵芬樓燼餘書録 / 張元濟撰；張人鳳整理
. —上海：上海古籍出版社，2022.9
(中國歷代書目題跋叢書)
ISBN 978-7-5732-0390-8

Ⅰ. ①涵… Ⅱ. ①張… ②張… Ⅲ. ①藏書樓—圖書目録—上海—民國 Ⅳ. ①Z842.6

中國版本圖書館 CIP 數據核字(2022)第 136803 號

特邀編輯：羅毅峰
責任編輯：郭　沖

中國歷代書目題跋叢書
**涵芬樓燼餘書録**
(全二册)
張元濟　撰
張人鳳　整理
上海古籍出版社出版發行
(上海市閔行區號景路 159 弄 1-5 號 A 座 5F　郵政編碼 201101)
(1) 網址：www.guji.com.cn
(2) E-mail：guji1@guji.com.cn
(3) 易文網網址：www.ewen.co
蘇州市越洋印刷有限公司印刷
開本 850×1168　1/32　印張 25.25　插頁 18　字數 448,000
2022 年 9 月第 1 版　2022 年 9 月第 1 次印刷
ISBN 978-7-5732-0390-8
Z·473　定價：168.00 元
如有質量問題，請與承印公司聯繫

圖一　張元濟先生像

（1936 年，七十歲）

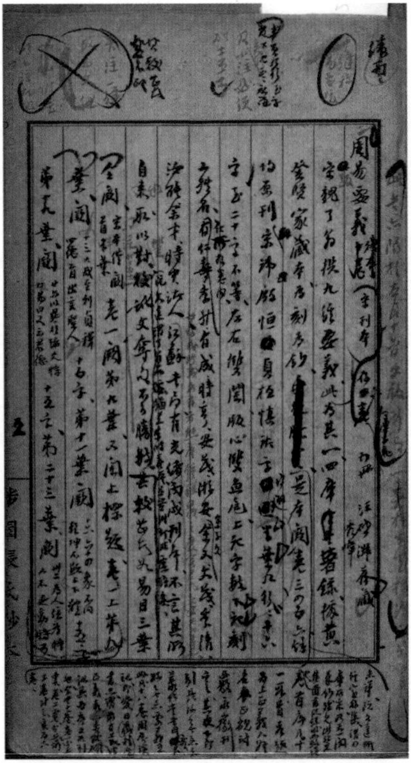

圖二　稿本“周易要義”條（一）

（張元濟手稿）

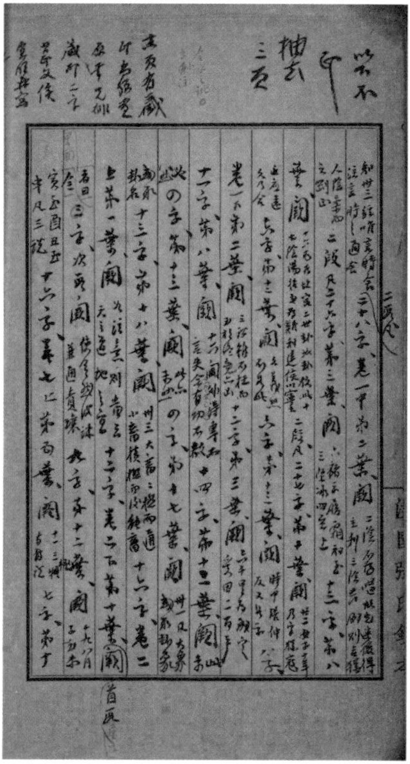

圖三　稿本“周易要義”條（二）
（張元濟手稿）

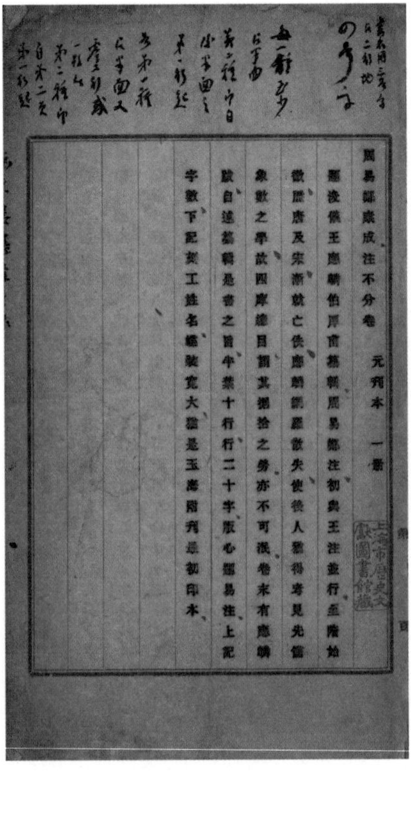
周易鄭康成注不分卷　元刊本　一册
宋浚儀王應麟伯厚甫輯鄭氏易鄭注初與王注並行至隋始
微歷唐及宋漸就亡佚應麟網羅散失使後人猶得考見先儒
象數之學故四庫總目謂其掇拾之勞亦不可泯卷末有應麟
跋自述蒐輯是書之旨半葉十行行二十字版心題易注上記
字數下記刻工姓名鐫製寬大當是玉海附刊最初印本

圖四　稿本“周易鄭康成注”條

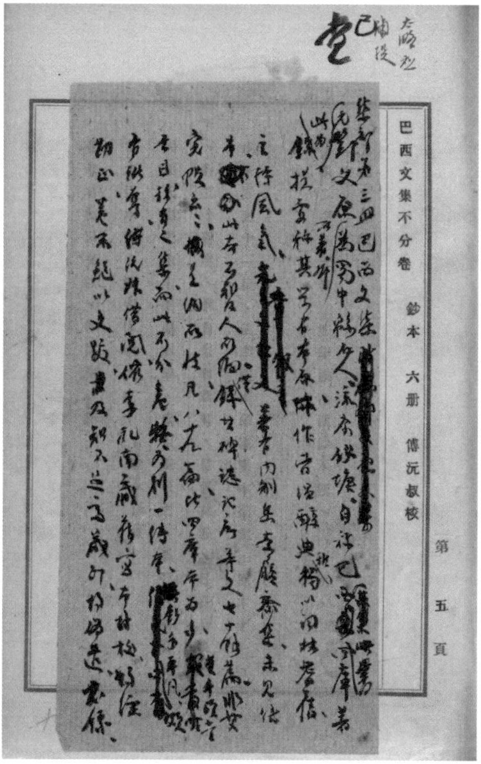


圖五　稿本“巴西文集”條

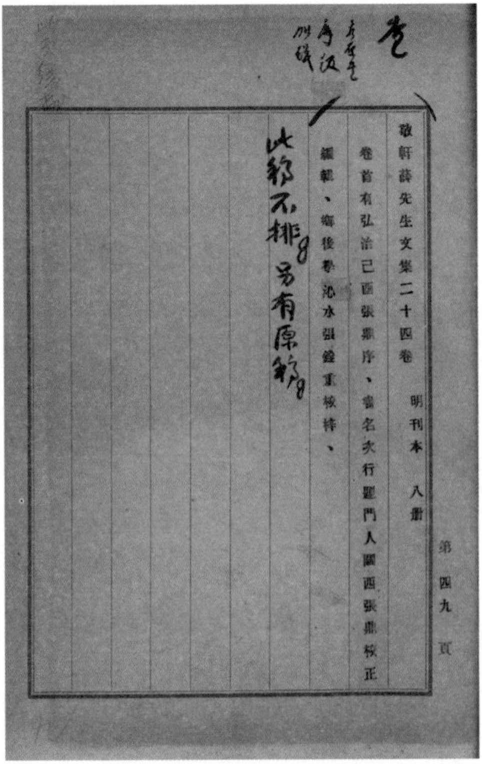


圖六　稿本“敬軒薛先生文集”條（一）

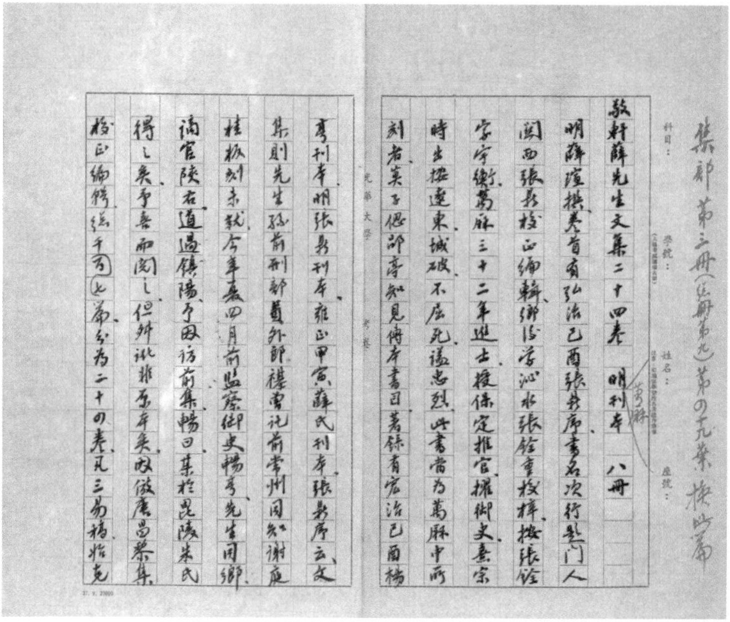
敬軒薛先生文集二十四卷　明刊本　八冊
明薛瑄撰。卷首有弘治己酉張鼒序，書名次行題門人
關西張鼒校正編輯、鄉後學泌水張銓重校梓。按張銓
字宇衡，萬曆三十二年進士，授保定推官，擢御史，熹宗
時出按遼東，城破，不屈死，謚忠烈。此書當為萬曆中所
刻者矣。子偲郘亭知見傳本書目著錄有弘治己酉楊
亨刊本、明張鼒刊本、雍正甲寅薛氏刊本。張鼒序云：文
集則先生孫前刑部員外郎禩嘗託前常州同知謝庭
桂板刻未就，今年春四月前監察御史楊亨，先生同鄉，
謫官陝右道，過鎮陽，予因訪前集，暢曰：某於毘陵朱氏
得之矣。予喜而閱之，但舛訛非原本矣，故復廣昌榮集，
校正編輯總千[illegible][illegible]篇，分為二十四卷，凡三易稿始克

圖七　稿本“敬軒薛先生文集”條（二）

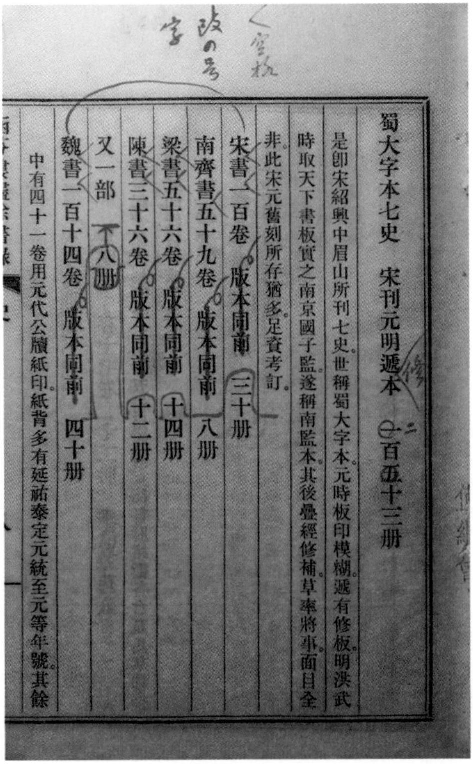

圖八　顧廷龍批校樣本“蜀大字本七史”（第二部）條

（沈津藏）

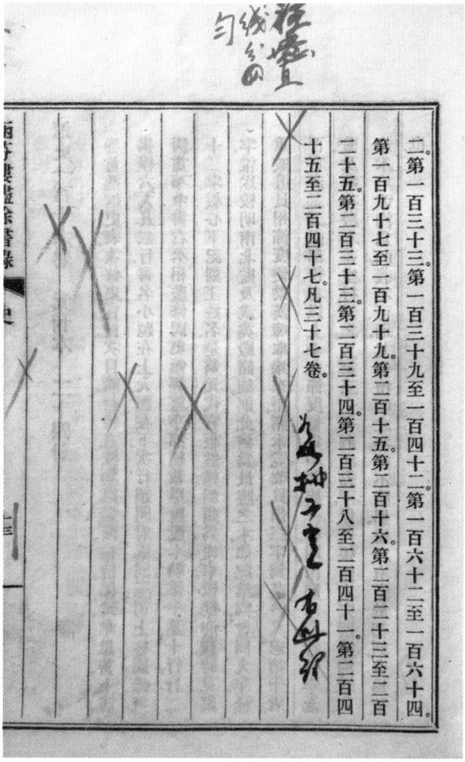

圖九　顧廷龍批校樣本"宋史"（第二部）條
（沈津藏）

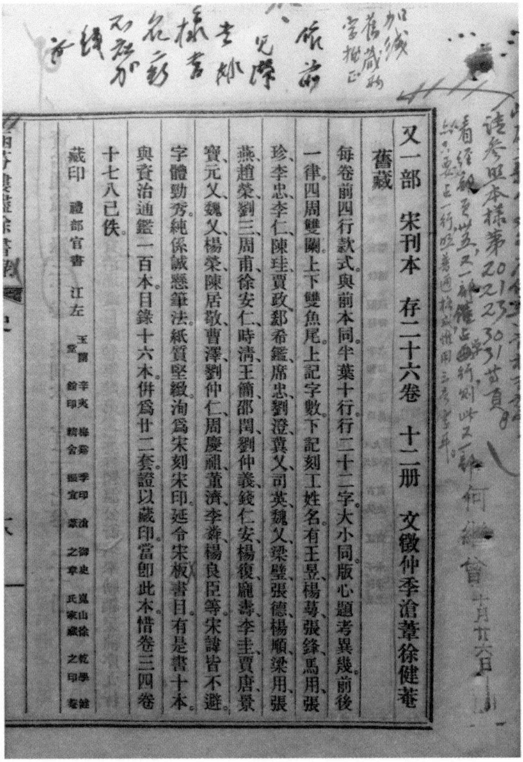

又一部　宋刊本　存二十六卷　十二冊　文徵仲季滄葦徐健菴

舊藏

每卷前四行款式與前本同。半葉十行，行二十二字，大小同。版心題考異幾，前後一律。四周雙闌，上下雙魚尾，上記字數，下記刻工姓名，有王昱、楊蕁、張鋒、馬用、張珍、李忠、李仁、陳珪、賈政、鄒希鑑、席忠、劉澄、龔乂、司英、魏乂、梁璧、張德、楊順、梁用、張燕、趙榮、劉三、周甫、徐安仁、時清、王簡、邵閏、劉仲義、錢仁安、楊復、龐壽、李圭、賈唐、景寶、元乂、魏乂、楊榮、陳居敬、曹澤、劉仲仁、周慶祖、董濟、李彝、楊良臣等。宋諱皆不避。字體勁秀，純係誠懸筆法，紙質堅緻，洵爲宋刻宋印。延令宋板書目有是書十本，與資治通鑑一百本目錄十六本併爲廿二套。證以藏印，當即此本，惜卷三四卷十七八已佚。

藏印　禮部官書　江左　王寶　辛夷館印　梅谿精舍　季印振宜　滄葦　御史之章　崑山徐氏家藏　乾學之印　健菴

圖十　顧廷龍批校樣本“資治通鑑考異”（第二部）條

（沈津藏）

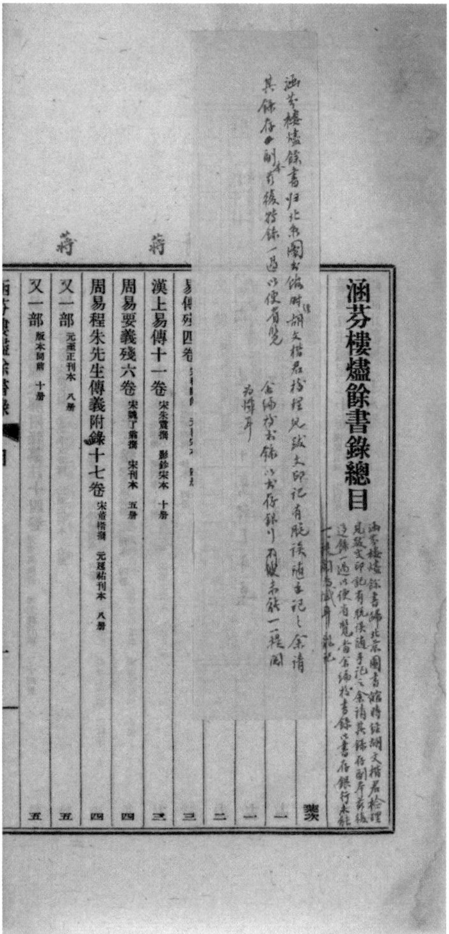


圖十一　顧廷龍批注並迻録胡文楷增訂本“總目”

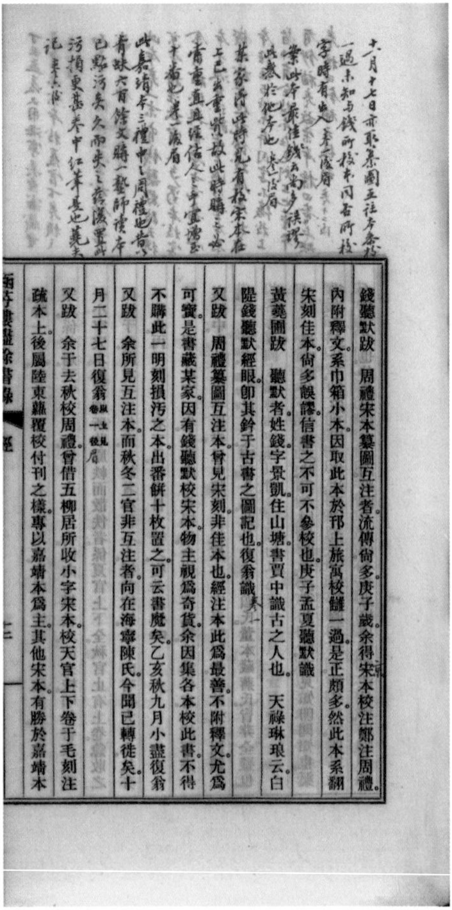

圖十二　顧廷龍批注並迻録胡文楷增訂本“周禮鄭氏注”條

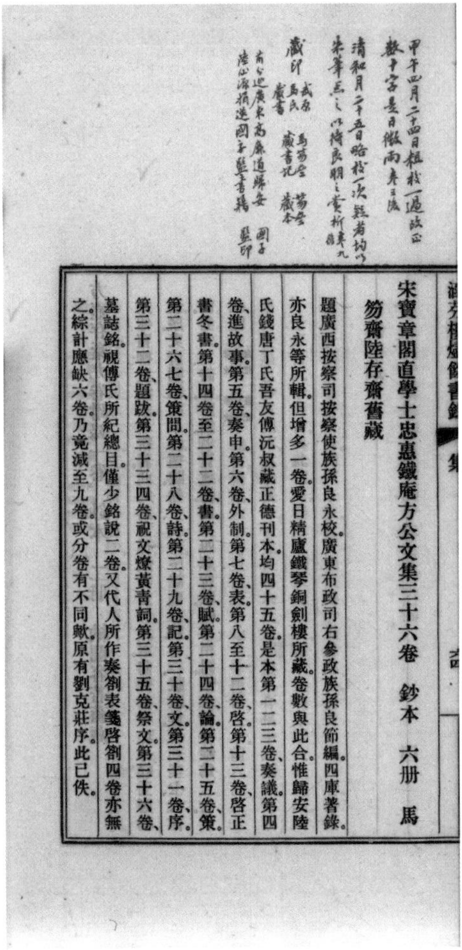

圖十三　顧廷龍批注並迻録胡文楷增訂本
“宋寶章閣直學士忠惠鐵庵方公文集”條

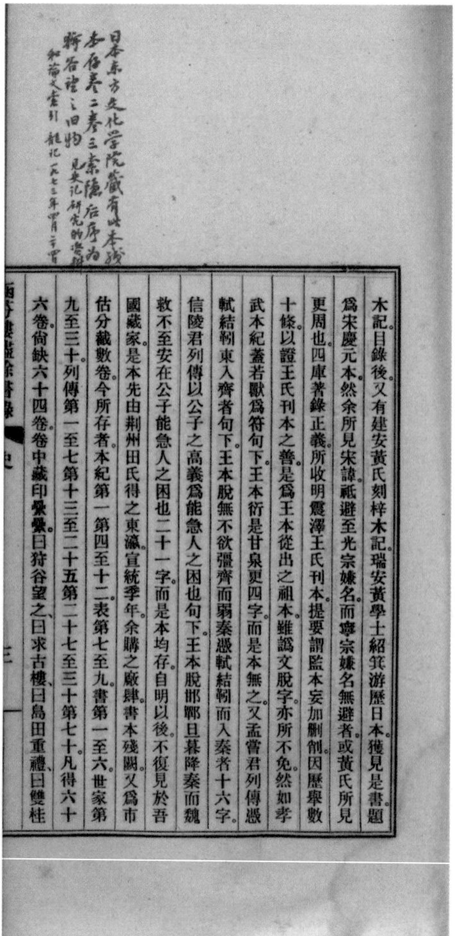

日本东方文化学院藏有此本残本存卷二卷三索隐后序为狩谷望之旧物　见史记研究的资料和论文索引　龍记　一九七二年四月三日
木記。目錄後。又有建安黃氏刻梓木記。瑞安黃學士紹箕游歷日本。獲見是書。題
爲宋慶元本。然余所見宋諱。祇避至光宗嫌名。而寧宗嫌名無避者。或黃氏所見
更周也。四庫著錄正義。所收明震澤王氏刊本。提要謂監本妄加刪削。因歷舉數
十條。以證王氏刊本之善。是爲王本從出之祖本。雖譌文脫字。亦所不免。然如孝
武本紀蓋若獸爲符句下。王本衍是甘泉更四字。而是本無之。又孟嘗君列傳。馮
軾結靷東入齊者句下。王本脫無不欲彊齊而弱秦馮軾結靷而入秦者十六字。

圖十四　顧廷龍批注並迻録胡文楷增訂本“史記”（第三部）條

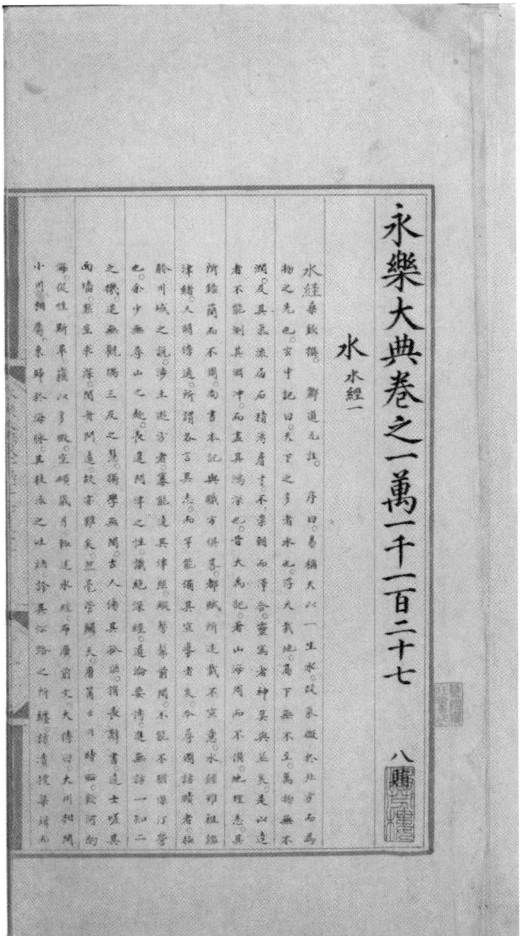

永樂大典卷之一萬一千一百二十七

水 水經一

水經 桑欽撰 酈道元注 序曰易稱天以一生水故氣微於北方而為
物之先也玄中記曰天下之多者水也浮天載地高下無不至萬物無不
潤及其氣流屆石精薄膚寸不崇朝而澤合靈寓者神莫與並矣是以達
者不能測其淵沖而盡其鴻深也昔大禹記著山海周而不備地理志其
所錄簡而不周尚書本紀與職方俱略都賦所述裁不宣意水經雖粗綴
津緒又闕旁通所謂各言其志而罕能備其宣導者矣今尋圖訪賾者極
聆州域之說涉土遊方者寡能達其津照縱髣髴前聞不能不猶深屏營
也余少無尋山之趣長違問津之性識絕深經道淪要博進無訪一知二
之機退無觀隅三反之慧獨學無聞古人傷其孤陋捐喪辭書達士嗟其
面牆默室求深閉舟問遠故亦難矣然毫管窺天歷筩時昭飲河酌
海從性斯畢竊以多暇空傾歲月輒述水經布廣前文大傳曰大川相間
小川相屬東歸於海脈其枝流之吐納診其沿路之所躔訪瀆搜渠緝而

圖十五　涵芬樓所藏《永樂大典》卷一萬一千一百二十七《水經注》

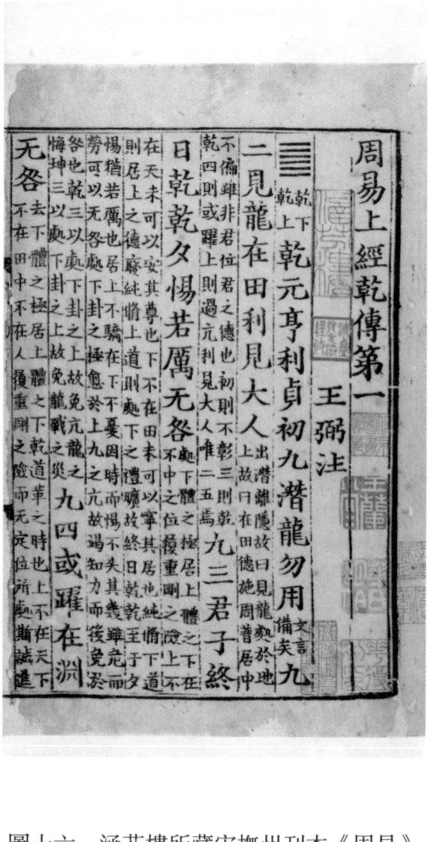

圖十六　涵芬樓所藏宋撫州刊本《周易》

# 《中國歷代書目題跋叢書》出版説明

漢代劉向、劉歆父子編撰《别録》《七略》，目録之學自此濫觴，在傳統學術中發揮了重要作用。歷代典籍浩繁龐雜，官私藏書目録依類編次，繩貫珠聯，所謂「類例既分，學術自明」（《通志·校讎略》），學者自可「即類求書，因書究學」（《校讎通義·互著》），實爲讀書治學之門户。而我國典籍屢經流散之厄，許多圖書真容難睹，甚至天壤不存，書目題跋所録書名、撰者、卷數、版本、内容即爲訪書求古的重要綫索。至於藏書家於題跋中校訂版本異同、考述版本淵源、判定版本優劣、追述藏弆流傳，更是不乏真知灼見，足以津逮後學。

我社素重書目題跋著作的出版，早在二十世紀五十年代，我社就排印出版了歷代書目題跋著作二十二種，後彙編爲《中國歷代書目題跋叢書》第一輯。此後，我社又與學界通力合作，精選歷代有代表性和影響較大的書目題跋著作，約請專家學者點校整理。至二〇一五年，先後推出《中國歷代書目題跋叢書》第二至四輯，共收書目題跋著作四十六種，加上第一輯的二十二種，計六十八種，極大地普及了版本目録之學。面對廣大讀者的需求，我社將該叢書陸續重版，並訂正所發現的錯誤，以饗讀者。

上海古籍出版社

二〇一八年八月

# 出版説明

張元濟先生所撰《涵芬樓燼餘書録》(以下簡稱《書録》)於一九五一年由商務印書館排印出版,繁體直排,有句讀,線裝,全書按經、史、子、集分作五册(其中集部以《六臣註文選》爲界釐爲二册),末又附《涵芬樓原存善本草目》。時隔半個多世紀,至二〇〇三年張元濟先生嗣孫張人鳳先生將其加以新式標點,簡體横排,收入《張元濟古籍書目序跋彙編》(二〇〇八年該版又收入《張元濟全集》第八卷),《書録》才得以再次出版。此次,我們以一九五一年商務印書館排印本爲底本,邀請張人鳳先生加以新式標點,繁體直排,收入《中國歷代書目題跋叢書》,並邀請羅毅峰先生擔任特約編輯。

《涵芬樓燼餘書録》著録之書,除《永樂大典》二十一册於一九五一年在張元濟先生的主持下捐贈中央人民政府,入藏北京圖書館(今中國國家圖書館)外,其餘則在一九五三年由中央文化部收購,亦入藏北圖。這其中的絶大部分得以整體編號,今索書號在07241至07875之間(僅有個别圖書暫時未能核實索書號)。其中多數圖書也已由「中華古籍資源庫」網站公布全文書影。此次我們經過查檢,將確係《書録》著録圖書的索書號標注於各條目下,以便檢核。另今國圖所著録之册數、分卷、刊刻年代等信息有與《書録》不同者，一併標注。

《涵芬樓燼餘書録》付梓後，當時供職商務印書館的胡文楷先生曾調出存於金城銀行的古籍原書與之核對，針對其中跋文、印記、卷帙等信息的脱誤進行了增訂，並在《書録》「總目」上將來源於蔣氏密韻樓舊藏者加注「蔣」字。顧廷龍先生又據胡氏增訂本過録，並間作批注。此本之複印件後被顧先生贈予了日本高橋智先生。二〇一〇年，高橋先生將其中胡、顧二人增訂、批注的内容單獨整理，發表於日本應慶大學《斯道文庫論集》第四十五輯，題爲《顧廷龍批注〈涵芬樓燼餘書録〉》。此次整理《書録》，我們也對其内容加以吸收，迻録到「總目」和正文中相應位置，以【　】標識；凡屬顧氏批注者，注明「顧批」。高橋先生的解説部分，由張雪兒女史翻譯，作爲附録之一。

二〇一八年上海古籍出版社出版了《張元濟與中華古籍保護》一書，載有陳先行先生《影印〈涵芬樓燼餘書録〉稿本前言》、沈津先生《張元濟與〈涵芬樓燼餘書録〉》二文，對涵芬樓收藏始末，《書録》撰作緣起與批改、出版經過，稿本、批注本狀况，學術價值與歷史地位等等，均有深刻揭示，本次亦收作附録。

一九五一年版《涵芬樓燼餘書録》每種圖書書録單獨起頁，本次出版將其接排，各部另起頁，並於各部卷端分别添加「經部」「史部」「子部」「集部」。每篇書録標題上添加編號，並邀請程遠芬先生編製書名、撰者、藏家、題跋者、藏印索引。明顯訛誤二處，《入注附音司馬温公資治通鑑》條「千頃堂書目」誤作「千頃堂書名」，《四明尊堯集》條「藏印」誤作「藏本」，均已徑改。一九三七年，瞿啓甲先生應張元濟先生邀請，特爲《書録》撰序，此次據《鐵琴銅劍樓研究文獻集》（上海古籍出版社一九九七年出版）

所載，附録於後。另外，張人鳳先生對涵芬樓燼餘典籍部數、種數、册數及版本情況重新進行了統計，一併附於書後。

本次整理本的序言，由山東大學杜澤遜先生撰寫。上海圖書館郭立暄先生、復旦大學石祥先生也提供了寶貴建議和支持。謹向各位先生表達敬意和謝意。

上海古籍出版社

二〇二一年八月

# 《涵芬樓燼餘書録》整理本序

海鹽張元濟先生是近代著名出版家，國學大師，主持商務印書館數十年，在中小學教科書、漢譯世界名著、工具書、古籍整理、圖書館事業等各個領域做出了重要貢獻，是近代文化界的傑出人物。僅就古籍整理事業而言，張元濟先生主持編校影印的《四部叢刊初編》《續編》《三編》、《續古逸叢書》、《百衲本二十四史》等大型古籍叢書，在二十世紀國學界成爲主要版本。在圖書館事業上，張元濟先生主持的商務印書館涵芬樓是古籍善本收藏的著名圖書館；與葉景葵等創立的私立合衆圖書館，是上海圖書館的主要前身之一，家藏古籍，尤其是嘉興地方文獻、海鹽張氏著述全都捐獻給了合衆圖書館。

張元濟先生主持影印古籍，大都撰寫學術性跋文，有的還附校勘記，這些跋文大都編入《涉園序跋集録》，是版本目録學的要籍。張元濟先生主持《百衲本二十四史》影印時，專門成立了「校史處」，對各史的主要版本進行了詳細校勘。校史處主任汪詒年先生、副主任蔣仲茀先生，參加校史處工作的還有王紹曾先生、趙榮長先生、胡文楷先生等，先後形成的《百衲本二十四史校勘記》稿本有一百八十餘册。張元濟先生親自主持校勘工作，並在校勘記上留下了大量批註，《史記校勘記》《漢書校勘記》則是張元濟先生親筆寫定的。由於時局原因，《校勘記》未能及時整理出版，於是摘取精要，先出版了一册《校史隨筆》。我認爲民國間校勘學上特別值得讀的是張元濟《校史隨筆》、陳垣《元典章校補釋例》兩本小書。

到了五十年代，張元濟先生還指導蔣仲茀先生整理《百衲本二十四史校勘記》「定本」，甚至排有「樣張」，顯然是要出版的，當然這個願望未能實現。中華書局根據中央精神組織全國專家點校《二十四史》，曾從商務印書館借用《百衲本二十四史校勘記》稿本，改革開放後，經王紹曾先生發文呼籲，中華書局清理出大部分稿本，歸還商務印書館。商務印書館領導林爾蔚先生等委託王紹曾先生主持整理，陸續出版。這套校勘記，在二十世紀校勘學史上，是具有重大影響的成果。我作爲王紹曾先生的助手參加了整理工作，這對我的科研工作産生了深刻的影響，無論從《文獻學概要》還是《十三經注疏彙校》中都能看到對張元濟先生古籍事業的學習和繼承。

張元濟先生還受著名藏書家潘明訓委託撰寫了《寶禮堂宋本書録》，這部書録在善本書的規範著録方面可以説是二十世紀善本書録的代表性成果，近年上海古籍出版社出版了新的整理本。張元濟先生傾心經營的商務印書館東方圖書館，在「一·二八」事變中被日本飛機轟炸，燬於一旦，其中的善本書室「涵芬樓」的宋元善本，因保存於上海金城銀行保險庫而幸免於難。張先生在痛心之餘，撰寫了《涵芬樓燼餘書録》。這部《書録》與《寶禮堂宋本書録》一樣，是中國目録學史上的名著。這批燼餘善本已經在張元濟先生主持下捐獻國家，入藏北京圖書館。《涵芬樓燼餘書録》是按善本書著録規範編制的，對每一部書的版本特徵、行款、牌記、序跋、刻工、藏書印等都作了詳細記載，不僅是版本目録的典範，而且是中華民族優秀文化遺産遭受日本帝國主義惡意破壞的歷史見證。

張人鳳先生是張元濟先生的文孫，長期從事教育工作，同時對整理研究張元濟先生遺著做了大量工作，編輯出版《張元濟全集》、《張元濟年譜》、《智民之師：張元濟》、《張元濟書札》、《張元濟古籍書目序跋彙編》等一系列成果，爲總結張元濟先生的學術成就做出了巨大貢獻。現在人鳳先生整理的《涵芬樓燼餘書録》即將由上海古籍出版社出版，人鳳先生和責編郭沖同志邀我寫序，我覺得這是不容推辭的光榮任務，就把自己的粗淺認識寫出來，供讀者參考。不當之處請批評指正。

杜澤遜

二〇二二年六月十三日於山東大學文學院

# 目録

## 上册

出版説明……………………一
整理本序……………杜澤遜 一
序……………張元濟 一
涵芬樓燼餘書録總目……………一
經部……………一
史部……………八八
子部……………二二三
集部……………三四八

## 下册

集部……………三五三
涵芬樓原存善本草目……………五〇七
後序……………顧廷龍 五六七
附録一　涵芬樓燼餘書録序……………瞿啓甲 五六九
附録二　涵芬樓燼餘典籍部數、種數、册數及版本情況統計……………張人鳳 五七一
附録三　影印《涵芬樓燼餘書録》稿本前言

…………陳先行　五七三
版本學資料研究……………高橋智　撰　張雪兒　譯　六四一
附録四　張元濟與《涵芬樓燼餘書録》……………沈　津　五九五
附録五　顧廷龍批注《涵芬樓燼餘書録》：中國
索引……………程遠芬　編　1

# 序

余既受商務印書館編譯之職，同時高夢旦、蔡孑民、蔣竹莊諸子咸來相助。每削藁，輒思有所檢閲，苦無書。求諸市中，多坊肆所刊，未敢信，乃思訪求善本暨收藏有自者。會會稽徐氏鎔經鑄史齋之書將散，徐氏故孑民居停主人，乞其介歸吾館。旋以數十櫝至。書固不惡，然所需者則猶未備也。

余昌言收書，聞者踵集。最先所得者爲清初沈寶研據宋趙安仁刊所校之《莊子》，次則明洪武刊西域海達兒等之《譯天文書》，宋刊元明遞修之王充《論衡》，諸明刊所佚《累害篇》一葉猶存焉。

古籍散亡，印術日新，余恒思擇要影印，以餉學者，然必須先得善本。革命軍興，故家淪替，楹書莫守。時則北京清宗室盛氏意園、廣東豐順丁氏持静齋所藏弆者，先後爲估人捆載而出。余各得其數種，而以影鈔明洪武刊之《元朝祕史》、宋景祐刊補元大德延祐元統明正統本之《漢書》爲之魁。

同館諸子謂宜乘時登報徵求，太倉謏聞齋顧氏後裔僑居上海者應募而至，邀余入城至其家。觀所藏，則橱架凌亂，塵封蠹積。稍稍繙閲，大都爲黄蕘圃、汪閬源兩家之物。既諧價矣，主人謂尚有鈔本數百册，益我百金，可併攜去。余慨然諾之，則昭文張金吾所輯之《詒經堂續經解》也。今亦熸於兵燹矣。

於時浭陽端氏、江陰繆氏、巴陵方氏、荆州田氏、南海孔氏、海寧孫氏之書，亦各星散。余展轉蒐求，多有所獲。今録中所載巍然首出者，有宋刊《六臣註文選》，則得之浭陽端氏；宋黄善夫刊《史記》、南北宋刊配合之《南華真經》，則得之荆州田氏；宋刊元修之《資治通鑑》，則得之南海孔氏；宋慶元刊《春秋左傳正義》、撫州本《春秋公羊傳解詁》、宋紹興刊《後漢書》，則得之海寧孫氏者也。

羣書充積，而罕見之本亦日有增益。書室狹隘不能容，時人方以圖書館相督責，乃度工廠前寶山路左曩所置地，搆築層樓，而東方圖書館以成。舉所常用之書實其中，以供衆覽。區所得宋元明舊刊暨鈔校本、名人手稿及其未刊者爲善本，别闢數楹以貯之，顔曰「涵芬樓」。

余積書之志至是稍慰，而影印古籍之念日迫，收書之願亦愈閎。烏程密韻樓蔣氏所蓄書，視吾館尤富。質於浙江興業銀行，期滿不能償，吾乃輸鉅資以得之。其最可寶者，有嘉靖重寫之《永樂大典》十餘册，而武英殿聚珍本《水經注》所自出之前半部即在其中。未幾，北伐軍起，訛言日至。東方圖書館距滬寧鐵道車站不半里，慮有不測，乃擇其尤者移存故租界金城銀行保管庫中。戰事粗定，而揚州何氏之書又有求沽之訊。余泝江而上，登門乞觀。察其書，多有用，且饒精本。市易既定，輦書而出。迨至鎮江，而江浙之戰又作。間關達滬，幸無遺佚。既入庫，分别部居，急擇其珍祕者登諸涵芬，並簡其前所未及者續移之金城庫中。部署甫竟，而倭寇遽至。「一·二八」鬨北之役遂肇興於此時。大難未臨，余何幸乃能爲思患之預防，不使此數十年辛勤所積之精華同歸於盡，可不謂天之所祐乎。

余樂覩此幸存之書，而又慮其聚久必散也。爰於暇日，各撰解題，成此四卷。總計所存，凡宋刊九十三部，元刊八十九部，明刊一百五十六部，鈔校本一百九十二部，稿本十七部。其曾入於著名藏家，如鄞縣范氏之天一閣、崑山徐氏之傳是樓、常熟毛氏之汲古閣、錢氏之述古堂、張氏之愛日精廬、秀水朱氏之曝書亭、歙縣鮑氏之知不足齋、吴縣黄氏之士禮居、長洲汪氏之藝芸書舍及泰興延令季氏者，不可勝計。印記纍纍，其流傳固有緒也。清人校勘之學，敻絶前古。長洲何義門、仁和盧抱經、嘉定錢竹汀、曲阜孔葒谷、陽湖孫淵如、海寧陳仲魚、元和顧千里、高郵王伯申、吴縣黄蕘圃、長洲陳碩父輩，皆其矯矯者。

録中之書爲所勘定者尤多。丹黄錯雜，析疑正謬，前賢手澤，歷久如新，是則至可寶貴者也。有何義門手校《古今逸史》全部，當危急時，曾令移出。典守者誤以他書充之，遂爲六丁攝去。變起倉卒，急不暇擇，類是者不知凡幾。每一念及，使我心痗。

民國之始，余鋭意收集全國方志。初每册值小銀錢一角，後有騰至什伯者。此雖不在善本之列，然積至二千六百餘種，凡二萬五千六百餘册，亦非易易。今無一存焉。其間珍貴之紀述，恐有比善本爲尤重者。而善本之存，亦僅此數十篋焉。題曰「燼餘」，所以志痛也。

稿成，儲之篋中，未敢問世。館友李拔可敦促再四，前歲始付製版。工僅及半，余以病阻，事遂中輟。拔可復約顧子起潛賡續爲之。起潛邃於流略之學，悉心讎對，多所匡正。不數月遂觀厥成，滋可感也。

涵芬善本，原有簿録。未燬之前，外人有借出録副者。起潛語余，北京圖書館有傳鈔本，盍借歸併印，以見全豹。余韙其言，移書假得。審係草目，淩躐無序，就余記憶所及，遺漏甚夥。蔣、何二氏之書，尤多未列。然所記書名，汰其已見是録者，猶千有七百餘種。異日史家纂輯藝文，或可稍資采擇。因更按部分類，略加排比。校印既竣，以附卷末。後之覽者，庸有取焉。時距書焚後已十有九年矣。海鹽張元濟。

# 涵芬樓燼餘書録總目

經部……一
001 周易鄭康成注不分卷 宋王應麟輯 元刊本 一册【蔣】……一
002-1 周易十卷 魏王弼晉韓康伯注 宋撫州刊本 四册……一
002-2 又一部 宋相臺岳氏刊本 四册……二
003 易傳殘四卷 宋程頤傳 元覆宋本 四册……三
004 漢上易傳十一卷 宋朱震撰 影鈔宋本 十册【蔣】……三
005 周易要義殘六卷 宋魏了翁撰 宋刊本 五册……四
006-1 周易程朱先生傳義附録十七卷 宋董楷撰 元延祐刊本 八册【蔣】……五
006-2 又一部 元至正刊本 八册……六
006-3 又一部 版本同前 十册……七
007 周易經傳集程朱解附録纂註十四卷 元董真卿撰 元元統刊本 二十四册……八
008 書集傳六卷 宋蔡沈撰 元鄒季友音釋 元至正刊本 六册……九
009 書蔡氏傳輯録纂注六卷 元董鼎撰 元延祐刊本 六册……一〇

010 直音傍訓尚書句解十三卷　元朱祖義撰　元刊本　四册　……　一一
011 詩經疏義二十卷　元朱公遷撰　明刊本　十册　……　一二
012 三家詩拾遺十卷　清范家相輯　鈔本　四册【蔣】　……　一四
013 周禮鄭氏注十二卷　漢鄭玄注　明嘉靖刊本　六册　錢聽默、黄蕘圃校【蔣】　……　一五
014 周禮六卷　漢鄭玄注　清福禮堂刊本　三册　陳碩甫校　……　一九
015 禮經會元四卷　宋葉時撰　明覆元本　二册　……　一九
016 儀禮圖附旁通圖十八卷　宋楊復撰　明覆宋本　十六册【蔣】　……　一九
017 纂圖互注禮記二十卷　漢鄭玄注　宋刊本　十册　……　二〇
018 禮記正義殘二十八卷　漢鄭玄注　唐孔穎達等疏　宋紹熙刊本　十四册　……　二五
019 禮記要義殘三十一卷　宋魏了翁撰　宋刊本　十六册　……　二七
020 大戴禮記十三卷　漢戴德撰　明覆宋本　二册　……　二九
021 析城鄭氏家塾重校三禮圖二十卷　宋聶崇義集注　蒙古刊本　十册　……　三〇
022 三禮疑義一百三十九卷　清吴廷華撰　清張月霄鈔本　四十八册　……　三一
023 禮書一百五十卷　宋陳祥道撰　宋刊元修本　二十册　……　三七
024 儀禮經傳通解儀禮集傳集注殘二卷　宋朱熹撰　宋刊本　二册　……　三八
025 家禮集説不分卷　明馮善編　明宣德刊本　二册　……　三九

026 春秋左傳正義三十六卷　晉杜預注　唐孔穎達疏　宋慶元刊本　三十二册　……四〇
027 春秋公羊傳解詁十二卷附釋文一卷　漢何休注　唐陸德明音義　宋撫州刊本　七册　…………………………………四三
028 監本附釋音春秋穀梁傳注疏二十卷　晉范甯注　唐陸德明音義　唐楊士勛疏　宋刊本　十册　…………………………四四
029 春秋五論不分卷　宋吕大圭撰　明姚舜咨手鈔本　一册　【蔣】　……………四五
030 春秋諸國統記六卷　宋齊履謙撰　鈔本二册　【蔣】　……………………四六
031 春秋諸傳會通二十四卷　元李廉撰　元至正刊本　十册　【蔣】　……………四六
032 春秋屬辭十五卷春秋左氏傳補注十卷春秋師説三卷　元趙汸撰　元至正刊本六册　【蔣】　…………………………四七
033-1 春秋胡氏傳纂疏三十卷　元汪克寛撰　元至正刊本　三十册　【蔣】　……四八
033-2 又一部殘十一卷　版本同前　七册　…………………………………四八
034-1 春秋集傳大全三十七卷　明胡廣楊榮等撰　明刊本　二十册　【此以殘本四部□成定本一部　四部册數如下　甲十册，乙十九册，丙十九册，丁十三册(顧批)】　……四九
034-2 又一部殘三十三卷　版本同前　十六册　…………………………四九
034-3 又一部殘二十二卷　版本同前　二十一册　…………………………四九
035 春秋經傳集解考正三十卷　清陳樹華撰稿本　六册　盧抱經校　【蔣】　……五〇
036-1 春秋繁露十七卷　漢董仲舒撰　影鈔宋

本 四册【蔣】……五一
036-2 又一部 明刊本 四册 孔葒谷校……五三
037 經典釋文三十卷 唐陸德明撰 清覆通志堂本 十二册 録葉菊裳臨校【蔣】……五四
038 唐石經考異不分卷 清錢大昕撰 稿本 一册 臧庸堂瞿木夫顧千里校……五七
039 周秦名字解故二卷 清王引之撰 稿本 三册……五七
040 魁本大字詳音句讀孟子殘一卷 元刊本 一册……五八
041 孟子注疏解經十四卷 漢趙岐注 宋孫奭疏 明吳氏叢書堂鈔本 七册【蔣】……五八
042 孟子通十四卷附孟子集註通證二卷 元胡炳文撰 附元張存中撰 元天曆刊本 八册【蔣】……五九
043 爾雅疏十卷 宋邢昺撰 宋刊本 五册【蔣】……六〇
044 釋名八卷 漢劉熙撰 明嘉靖刊本 二册【蔣】……六二
045 博雅十卷 魏張揖撰 明正德刊本 二册 黄蕘圃校……六二
046 廣雅十卷 魏張揖撰 明天啓刊本 一册 錢竹汀校【蔣】……六六
047 羣經音辨七卷 漢賈昌朝撰 明刊本【鈔本（顧批）】二册 陸敕先校……六七
048 重刊埤雅二十卷 宋陸佃撰 明刊本 十二册【蔣】……六八
049-1 說文解字十五卷 漢許慎撰 宋徐鉉等校定 明毛氏汲古閣刊本 十二册 嚴鐵橋

孫淵如顧千里洪筠軒校……………六八
049－2 又一部 版本同前 六册 據宋本校……………七〇
050 說文繫傳四十卷 南唐徐鍇撰 清汪氏刊本 十二册 陳仲魚校【蔣】……七一
051 玉篇三十卷 梁顧野王撰 唐孫强增 影鈔宋本 四册……………七一
052－1 大廣益會玉篇三十卷 梁顧野王撰 唐孫强增 元延祐刊本 六册……七二
052－2 又一部 版本同前 六册……七二
053－1 復古篇二卷 宋張有撰 影鈔宋本 二册……………七三
053－2 又一部 鈔本 一册 翁覃谿校……………七三
054 漢隸字源不分卷 宋婁機撰 影鈔宋本 三册……………七四
055 班馬字類二卷 宋婁機撰 明鈔本 二册……………七四
056 班馬字類五卷附補遺 宋婁機撰 宋李曾伯補 影鈔宋本 五册【蔣】……七五
057 龍龕手鑑殘一卷 遼僧行均撰 宋刊本 一册【蔣】……………七六
058 六書統二十卷 元楊桓撰 元至大刊本 十四册……………七六
059 六書統溯源十三卷 元楊桓撰 元刊本 十三册……………七八
060 說文字原一卷六書正譌五卷 元周伯琦撰 元至正刊本 六册【蔣】……七九
061－1 增修復古編四卷 宋張有編 元吴均補 明洪武刊本 二册……………八〇
061－2 又一部 版本同前 二册……八一

062　積古齋鐘鼎彝器款識十卷　清阮元撰　原刊本　四册　潘伯寅校……八二

063-1　廣韻五卷　宋陳彭年等撰　宋刊本　二册【蔣】……八二

063-2　又一部　影鈔宋本　五册……八三

063-3　又一部　清曹氏楝亭刊本　五册　何義門校【蔣】……八四

063-4　又一部　清張氏澤存堂刊本　四册【二册（顧批）】　黄蕘圃校……八四

064　增修互注禮部韻略殘一卷　宋毛晃增注　明覆元本　一册【蔣】……八六

065　古今韻會舉要三十卷　元黄可編輯　元熊忠舉要　明覆元本　二十四册【蔣】……八六

066　西儒耳目資不分卷　明泰西金尼閣撰　明天啓刊本　六册……八七

**史部**……八八

067-1　史記一百三十卷　漢司馬遷撰　劉宋裴駰集解　宋刊元明遞修本　三十八册【蔣】……八八

067-2　又一部　漢司馬遷撰　劉宋裴駰集解　唐司馬貞索隱　蒙古刊本　二十四册【蔣】……八九

067-3　又一部殘六十六卷　漢司馬遷撰　劉宋裴駰集解　唐司馬貞索隱　唐張守節正義　宋刊本　二十五册……九一

068　漢書一百十八卷　漢班固撰　唐顏師古注　宋景祐刊配元大德延祐元統明正統本　六十册……九二

069　後漢書一百二十卷　宋范曄撰　唐章懷太子注　志晉司馬彪撰　梁劉昭注　宋紹興刊本　四十册……九五

070　三國志魏書三十卷　晉陳壽撰　劉宋裴松之注　宋刊本　十六冊　…………九七

071　蜀大字本七史　宋刊元明遞修本　二百十三冊　……………………………九九

宋書一百卷　梁沈約撰　三十冊　南齊書五十九卷　梁蕭子顯撰　八冊

梁書五十六卷　唐姚思廉撰　十四冊

陳書三十六卷　唐姚思廉撰　十二冊

又一部　八冊　魏書一百十四卷　北齊魏收撰　四十冊

又一部　六十四冊　又一部殘十七卷　無明補　十二冊

北齊書五十卷　唐李百藥撰　十五冊

周書五十卷　唐令狐德棻等撰　十冊

072－1　隋書殘十五卷　唐魏徵、長孫無忌等撰　宋刊本　十冊……………………一〇〇

072－2　又一部八十五卷　元大德刊本　二十冊　…………………………一〇一

072－3　又一部　版本同前　二十冊……一〇一

073　南史八十卷　唐李延壽撰　元大德刊本　三十二冊　………………一〇一

074－1　北史一百卷　唐李延壽撰　元大德刊本　六十冊　………………………一〇二

074－2　又一部殘二十一卷　版本同前　十冊　…………………………一〇三

074－3　又一部殘五十一卷　版本同前　三十四冊　………………………一〇四

075－1　宋史殘四百九十三卷　元脱脱等撰　明覆元刊本　一百五十四冊　……一〇四

075－2　又一部殘一百三十一卷　版本同前　四十七冊【七十四冊　重傳第二、第一二三少傳一〇七至二〇　重志一五至一七（顧

批)】……………………………一〇六
076 遼史一百十六卷 元脱脱等撰 元刊本
二十四冊 ……………………………一〇六
077-1 金史一百三十五卷 元脱脱等撰 元刊
本 四十八冊 ……………………一〇七
077-2 又一部殘四卷 版本同前 四冊
………………………………一〇八
078-1 元史二百十卷 明王禕、宋濂等撰 明
洪武刊本 四十一冊 ……………一〇八
078-2 又一部 版本同前 四十九冊
………………………………一〇九
079 北監本二十一史殘十五史 明萬曆刊本
四百二十二冊 ……………………一〇九
史記一百三十卷 漢司馬遷撰 劉宋裴駰
集解 唐司馬貞索隱 唐張守節正義 二十
六冊 晉書一百三十卷附音義三卷



唐太宗撰 附唐何超撰 三十冊
宋書一百卷 梁沈約撰 二十二冊 南
齊書五十九卷 梁蕭子顯撰 十冊
梁書五十六卷 唐姚思廉撰 十冊 陳
書三十六卷 唐姚思廉撰 六冊
魏書一百十四卷 北齊魏收撰 三十冊
北齊書五十卷 唐李百藥撰 八冊
周書五十卷 唐令狐德棻等撰 十冊 隋
書八十五卷 唐魏徵、長孫無忌等撰 二十冊
南史八十卷 唐李延壽撰 二十冊 北
史一百卷 唐李延壽撰 三十冊
新唐書二百二十五卷附音釋二十五卷
宋歐陽修、宋祁等撰 附宋董衝撰 五十冊
宋史四百九十六卷 元脱脱等撰 一百冊
元史二百十卷 明王禕、宋濂等撰 五十冊
080 資治通鑑二百九十四卷 宋司馬光撰 宋

刊本　一百二十冊……………………一一一
081-1　資治通鑑考異三十卷　宋司馬光撰　宋刊本　十冊……………………一一二
081-2　又一部殘二十六卷　宋刊本　十二冊……………………一一三
082　資治通鑑目録殘二十七卷　宋司馬光撰　宋刊本　二十冊……………………一一三
083　資治通鑑釋文三十卷　宋史炤撰　宋刊本　十二冊【蔣】……………………一一四
084　入註附音司馬温公資治通鑑一百卷　宋刊本　二十四冊【蔣】……………………一一五
085　編年通載殘四卷　宋章衡撰　宋刊本　四冊【蔣】……………………一一八
086　資治通鑑綱目殘二十七卷　宋朱熹撰　宋刊本　二十八冊……………………一二一
087　續宋中興編年資治通鑑殘七卷　宋劉時舉撰　元刊本　四冊……………………一二九
088　宋史全文續資治通鑑殘十二卷　明天順刊本　十冊……………………一二九
089　通鑑續編二十四卷　元陳桱撰　元刊明補本　二十四冊……………………一三〇
090　通鑑紀事本末殘二十二卷　宋袁樞撰　宋刊本　二十二冊……………………一三一
091　袁氏通鑑紀事本末撮要八卷　宋袁樞撰　宋刊本　二冊……………………一三二
092-1　三朝北盟會編殘二百三十卷　宋徐夢莘編　明鈔本　四十六冊【蔣】……………………一三二
092-2　又一部二百五十卷　鈔本　四十冊　鮑以文校……………………一三四
093　虞淵沈不分卷　清吴偉業撰　手稿本　一冊……………………一三五
094　山書十八卷　清孫承澤輯　鈔本　十四冊

【蔣】……一三六

095 流寇長編二十卷 清戴笠、吳喬編 鈔本 十六册 ……一三七

096 逸周書十卷 晉孔晁注 鈔本 四册 盧抱經、黄蕘圃校 【蔣】……一三八

097 古史六十卷 宋蘇轍撰 宋刊本 十八册 ……一四〇

098 東都事略一百三十卷 宋王偁撰 覆宋本 十二册【十四册(顧批)】 據影鈔宋本校 【蔣】……一四〇

099 元朝祕史十卷續集二卷 影鈔明洪武刊本 六册 顧千里校 ……一四一

100 國語二十一卷補音三卷 吳韋昭注 宋宋庠音 宋刊本 六册 ……一四三

101-1 國語二十一卷 吳韋昭注 明覆宋刊本 八册 段玉裁、顧抱沖、顧千里校 【蔣】……一四五

101-2 又一部 清黄氏士禮居覆宋刊本 四册 陳碩甫校 ……一四六

102 戰國策三十三卷 漢高誘注 清盧氏雅雨堂刊本 十二册 王伯申校 ……一四六

103 春秋外傳攷正二十一卷 清陳樹華撰 稿本 二册 盧抱經校 ……一四七

104 貞觀政要十卷 唐吳兢撰 元戈直集論 明成化刊本 八册 【蔣】……一四八

105 渚宮舊事五卷補遺一卷 唐余知古撰 鈔本 一册 盧抱經校 ……一四八

106 唐大詔令集一百三十卷 宋宋敏求編 鈔本 二十册 顧千里校 ……一四九

107-1 兩漢詔令二十三卷 宋林虙編 宋樓昉續 元刊本 八册 ……一四九

107-2 又一部 版本同前 八册 ……一五〇

108 洪武大誥三編　明太祖撰　明洪武刊本
三册 …………………………… 一五一
109 國朝諸臣奏議殘二十二卷　宋趙汝愚編
宋刊本　十册　【蔣】………… 一五一
110-1 東家雜記二卷　宋孔傳撰　影鈔宋本
二册　【蔣】……………………… 一五二
110-2 又一部　元覆宋刊本　一册…… 一五三
111 雲韶堂紹陶録二卷　宋王質撰　清鮑氏知
不足齋鈔本　一册 ……………… 一五三
112 鄂國金陀粹編二十八卷　宋岳珂編　元至
正刊本　十二册　【蔣】………… 一五四
113 運使復齋郭公言行録編類運使復齋郭
公敏行録不分卷　元徐東撰　附元闕名撰
影鈔元本　三册　【蔣】………… 一五五
114 徐蘇傳不分卷　明李庭貴編　明天順刊本
二册　【蔣】……………………… 一五七
115 經進皇宋中興四將傳四卷附种太尉傳
韓世忠傳　宋章穎撰　种傳、宋趙起撰　鈔
本　六册　【蔣】………………… 一五七
116 國朝名臣事略十五卷　元蘇天爵編　明祁
氏淡生堂鈔本　四册　黄蕘圃校　【蔣】
……………………………………… 一五八
117 唐忠臣録　明鄭瑄編集　明正統刊本　二册
……………………………………… 一五九
118 皇明開國功臣略三十一卷續編一卷　明
黄金編　明正德刊本　十二册　…… 一五九
119 宋丞相崔清獻公全録十卷　宋崔與之撰
明嘉靖刊本　四册　……………… 一六〇
120 歷代隱逸傳不分卷　明錢穀輯　手稿本
五册………………………………… 一六〇
121 兔床日記不分卷　清吴騫撰　手稿本　一
册　………………………………… 一六二

122　十七史詳節二百七十三卷　宋吕祖謙編　宋元遞刊本　一百册【蔣】……一六三
123　諸史提要十五卷　宋錢端禮撰　宋刊本　五册【蔣】……一六四
124　漢雋十卷　宋林鉞撰　明刊本　十册【蔣】……一六五
125　直説通略十卷　元鄭鎮孫編　明成化刊本　四册……一六五
126　元史節要二卷　明張美和編　明洪武刊本　二册……一六六
127-1　南唐書十八卷　宋陸游撰　明錢叔寶鈔本　六册【蔣】……一六七
127-2　又一部　鈔本　二册【蔣】……一六九
128　南唐書箋注十八卷　清周在浚撰　稿本　四册　吴兔床校【蔣】……一七〇
129　吴越備史四卷　宋范坰、林禹撰　清吴枚菴鈔本　四册【蔣】……一七一
130　僞齊録二卷　宋楊堯弼撰　鈔本　一册　鮑以文校……一七三
131　三輔黄圖六卷　元刊本　四册【蔣】……一七四
132　元和郡縣圖志四十卷　唐李吉甫撰　鈔本　十六册……一七五
133　九域志十卷　宋王存撰　鈔本　五册　盧抱經校【蔣】……一七六
134　新定九域志十一卷　宋王存撰　鈔本　四册　周有香校【蔣】……一七七
135　新編方輿勝覽七十卷　宋祝穆編　宋刊本　三十四册……一七八
136　聖朝混一方輿勝覽三卷　元刊本　十二册……一七九
137-1　吴郡圖經續記三卷　宋朱長文撰　鈔本

一册　濮自崑、吴兔床校　【蔣】……一八〇
137-2　又一部　鈔本　一册　顧可潛校
……一八一
138　嘉禾志三十二卷　元徐碩撰　鈔本　六册
吴枚菴、黄蕘圃校　【蔣】……一八一
139-1　水經注四十卷　後魏酈道元撰　明嘉靖刊
本　十册　惠定宇校　【蔣】……一八二
139-2　又一部殘八卷　明嘉靖重鈔永樂大典本
四册　【蔣】……一八三
140　邦畿水利集説四卷附九十九淀考一卷　清
沈聯芳編輯　稿本　二册　【蔣】…一八四
141　洛陽伽藍記五卷　魏楊衒之撰　明刊本
二册……一八五
142　長安志二十卷　宋宋敏求撰　明嘉靖刊本
三册……一八五
143　北户録三卷　唐段公路編　明鈔本　一册
……一八六
144　岳陽風土記不分卷　宋范致明撰　明鈔本
一册　【蔣】……一八七
145　幽蘭居士東京夢華録十卷　宋孟元老撰
影鈔元本　二册　【蔣】……一八七
146-1　中吴紀聞六卷　宋龔明之撰　明弘治刊
本　二册……一八八
146-2　又一部　明若墅堂刊本　一册　毛斧季、
陸敕先校……一八九
146-3　又一部　明毛氏汲古閣刊本　一册【四
册】　前人校　【蔣】……一八九
147　夢粱録不分卷　宋吴自牧撰　明楊循吉刪
明鈔本　一册　【蔣】……一九〇
148　武林舊事六卷　宋周密撰　明正德刊本
六册……一九〇
149　虞鄉雜志不分卷　明毛晉撰　稿本　一册

……一九一

150 宣和奉使高麗圖經四十卷 宋徐兢撰 鈔本 二册 【蔣】……一九二

151 麟臺故事殘三卷 宋程俱撰 影鈔宋本 一册 【蔣】……一九二

152 牧民忠告二卷經進風憲忠告一卷廟堂忠告一卷 元張養浩撰 元刊本 二册 【蔣】……一九五

153 通典殘三卷 唐杜佑撰 宋刊本 一册 ……一九六

154-1 五代會要三十卷 宋王溥撰 清孫潛夫鈔本 八册 孫氏並校 【蔣】……一九六

154-2 又一部 清貴仲符鈔本 四册 【蔣】……一九七

155 建炎以來朝野雜記甲集二十卷乙集二十卷 宋李心傳撰 鈔本 六册 孔葒谷校 【蔣】……一九八

156-1 東漢會要殘二十八卷 宋徐天麟撰 宋刊本 六册 【蔣】……一九九

156-2 又一部四十卷 影鈔宋本 十六册 【蔣】……二〇〇

157 敖波圖説二卷 元陳椿撰 鈔本 二册 【蔣】……二〇〇

158 左司筆記三卷 清吴暻撰 手稿本 三册 【蔣】……二〇一

159 昭德先生郡齋讀書志二十卷 宋晁公武撰 鈔本 四册 汪閬源、李蒓沚、黄蕘圃校 【蔣】……二〇二

160 絳雲樓書目二卷 清錢謙益撰 鈔本 二册 吴枚菴過校 【蔣】……二〇四

161 虞山錢遵王述古堂藏書目録題詞不分卷 清錢曾撰 手稿本 一册 ……二〇五

162 讀書敏求記四卷 清錢曾撰 清沈氏雙桂草堂刊本 四册 陳仲魚、黄蕘圃校……二〇六

163－1 寶刻叢編二十卷 宋陳思編 鈔本 六册 潘秋谷校 【蔣】……二〇八

163－2 又一部 鈔本 十二册 韓履卿校【蔣】……二一〇

164 金薤琳琅二十卷 明都穆撰 明嘉靖刊本 五册 【蔣】……二一〇

165 金石苑未分卷 清劉喜海輯 稿本 六十三册……二一一

166 蒼潤軒碑跋紀一卷續紀一卷 明盛時泰撰 鈔本 一册 魏稼孫校……二一三

167 史通二十卷 唐劉知幾撰 明刊本 十册 徐承禮校……二一四

168 四明尊堯集四卷序一卷 宋陳瓘撰 明刊本 四册……二一六

169 東萊先生音註唐鑑二十四卷 宋范祖禹撰 宋吕祖謙注 宋刊本 四册……二一七

170 唐書直筆新例四卷新例須知一卷 宋吕夏卿撰 影鈔宋本 一册 沈寶硯校……二一八

171 新唐書糾謬殘十五卷 宋吴縝撰 影鈔宋本 二册 前人校……二一八

172－1 致堂讀史管見三十卷 宋胡寅撰 宋刊本 三十册 【蔣】……二一九

172－2 又一部殘五卷 版本同前 五册 【蔣】……二二〇

173 新刊點校諸儒論唐三宗史編句解殘六卷 元刊本 二册……二二〇

174 史糾殘五卷 明朱明鎬撰 鈔本 三册……二二一

**子部**……二二二

175 新序十卷 漢劉向撰 明覆宋本 四册 顧千里校……二二二

176-1 説苑二十卷 漢劉向撰 宋咸淳刊本 八册……二二二

176-2 又一部 明鈔本 十册 ……二二五

177 纂圖互註揚子法言十卷 漢揚雄撰 晉李軌、唐柳宗元注 宋宋咸、吴祕、司馬光添注 宋刊本 四册……二二六

178 揚子法言殘五卷 明顧氏世德堂刊本 一册 沈寶硯校……二二九

179 近思録十四卷 宋朱熹、吕祖謙撰 明正德刊本 四册 金孝章校 ……二三〇

180 近思録集解十四卷 宋葉采集解 宋刊本 八册……二三一

181 晦翁先生語録大綱領十卷附録三卷 宋廖德明等編 宋刊本 四册 ……二三一

182 慈溪黄氏日鈔殘二卷 宋黄震撰 宋刊本 一册……二三二

183 霍渭厓家訓不分卷 明霍韜撰 明毛氏汲古閣鈔本 一册 ……二三二

184 直説素書不分卷 明刊本 二册 ……二三三

185-1 管子二十四卷 唐房玄齡注 明萬曆刊本 三册 陳碩甫校 ……二三四

185-2 又一部 明劉績補註 明成化刊本 十二册 ……二三五

186 韓非子二十卷 周韓非撰 清錢氏述古堂影鈔宋本 四册 黄蕘圃校……二三六

187 農桑撮要不分卷 元魯明善撰 元至順刊本 二册 ……二四〇

188 救荒本草二卷 明朱橚撰 明嘉靖刊本

十二冊……………………二四一
189 新刊黃帝内經素問二十四卷 唐王冰注 宋林億等校正 宋刊本 十六冊……二四一
190-1 補註釋文黃帝内經素問殘十卷 隋全元起解 唐王冰注 宋林億等校正 元刊本 十冊……………二四二
190-2 又一部殘五卷 版本同前 六冊……………二四三
191 新刊王氏脈經十卷 晉王叔和撰 元刊本 四冊……………二四三
192 素問入式運氣論奥三卷 宋劉温舒撰 元刊本 一冊……………二四五
193 經史證類大觀本草殘六卷附本草衍義殘五卷 宋唐慎微纂 附宋寇宗奭編 金刊本 九冊……………二四五
194 本草衍義二十卷 宋寇宗奭編 宋慶元刊本 四冊……………二四六
195 類編圖經集註衍義本草殘六卷 元僧慧昌校正 元刊本 三冊……………二四七
196 三因極一病證方論十八卷 宋陳言編 宋刊本 十冊……………二四八
197 新刊仁齋傷寒類書活人總括七卷 宋楊士瀛撰 元刊本 三冊……………二四八
198 新刊仁齋直指方論醫學真經不分卷 宋楊士瀛撰 元刊本 一冊……………二四九
199 濟生拔萃方殘十三卷 元杜思敬輯 元延祐刊本 十冊……………二五〇
200 新刊袖珍方四卷 明李恒編 明洪武刊本 十六冊……………二五一
201 六經天文編二卷 宋王應麟編 元刊本 四冊……………二五二
202 譯天文書四卷 明海達兒等譯 明洪武刊

本　四册……二五二
203　夏侯陽算經三卷　夏侯陽撰　影鈔宋本
一册……二五四
204　九章算法比類大全十卷　明吳敬編　明弘
治刊本　八册……二五五
205　太玄説玄五篇　唐王涯撰　鈔本　一册
顧千里校……二五五
206　大定新編四卷　明楊向春輯　明刊本　四
册……二五六
207　靈棋經殘一卷　漢東方朔撰　明成化刊本
一册……二五七
208　易林二卷　漢焦延壽撰　鈔本　四册　吳養
恬校……二五八
209　易林註十六卷　影鈔元本　十六册
……二五九
210　新雕注疏珞琭子三命消息賦三卷新雕李



燕陰陽三命二卷　宋李仝注　宋東方明疏
附闕名撰　宋刊本　一函……二六〇
211　法書要録十卷　唐張彥遠撰　明毛氏汲古
閣刊本　六册　何義門校……二六二
212　金壺記三卷　宋僧適之撰　明鈔本　一册
……二六三
213　法書考八卷　元盛熙明撰　鈔本　一册
……二六三
214　書法鉤玄殘二卷　元蘇霖撰　明刊本　一
册……二六五
215　庚子銷夏記八卷　清孫承澤撰　鈔本　四
册　程易疇、余秋室、翁覃谿、桂未谷校
……二六六
216　南宋院畫録八卷　清厲鶚輯　鈔本　四册
鮑以文校……二六九
217　餘事集不分卷　清馮行賢編　鈔本　附吳

郡圖經續記後……二七〇
218 琴史六卷 宋朱長文撰 影鈔宋本 二册……二七〇
219 墨子十五卷 周墨翟撰 明嘉靖覆宋本 六册……二七一
220 淮南鴻烈解二十一卷 漢劉安撰 漢許慎注 清劉泖生影鈔宋本 四册……二七一
221 淮南鴻烈解二十八卷 漢劉安撰 漢許慎注 明刊本 十六册……二七二
222 淮南鴻烈解二十一卷 漢劉安撰 漢高誘注 明萬曆刊本 四册 何義門評……二七二
223 淮南子二十一卷 漢劉安撰 漢高誘注 清莊逵吉刊本 八册 陳碩甫校……二七三
224 化書六卷 南唐宋齊丘撰 宋刊本 二册【蔣】……二七四
225-1 東觀餘論二卷 宋黄伯思撰 明萬曆刊本 四册……二七四
225-2 又一部 版本同前 二册……二七七
226 能改齋漫録殘九卷 宋吴曾撰 鈔本 三册 盧抱經校……二七七
227 緯略十二卷 宋高似孫撰 明鈔本 四册……二七九
228 鶴山渠陽讀書雜鈔附經外雜鈔不分卷 宋魏了翁輯 明鈔本 四册 何義門校……二七九
229 賓退録十卷 宋趙與旹撰 宋刊本 十册【蔣】……二八〇
230 學齋佔畢四卷 宋史繩祖撰 明鈔本 二册……二八一
231 論衡三十卷 漢王充撰 宋刊元明遞修本 十四册……二八二
232 夢溪筆談二十六卷 宋沈括撰 明覆宋本

八册……………………………………二八三

233 冷齋夜話十卷 宋僧惠洪撰 元至正刊本 二册……………………………………二八三

234 春渚紀聞十卷 宋何薳撰 明影鈔宋本 五册……………………………………二八五

235 却掃編三卷 宋徐度撰 明鈔本 一册 【蔣】……………………………………二八五

236 墨莊漫録殘七卷 宋張邦基撰 明刊本 勞季言校 【蔣】……………………………………二八六

237 庶齋老學叢談三卷 元盛如梓撰 鈔本 三册……………………………………二八七

238 便民圖纂十六卷 明嘉靖刊本 四册……………………………………二八八

239 山樵暇語十卷 明俞弁撰 明鈔本 二册……………………………………二八九

240 論古間眸不分卷 明張韓撰 鈔本 一册



……………………………………二九〇

241 棗林雜俎不分卷 明談遷撰 鈔本 六册 【蔣】……………………………………二九〇

242 雲煙過眼録不分卷 宋周密撰 鈔本 一册……………………………………二九一

243 新增格古要論十三卷 明曹昭撰 明天順刊本 八册……………………………………二九一

244 類説六十卷 宋曾慥編 明刊本 三十二册……………………………………二九二

245 皇朝仕學規範四十卷 宋張鎡撰 宋刊本 十册 【蔣】……………………………………二九三

246 説郛殘九十一卷 元陶宗儀編 明鈔本 二十九册……………………………………二九四

247 陽山顧氏文房四十種 明顧元慶輯 明正德刊本 二十册……………………………………三〇二

248 子彙二十四種 明周子義等輯 明萬曆刊

本　十二册　………………　三〇四

249 國朝典故殘四十一種　明朱當㴐編　明鈔本　二十四册　【蔣】　…………　三〇五

250 夷門廣牘一百五十卷　明周履靖編　明萬曆刊本　六十四册　…………　三〇九

251 新刊監本册府元龜一千卷　宋王欽若等編　鈔本　二百册　…………　三〇九

252 帝王經世圖譜殘八卷　宋唐仲友撰　宋刊本　六册　【蔣】　…………　三〇九

253 新編古今事文類聚前集六十卷後集五十卷續集二十八卷別集三十二卷新集三十六卷外集十五卷　宋祝穆編　新集外集元富大用編　元刊本　六十六册　【蔣】　…………　三一一

254 古今合璧事類備要前集六十九卷後集八十一卷續集五十六卷別集九十四卷外集六十六卷　宋謝維新編　宋刊本　一百二十册　【蔣】　…………　三一二

255 新編事文類聚翰墨大全　元劉應李編　元刊本　三十五册　…………　三一三

256 新編事文類聚啓劄雲錦不分卷　元刊本十六册　【蔣】　…………　三一五

257 新編類意集解諸子瓊林四十卷　元蘇應龍編　元刊本　十六册　【蔣】　……　三一五

258 歷代蒙求不分卷　元王芮撰　影鈔元本一册　…………　三一六

259 永樂大典殘二十五卷　明解縉等編　明嘉靖鈔本　二十一册　…………　三一七

260 蘇黄門龍川略志十卷　宋蘇轍撰　明吴氏叢書堂鈔本　二册　…………　三二三

261 默記三卷　宋王銍撰　鈔本　一册　陳仲魚校　…………　三二四

262 揮麈前録四卷後録十一卷三録三卷餘

話二卷 宋王明清撰 影鈔宋本 十册 ……三二六
263 雞肋編不分卷 宋莊季裕撰 影鈔元本 三册 【蔣】……三二七
264 聞見後録三十卷 宋邵博撰 明鈔本 四册 ……三二八
265 桯史殘十三卷 宋岳珂撰 宋刊元明修配本 五册 【蔣】……三二九
266 漫堂隨筆不分卷 明姚舜咨手鈔本 一册 【蔣】……三二九
267 獨異志三卷 明李亢撰 明鈔本 一册 【蔣】……三三〇
268 録異記八卷 前蜀杜光庭撰 明鈔本 一册 ……三三一
269 蓬窗類記五卷 明黄暐撰 明鈔本 一册 黄蕘圃校 ……三三一
270 説聽四卷 明陸延枝撰 明刊本 一册 ……三三三
271 穆天子傳六卷 晉郭璞注 明吴氏叢書堂鈔本 一册 ……三三四
272 劇談録二卷 唐康駢撰 明鈔本 一册 ……三三四
273 闕史殘一卷 唐高彦休撰 明鈔本 一册 ……三三五
274 新刊大宋宣和遺事四卷 明刊本 四册 ……三三六
275 湖海新聞夷堅續志前集十二卷後集不分卷 元刊本 四册 ……三三七
276 新增補相剪燈新話大全四卷新增全相湖海新奇剪燈餘話大全四卷 明瞿佑編 餘話明李昌祺編 明正德刊本 二册 ……三三七

277 妙法蓮華經八卷 姚秦僧鳩摩羅什譯 五代刊本 八册【蔣】……三三八
278 開元釋教録二十卷附略出四卷 唐僧智昇撰 宋刊藏經本 八册……三三九
279-1 佛祖歷代通載殘二十卷 宋僧念常撰 明宣德刊本 十六册【蔣】……三三九
279-2 又一部殘十八卷 版本同前 十九册……三三九
280 敕修百丈清規二卷 元僧德煇編 元至元刊本 六册……三四〇
281 諸佛菩薩妙相名號經咒不分卷 明宣德刊本 四册……三四〇
282 道德會元不分卷 元李道純撰 元刊本 二册……三四一
283 沖虛至德真經殘六卷 晉張湛注 元刊本 二册……三四二
284-1 南華真經十卷 晉郭象注 唐陸德明音義 前六卷南宋刊，後四卷北宋刊本 十册……三四二
284-2 又一部 明顧氏世德堂刊本 四册 沈寶硯校……三四三
285 莊子鬳齋口義十卷 宋林希逸撰 元刊本 十册……三四四
286 文子十二卷 清孫星衍輯 稿本 四册……三四四
287 太上感應篇殘四卷 宋李昌齡撰 宋刊本 四册……三四六
288 周易參同契發揮殘二篇 宋俞琰撰 元至元刊本 二册……三四六

## 集部

……三四八
289 楚辭後語殘二卷 宋朱熹輯 元刊本 一

冊……………………………………三四八
290 楚辭榷八卷 明陸時雍輯 明刊本 四冊
王伯申評點 ……………………………三四八
291-1 蔡中郎文集十卷附外傳 漢蔡邕撰
明活字本 四冊 ………………………三五〇
291-2 又一部 明萬曆刊本 二冊 ……三五一
292 蔡中郎文集八卷 鈔本 二冊 ……三五一
293 阮嗣宗集二卷 魏阮籍撰 明萬曆刊本
二冊……………………………………三五三
294 箋註陶淵明集十卷 晉陶潛撰 宋刊本
八冊……………………………………三五三
295 陶淵明集十卷 晉陶潛撰 影鈔宋本 三
冊 ……………………………………三五三
296 陶靖節集十卷 晉陶潛撰 明萬曆刊本
三冊……………………………………三五四
297 鮑氏集十卷 宋鮑照撰 明覆宋刊本 二
冊 毛斧季校 …………………………三五五
298 沈隱侯集四卷 梁沈約撰 明萬曆刊本
四冊……………………………………三五六
299 陳伯玉文集十卷 唐陳子昂撰 明弘治刊
本 四冊【蔣】…………………………三五六
300 張説之文集二十五卷 唐張説撰 明嘉靖
刊本 八冊 ……………………………三五七
301 張文獻公集十二卷 唐張九齡撰 明成化
刊本 十二冊【蔣】……………………三五七
302-1 分類補註李太白詩二十五卷 唐李白
撰 元楊齊賢集注 元至大刊本 十六冊
……………………………………………三五八
302-2 又一部殘三卷 版本同前 五冊
……………………………………………三五九
303-1 杜工部草堂詩箋殘三十三卷 唐杜甫
撰 宋魯訔編次 宋蔡夢弼會箋 宋刊本

十二册……………………………………三五九

303-2 又一部殘二十一卷 版本同前 十册…………………………………三六〇

304 集千家註分類杜工部詩殘十一卷 唐杜甫撰 宋黃鶴補註 元刊本 十二册…………………………三六〇

305 須溪批點杜工部詩註殘十八卷 唐杜甫撰 宋劉辰翁批點 元刊本 六册…………………………三六〇

306 杜詩會粹二十四卷 清張遠撰 原刊本 八册 王伯申校……………………三六一

307 須溪先生校本唐王右丞集六卷 唐王維撰 元刊本 二册……………………三六一

308 唐王右丞詩劉須溪校本六卷 明弘治刊本 三册……………………三六二

309 類箋唐王右丞詩集十卷唐王右丞文集四卷 唐王維撰 明顧起經箋 明嘉靖刊本 十册【蔣】…………………………三六三

310 毘陵集二十卷 唐獨孤及撰 明鈔本 六册…………………………………三六四

311 韋蘇州集十卷 唐韋應物撰 明刊本 四册 王静庵校【蔣】……………三六五

312-1 唐陸宣公集二十二卷 唐陸贄撰 宋刊本 十二册……………………三六五

312-2 又一部 明刊本 十二册……………………三六六

313 朱文公校昌黎先生集考異釋音附殘三十卷 唐韓愈撰 宋朱熹考異 宋王伯大音釋 宋刊本 八册【蔣】…………三六六

314 朱文公校昌黎先生集殘二卷 宋刊本 四册………………………………三六七

315-1 朱文公校昌黎先生集四十卷外集十卷集傳一卷遺文一卷 元天曆刊本 十八

冊……三六七
315-2 又一部殘十七卷　版本同前　四冊……三六八
316 增廣註釋音辯唐柳先生集四十三卷別集二卷外集二卷附録一卷　唐柳宗元撰　宋童宗説注釋　宋張敦頤音辯　宋潘緯音義　元天曆刊本　十八冊……三六八
317 皇甫持正文集六卷　唐皇甫湜撰　鈔本　一冊……三六九
318 李長吉詩四卷外集一卷　唐李賀撰　明刊本　二冊……三七〇
319 錦囊集四卷外集一卷　唐李賀撰　明弘治刊本　二冊【蔣】……三七〇
320 昌谷詩集四卷　唐李賀撰　鈔本　二冊【蔣】……三七一
321 王建詩集十卷　唐王建撰　宋刊本　四冊……三七一
322 李文饒公文集三十四卷　唐李德裕撰　明萬曆刊本　六冊【蔣】……三七三
323 元微之文集殘二十四卷　唐元稹撰　宋刊本　二冊【蔣】……三七四
324 白氏長慶集七十一卷　唐白居易撰　明活字本　二十四冊……三七五
325 白香山集四十卷　唐白居易撰　清汪氏一隅草堂刊本　二十冊　何義門校……三七六
326 樊川文集二十卷外集一卷別集一卷　唐杜牧撰　明覆宋本　六冊【蔣】……三七八
327 姚少監詩集十卷　唐姚合撰　明鈔本　一冊……三七九
328 唐甫里先生文集二十卷　唐陸龜蒙撰　明成化刊本　六冊……三八一
329 陸魯望文集八卷　唐陸龜蒙撰　明鈔本

二冊【蔣】……三八二
330 司空表聖文集十卷 唐司空圖撰 鈔本 二冊 趙味辛校……三八二
331 玄英先生詩集十卷 唐方干撰 鈔本 一冊【蔣】……三八三
332 韓君平集三卷 唐韓翃撰 明萬曆刊本 一冊【蔣】……三八四
333 浣花集十卷 唐韋莊撰 明鈔本 四冊【蔣】……三八四
334 -1 徐公文集三十卷 宋徐鉉撰 鈔本 八冊 黃蕘圃校……三八五
334 -2 又一部 清貝氏友漢居鈔本 十六冊 貝簡香校……三八六
335 忠愍公詩集三卷 宋寇準撰 明嘉靖刊本 二冊……三八六
336 王黃州小畜集三十卷 宋王禹偁撰 鈔本 四冊 據宋本校……三八七
337 -1 范文正公集殘九卷政府奏議二卷尺牘三卷雜録不分卷 宋范仲淹撰 元元統刊本 九冊……三八八
337 -2 又一部殘二卷 版本同前 四冊……三八八
338 徂徠文集二十卷 宋石介撰 鈔本 三冊……三八九
339 蘇魏公文集七十二卷 宋蘇頌撰 鈔本 二十四冊【蔣】……三九〇
340 直講李先生文集四十卷 宋李覯撰 明正德刊本 六冊……三九〇
341 洛陽九老祖龍學文集十六卷 宋祖無擇撰 鈔本 四冊……三九一
342 太史范公文集五十五卷 宋范祖禹撰 鈔本 六冊……三九一

343 伊川擊壤集二十卷 宋邵雍撰 明成化刊本 四册【蔣】……三九二
344 節孝先生文集三十卷 宋徐積撰 明覆宋本 十册……三九三
345 歐陽文忠公文集五十卷 宋歐陽修撰 明洪武刊本 十二册【蔣】……三九三
346 居士集五十卷 宋歐陽修撰 明覆宋本 二十四册【蔣】……三九四
347－1 范忠宣公文集二十卷 宋范純仁撰 元元統刊本 八册……三九五
347－2 又一部 版本同前 八册【蔣】……三九五
348 蘇老泉先生全集十六卷 宋蘇洵撰 明萬曆刊本 二册【蔣】……三九五
349－1 臨川先生文集一百卷 宋王安石撰 宋刊元明補本 三十二册……三九七
349－2 又一部 版本同前 三十二册……三九七
350 重刊蘇文忠公全集一百十卷 宋蘇軾撰 明嘉靖刊本 二十八册……三九八
351 王狀元集百家注分類東坡詩二十五卷 宋王十朋注 宋刊本 十二册……三九九
352 欒城集五十卷後集二十四卷三集十卷 宋蘇轍撰 明活字本 三十六册……四〇〇
353 淮海集殘九卷 宋秦觀撰 宋刊本 一册……四〇〇
354 參寥子詩集十二卷 宋僧道潛撰 宋刊本 四册……四〇一
355 嵩山集二十卷 宋晁説之撰 鈔本 七册……四〇三
356 濟北晁先生雞肋集七十卷 宋晁補之撰 鈔本 十六册……四〇三

357 龍雲先生文集殘二十九卷　宋劉弇撰　明弘治刊本　十一册 ……四〇四
358 日涉園集五卷　宋李彭撰　鈔本　二册　孔葒谷校 ……四〇四
359 傅忠肅公文集三卷　宋傅察撰　鈔本　三册 ……四〇五
360 龜山先生集十六卷　宋楊時撰　明弘治刊本　八册 ……四〇五
361 丹陽集二十四卷　宋葛勝仲撰　鈔本　四册　孔葒谷校 ……四〇六
362 苕溪集五十五卷　宋劉一止撰　鈔本　十六册 ……四〇六
363 新刊李學士新註孫尚書内簡尺牘十卷　宋孫覿撰　宋李祖堯編注　宋刊本　四册 ……四〇六
364 高東溪文集二卷附録一卷　宋高登撰　鈔本　一册 ……四〇七
365 蘆川歸來集殘六卷　宋張元幹撰　影鈔宋本　二册 ……四〇八
366 東萊先生詩集二十卷　宋吕本中撰　鈔本　八册 ……四〇八
367 太倉稊米集殘四十卷　宋周紫芝撰　鈔本　四册 ……四〇九
368-1 夾漈遺稿三卷　宋鄭樵撰　鈔本　三册 ……四一〇
368-2 又一部　鈔本　一册　鮑以文校 ……四一〇
369 竹洲文集二十卷附録一卷　宋吴儆撰　明弘治刊本　二册 ……四一一
370 晦菴先生文集一百卷目録二卷　宋朱熹撰　宋刊本　一百册 ……四一二
371 朱文公大同集十卷　宋朱熹撰　元刊本

二册……………………四一三
372 周益文忠公集二百卷附録五卷年譜一卷　宋周必大撰　鈔本　三十二册　宋賓王校……………………四一四
373 止齋先生文集五十一卷附録一卷　宋陳傅良撰　明覆宋本　十二册……………四一五
374 盤洲文集八十卷　宋洪适撰　宋刊本　三十二册……………………四一五
375 艮齋先生薛常州浪語集三十五卷　宋薛季宣撰　鈔本　十册……………四一六
376 范石湖集殘三十卷　宋范成大撰　明鈔本　三册……………………四一七
377 渭南文集五十二卷　宋陸游撰　明正德刊本　二十四册……………………四一七
378 梅山續藁十七卷　宋姜特立撰　鈔本　三册……………………四一七
379 程端明公洺水集二十四卷附録二卷　宋程珌撰　明嘉靖刊本　六册……………四一八
380-1 重校鶴山先生大全文集一百十卷　宋魏了翁撰　明活字本　四十八册……………四一九
380-2 又一部殘九十五卷　版本同前　二十一册……………………四二〇
380-3 又一部　明嘉靖刊本　二十四册……………………四二一
381 翠微南征録十一卷　宋華岳撰　鈔本　一册……………………四二二
382 平菴悔稿十四卷丙辰悔稿一卷悔稿後編六卷　宋項安世撰　鈔本　四册……………………四二三
383 方壺存稾九卷附録一卷　宋汪莘撰　鈔本　二册……………………四二四
384 宋寶章閣直學士忠惠鐵庵方公文集三

十六卷　宋方大琮撰　鈔本　六册
……………………………四二五
385　宋國録流塘詹先生集三卷　宋詹初撰
鈔本　四册　…………………四二五
386　可齋雜稾三十四卷續稾八卷續稾後十二
卷　宋李曾伯撰　鈔本　十册……四二六
387　秋崖先生小藁四十五卷　宋方岳撰　明嘉
靖刊本　六册…………………四二七
388　三山鄭菊山清儁集一卷附所南一百二十
圖詩一卷文一卷　宋鄭震撰　附宋鄭思肖撰
清林吉人鈔本　二册　………四二七
389　北磵文集殘八卷　宋僧居簡撰　宋刊本
四册　………………………四二八
390　碧梧玩芳集二十四卷　宋馬廷鸞撰　鈔本
八册…………………………四二九
391　陵陽先生集二十四卷　宋牟巘撰　鈔本
四册…………………………四二九
392　寧極齋藁附慎獨齋藁不分卷　宋陳深撰
附元陳植撰　鈔本　二册　鮑以文、勞平甫
校　…………………………四三〇
393　新註朱淑真斷腸詩集前集十卷　宋朱淑真
撰　鄭元佐注　元刊本　一册……四三〇
394　郝文忠公陵川文集三十九卷　元郝經撰
鈔本　十册　…………………四三二
395　野趣有聲畫二卷　元楊公遠撰　鈔本　二
册　勞平甫校…………………四三三
396-1　戴剡源先生文集二十六卷詩集二卷
元戴表元撰　鈔本　五册　【蔣】
……………………………四三三
396-2　又一部殘十六卷　明鈔本　六册
……………………………四三四
397　巴西文集不分卷　元鄧文原撰　鈔本　六

冊　傅沅叔校……四三五
398　元松鄉先生文集十卷　元任士林撰　鈔本　二冊……四三五
399　松雪齋文集錢五卷外集一卷　元趙孟頫撰　元至元刊本　五冊……四三六
400　魯齋遺書十卷　元許衡撰　明嘉靖刊本　十二冊……四三七
401　魯齋先生集六卷　元許衡撰　鈔本　二冊　黄蕘圃校……四三七
402　静修先生文集二十二卷　元劉因撰　元至順刊本　八冊……四三八
403　姚牧菴集不分卷　元姚燧撰　鈔本　二冊【蔣】……四三九
404　漢泉曹文貞公詩集十卷後録一卷　元曹伯啓撰　元刊本　四冊……四四〇
405　清容居士集五十卷　元袁桷撰　元刊本　三十二冊……四四一
406　蒲室集十五卷附書疏語録不分卷　元僧大訢撰　元刊本　八冊【蔣】……四四二
407　馬石田文集十五卷　元馬祖常撰　鈔本　三冊……四四二
408　黄文獻公文集八卷　元黄溍撰　鈔本　六冊……四四三
409-1　圭齋文集十六卷　元歐陽玄撰　明成化刊本　八冊……四四四
409-2　又一部　版本同前　五冊……四四四
410　圭塘小藁十三卷別集二卷續集一卷附録一卷續録一卷　元許有壬撰　鈔本　三冊……四四五
411　薩天錫詩集不分卷　元薩都剌撰　明弘治刊本　四冊……四四六
412　青陽先生文集六卷　元余闕撰　明刊本

二册……四四六
413 圭峯盧先生集二卷 元盧琦撰 明萬曆刊本 二册……四四七
414 蟻術詩選八卷 元邵亨貞撰 明隆慶刊本 四册……四四七
415-1 貢禮部玩齋集十卷拾遺一卷 元貢師泰撰 明嘉靖刊本 十二册……四四八
415-2 又一部 鈔本 六册……四四九
416 居竹軒詩集四卷 元成廷珪撰 明刊本 二册……四五〇
417-1 句曲外史貞居先生詩集五卷 元張雨撰 影鈔元本 二册……四五〇
417-2 又一部七卷 鈔本 二册 鮑以文校……四五一
418 丁鶴年先生詩集不分卷 元丁鶴年撰 鈔本 一册……四五二
419 江月松風集十二卷 元錢惟善撰 鈔本 四册 鮑以文校……四五三
420 梧溪集七卷 元王逢撰 鈔本 十二册 孔葒谷校……四五四
421 吕敬夫詩集不分卷 元吕誠撰 鈔本 一册 黄蕘圃、㔔平甫校……四五五
422 存復齋集十卷附録一卷 元朱德潤撰 影鈔元本 二册……四五七
423 鐵崖文集五卷 元楊維楨撰 明弘治刊本 四册……四五七
424 夷白齋稿三十五卷外集一卷 元陳基撰 鈔本 三册 孔葒谷校……四五八
425 水雲集三卷 元譚處端撰 明刊本 一册……四五八
426 張大家蘭雪集二卷 元張玉孃撰 鈔本 一册……四五九

427 鑾坡集十卷　明宋濂撰　明洪武刊本　四册……………………四五九

428 陶學士先生文集二十卷　明陶安撰　明弘治刊本　六册…………四六〇

429 始豐前稿三卷　明徐一夔撰　鈔本　一册【蔣】…………………四六〇

430 虛舟集五卷　明王偁撰　明弘治刊本　四册……………………四六一

431 東里文集二十五卷　明楊士奇撰　明正統刊本　八册……………四六二

432 敬軒薛先生文集二十四卷　明薛瑄撰　明萬曆刊本　八册………四六二

433 莊渠遺書十六卷　明魏校撰　明嘉靖刊本　五册…………………四六三

434 覿菴詩稿漸于集四卷　清陸貽典撰　鈔本　一册…………………四六四





435 拜經樓詩草不分卷　清吳騫撰　手稿本　一册……………………四六四

436 彭尺木文稿未分卷　清彭紹升撰　手稿本　三册…………………四六五

437 張叔未編年詩不分卷　清張廷濟撰　稿本　四册…………………四六五

438 六臣註文選六十卷　梁蕭統編　唐李善、呂延濟、劉良、張銑、呂向、李周翰注　宋刊本　六十册……………四六六

439-1 玉臺新詠十卷　陳徐陵編　明覆宋本　二册……………………四六七

439-2 又一部　版本同前　二册…………………………………………四六七

439-3 又一部　版本同前　四册…………………………………………四六八

440 河嶽英靈集三卷　唐殷璠編　明刊本　一册　毛斧季校…………四六八

441 文粹一百卷　宋姚鉉編　元刊本　三十二册

……四六九
442 萬首唐人絶句一百一卷 宋洪邁編 明嘉靖刊本 四十册……四七〇
443 聖宋名賢五百家播芳大全文粹 宋魏齊賢、葉芬編 宋刊本 四十册……四七一
444 東澗先生妙絶古今文選四卷 宋湯漢編 宋刊本 四册……四七二
445 吴都文粹十卷 宋鄭虎臣編 鈔本 五册 王蓮涇校……四七三
446 疊山先生批點文章軌範七卷 宋謝枋得編 元刊本 二册 錢牧齋評點……四七四
447 詩準殘二卷詩翼殘二卷 宋何無適、倪希程撰 宋刊本 二册 【蔣】……四七五
448-1 唐人集殘四十七家一百四十三卷 明活字本 六十册 【蔣】……四七六
448-2 又一部殘二十四家七十六卷 版本同前 三十一册……四七七
449 二妙集八卷 金段成己段克己撰 明成化刊本 二册 【蔣】……四七七
450 國朝文類七十卷 元蘇天爵編 元至正刊本 四十册……四七八
451 元文類殘六十九卷 元蘇天爵編 明覆元本 十九册……四七八
452 國朝風雅殘七卷雜編三卷 元蔣易編 元刊本 四册 【蔣】……四七九
453 皇元風雅前集六卷後集六卷 元傅習編 後集元孫存吾編 元刊本 六册 【蔣】……四八一
454 唐詩始音一卷正音六卷遺響七卷 元楊士弘編 明刊本 八册……四八二
455 草堂雅集不分卷 元顧瑛編 鈔本 二册 宋賓王校 【蔣】……四八三

456 元音十二卷　元孫原理編　鈔本　二册【蔣】……………………四八四
457 金蘭集稿四卷　明徐達左編　鈔本　一册【蔣】……………………四八五
458 錫山遺響十卷　明莫息編　明正德刊本　三册【蔣】……………………四八七
459 盛明百家詩前編一百五十三卷後編一百五十卷　明俞憲輯　明隆慶刊本　一百册……………………四八七
460 唐詩二十六家五十卷　明黄貫曾編　明嘉靖刊本　二十册【蔣】……………………四八八
461 詩紀一百五十六卷　明馮惟訥編　明嘉靖刊本　四十册【蔣】……………………四八八
462 四家宫詞　明黄魯曾編　明嘉靖刊本　二册【蔣】……………………四八九
463 明文海四百八十二卷　清黄宗羲編　鈔本　一百四十册……………………四八九
464 宋元詩會一百卷　清陳焯選　鈔本　二十四册【蔣】……………………四九〇
465 蒼崖先生金石例十卷　元潘昂霄撰　元刊本　四册【蔣】……………………四九一
466 蘆川詞二卷　宋張元幹撰　明吴氏叢書堂影鈔宋本　五册……………………四九一
467 稼軒詞四卷　宋辛棄疾撰　明毛氏汲古閣鈔本　四册……………………四九六
468 吴夢窗詞集不分卷　宋吴文英撰　明鈔本　一册……………………四九七
469 虚齋樂府二卷　宋趙以夫撰　影鈔宋本　一册　顧千里校……………………四九八
470 唐宋諸賢絶妙詞選三卷　宋黄昇編　鈔本　一册……………………五〇〇
471 花草粹編十二卷　明陳耀文編　明萬曆刊

本　十二册【蔣】……五〇一
472-1　朝野新聲太平樂府九卷　元楊朝英集　元刊本　三册……五〇一
472-2　又一部　鈔本　二册　黄蕘圃校【蔣】……五〇二
472-3　又一部　鈔本　四册……五〇四

473　顧曲齋元人雜劇選十六種　明刊本　八册……五〇五
474　芥子園重鐫范氏三種曲六卷附北曲譜十二卷　明范文若撰　清康熙刊本　四册……五〇六

# 經　部

## 001　周易鄭康成注不分卷　元刊本　一册　（07254）

題「浚儀王應麟伯厚甫纂輯。」《周易》鄭注初與王注並行，至隋始微，歷唐及宋，漸就亡佚。應麟網羅散失，使後人猶得考見先儒象數之學。故《四庫總目》謂：「其裙拾之勞亦不可泯。」卷末有應麟跋，自述纂輯是書之旨。半葉十行，行二十字。版心題「易注」，上記字數，下記刻工姓名。蝶裝寬大，猶是《玉海》附刊最初印本。

## 002－1　周易十卷　宋撫州刊本　四册　玉蘭堂文氏、季滄葦舊藏　（07255）

魏王弼、晉韓康伯注。卷首題「周易上經乾傳第一」，次行低七格，題「王弼注」。半葉十行，行十六字，小注雙行，行二十四字。四周雙闌，版心雙魚尾，上記大小字數，下記刻工姓名，有高安道、劉振、余仁、朱諒、朱京、余堅、吴生、曾栢、黎友直、周荄、鄒郁、劉明、鄒通、周達、施贇、高甯、高安國、嚴卓、駱仲、嚴思敬、余章、虞大全、左彦、劉元、嚴思明、李仁、李子章、詹奂、占焕、劉安全、黎明、高榮、蔡伯□、黄志誨、葉文、弓顯、吴申、高安富等。

卷末各記經注字數，不附釋文。宋諱「殷」、「匡」、「恒」、「貞」、「徵」、「戌」、「桓」、「媾」、「姤」、「慎」、「敦」諸字皆避。《繫辭》、《略例》均抄補。

沈曾植跋　校各本佳處甚多。其行數、字數、幅高、幅廣，又不附釋文，故與撫本《禮記》同。《禮記》刻於淳熙。此有開禧補版，其壬申爲嘉定五年，壬戌爲嘉泰三年，按當是二年之誤。一在開禧前，一在開禧後，上去淳熙不過三十年，不應版遽損壞，則此或岳氏所謂撫舊本耶。撫本原出北宋，自《禮記》外，他經未見著録。則此雖不全，固驚人祕笈也。

按中縫記「開禧乙丑換」者，爲卷一第十六葉。其他記「壬戌刊刁」者二十八葉，「癸丑重刊」者八葉，「壬申重刊」者二十一葉，餘皆不記。或即爲原刊之葉。此諸葉之刻工有高安道、曾柏二人，均見於「壬戌刊刁」或「癸丑重刊」葉中，則癸丑必爲在前之光宗紹熙四年，而非在後之理宗淳祐十二年。是必刻於孝宗之世。沈氏斷爲撫州舊本，可無疑也。

藏印　玉蘭堂　季印振宜　滄葦　華氏明伯　華復初印

## 002－2　周易十卷　宋相臺岳氏刊本　四册　周天球、袁樞舊藏　（07256。著録作「元刻本」）

宋諱均不避。半葉八行，行十七字。四周雙闌，版心雙魚尾，上記大小字數，下記刻工姓名。二字者有翁福、趙堅、仲明等；一字者有范、方、翁、毛、趙、孫、張、王、葉、弓、子、堅、共、拱、祀、杞、圭等。左闌外記卦名、篇名。卷二至卷十末葉，有「相臺岳氏刻梓荆谿家塾」十字亞形木記。乾隆四十八年，武英殿據以翻刻。凡卷尾《考證》所舉改易之字，是本均與相合。卷首有「翰林院典籍廳關防」，蓋昔時官書也。

藏印　吴門周公瑕氏　袁樞之印　袁伯應珍藏印　六止居士　羣玉山樵

## 003　易傳　元覆宋本　存四卷　四册　（07257。著録作「《古逸叢書》本」）

宋程頤傳。宋諱「玄」、「弘」、「恒」、「貞」、「桓」、「慎」、「敦」等字均缺筆，惟「甯」、「丘」二字非宋諱，亦爲字不成，向所罕見。半葉十一行，行二十一字，小注雙行，行二十六字。字體行款與黎庶昌所刻《古逸叢書》本脗合無異，惟卷四自「睽卦」以下，此皆闕。黎氏據至正積德堂刊本重雕，楊守敬謂係元翻宋本。是書中土久佚，且屬精印，雖非全璧，亦可珍已。

## 004　漢上易傳十一卷　影宋鈔本　十册　毛子晉、韓小亭舊藏　（07258）

汲古閣毛氏影宋鈔本。半葉十行，行二十一、二字不等。宋諱「玄」、「敬」、「恒」、

「貞」、「桓」等字均缺筆。卷一題《周易上經乾傳》，卷二《泰傳》，卷三《噬嗑傳》，卷四《下經咸傳》，卷五《夬傳》，卷六《豐傳》，卷七、八《繫辭上下傳》，卷九《説卦傳》，卷十《序卦傳》，卷十一《雜卦傳》。卷一至九次行題「翰林學士左朝奉大夫知制誥兼侍讀兼資善堂翊善長林縣開國男食邑三伯户賜紫金魚袋朱震集傳」。版心題「漢上易傳」。按《直齋書録解題》，震紹興初在經筵表上是書，具述源流。又云：「序稱九卷。蓋合説、序、雜卦爲一。」是此書原有表序，今均亡失。卷末附漢上先生履歷，所載爲除授告詞、辭官答詔及胡安國回啓、晏敦復等祭文。陳、晁二家所録，均有圖三卷，叢説三卷。此均佚。想所據或非足本。

藏印　宋本　甲　毛晉私印　汲古主人　韓氏藏書　玉雨堂印　恩福堂藏書印

## 005 周易要義　宋刊本　存六卷　五册　（07259）

宋魏了翁撰《九經要義》，此爲其一。《四庫》著録據黄登賢家藏本，爲刻爲鈔，未詳。阮文達《研經室外集》謂《四庫》所采，「乃天一閣舊鈔」。殆見《浙江采集遺書總録》，因而致誤也。卷首序凡十一段。首段題「上正義人姓名正觀討覈永徽刊定」，其下即引長孫無忌表，餘如序言。《菉竹堂書目》載「長孫無忌要義五册，凡十八卷」，似屬誤認。全書十卷，卷一分上、中、下，卷二至七分上、下，故有十八卷。是本闕卷三、四、五、六，餘均原刊。宋諱「殷」、「恒」、「貞」、「桓」、「慎」諸字均避。半葉九行，行十六字至二十字不等。左右雙闌，版心雙魚尾，上記字數，下記刻工姓名。在所存卷内，有仁壽、季升、有成、時亨、安茂、游安、余子文、余文、文茂、季清、汝能、余才、時中諸人。其餘或姓或名，有方、熊、唐、鍾、程、晟、之、慶、宣、君、礼、京、宜、共、老等字。江蘇書局有光緒丙戌刊本，取以讐對，訛文奪句，不可勝數。

## 006－1 周易程朱先生傳義附録十七卷 元延祐刊本 八册 （07260）

卷首咸淳丙寅天台董楷自序及識語，次《程朱氏説凡例》，次《朱子易圖説》，次《程子易傳序》，次《程子易綱領》，次《朱子易綱領》，次《朱子論》。卷一之十五爲《易傳上下經》，又二卷爲《繫辭》上下。《説卦》、《序卦》、《雜卦》不列卷。卷末附《程子上下篇義》、《朱子〈周易〉五贊》、《朱子筮儀》。半葉十二行，行二十二字，小注同。董氏此書合程子《傳》、朱子《本義》爲一。《四庫提要》謂：「程子《傳》用王弼本，而朱子《本義》則用吕祖謙所定古本。董氏以程子在前，遂割裂朱子之書，散附程《傳》之後。後人沿用其例，致鄉塾之士不復知有古經」云云。然本書《凡例》，董氏固有「不敢離析程《傳》，又不敢盡失朱夫子之意」

之語。原定款式「以彖傳大小象文言，各下經文一字，使不與正經紊亂，而程《傳》及朱子《本義》又下一字，程子、朱子附録又下一字」，意原版必依此式。此爲延祐乙卯圓沙書院重刊本，專圖簡便，一律聯貫而下，僅《傳》、《本義》用黑質白章大字，附録加粗線黑匡爲識，遂盡失董氏之本意矣。

凡例後木記　延祐乙卯圓沙書院刊行

## 006-2 又一部　元至正刊本　八册　吴兔床舊藏　（07261）

此爲元至正壬午桃溪居敬書堂刊本。行款與前書同，惟無《程朱氏説凡例》。前後二本刊行木記均在《凡例》後，而此獨移置卷末。《凡例》實與行款相違，或刊者故予删除，未可知也。皕宋樓陸氏有此書，《儀顧堂題跋》謂先後爲周松靄、吴兔床所藏。是本亦有周、吴二氏印記。然陸氏藏本實已入静嘉文庫，想彼本爲兔床從周氏借讀，而此則爲其所自得者。印記纍纍，可以證也。

吴兔床跋　宋董正叔《周易傳義附録》雖刊於《通志堂經解》中，而舊本極爲難得。此乃元至正壬午桃溪居敬堂刊本也。乾隆癸卯冬日重裝并識。

卷末木記　至正壬午桃溪居敬書堂刊行

藏印　臣槎兔　兔牀　拜經樓吴氏藏書　小桐谿上人家　竹下書堂　新坡鄉校　春　周松靄　騫客牀

## 006－3　又一部

元至正刊本　十册　（07262）

此爲元至正己丑廬陵竹坪書堂刊本，後於圓沙書院者三十四年，居敬書堂者七年，分卷、行款悉同，惟《序卦》《雜卦》二篇、《程子上下篇義》《朱子〈周易〉五贊》《朱子筮儀》三篇，各不分葉。圓沙刊本《凡例》首條「不敢盡失朱夫子之意」下，「於是倣節齋蔡氏例以彖傳大小象文言各下經文一字使不與正經紊亂而程傳及朱子本義又下一字程子朱子附録又下一字則其序秩然矣」五十七字，是本均已芟落，僅留空行。此必覆刻者知刊本款式已盡改易，不欲存之，以自形其矛盾也。先後三十餘年間，是書坊刻流傳至於今日者，尚有三版，亦可想見程朱學説之盛行於當時矣。

凡例後木記　至正己丑廬陵竹坪書堂刊行

## 007 周易經傳集程朱解附録纂註十四卷 元元統刊本　二十四册　孫承恩、汪喜孫舊藏　（07263）

題「後學鄱陽董真卿編集」。董氏以今《易》、古《易》並行，經文體統、傳義主張各有攸當，不能合爲一書，讀者猶病，因本其師胡一桂《本義附録纂疏》之旨，參以一己之心得，撰爲此書。於犧、文、周公之經，孔子之傳，不相雜而相統，有經可附者附之，無經可附者則總附於六十四卦之後。又以程、朱《傳》、《義》夾註其下，名曰《集解》；以《程子經説》《朱子語録》續于《傳》、《義》之後，名曰《附録》；以諸家之説可互相發明者，翼于《語録》之次，名曰《纂註》。卷首有天曆戊辰作者自序，後附元統甲戌男僎專記，次凡例十條，次引用諸書羣賢姓氏，次《周易經傳》歷代因革，次《易程子傳序》，次《程子説易綱領》，次《朱子説易綱領》，次《古易朱子後序》及《易學啓蒙序》，次《雙湖胡先生易圖》，次《朱子易圖附録纂註》，卷末有《朱子啓蒙五贊附録纂註》《朱子筮儀附録纂註》。《四庫》著録名《周易會通》，《提要》謂初名《周易經傳集程朱解附録纂註》。是本董序及各卷仍題此名，惟版心則改題「易會通幾」。半葉十一行，行十九字，小字雙行，行二十二字。

藏印　孫氏承恩　汪喜孫　喜孫之印　王氏内敬　唐氏家藏　阿匯

## 008 書集傳六卷　元刊本　六册　葉文莊、祁承㸁、高江村、張子和、張芙川、汪閬源舊藏　（07264）

題「蔡沈集傳」，「鄱陽鄒季友音釋」。首蔡序，次《朱子説書綱領》，次《纂圖》，次《書序》。半葉十一行，注及音釋小字雙行，行均二十字。後三卷以别本配，亦元刊本，半葉十三行，經頂格，行二十二字，注字略小，低一格，音釋小字雙行，行均二十四字。錢警石先生謂「世鮮傳本」。《四庫》未著録，僅見於《天禄琳琅書目》，誤「季友」爲「近仁」，實即此書也。《綱領》、《書序》後及卷六末葉，各有牌記。如下：

兩坊舊刊詩書集傳俱無音釋覽者
有遺恨焉本堂今將書傳附入鄱陽
鄒氏音釋詩傳附入金華許益之名
物鈔音釋各依名儒善本點校句讀
仍取纂圖寘之卷首大字刊行精加
校正無差庶幾讀者豁然無疑矣與
坊中舊本玉石判然收書君子幸監
至正甲午孟春日新書堂謹記

右見《說書綱領》後。

至正甲午孟春　日新書堂新刊

右見《書序》後。

南溪精舍　至正乙酉菊節虞氏明復齋刊

右見卷末。

藏印　澹生堂　士奇　高印士奇　澹人　江村　清唫堂圖書　葉盛　與中　菉竹堂　汪士鐘曾讀　虞山張蓉鏡芙川印信　【虞山張蓉鏡芙川信印】　蓉鏡私印　張蓉鏡讀書記　琴川張氏小瑯嬛福地藏書　小瑯嬛福地祕笈　平生減産爲收書三十年來萬卷餘寄語兒孫勤雒誦莫令棄擲飽蟫魚蕘友氏識

【藏印　墨妙樓、額爾登氏】

## 009　書蔡氏傳輯録纂注六卷

元刊本　六册　朱竹垞舊藏　（07265）

首蔡沈原序，次董鼎自序，次其子真卿刊書識事，次凡例，次輯録引用諸書，次輯録所載朱子門人姓氏，次《纂註》引用諸書，次《纂註》引用諸家姓氏，次《朱子説書綱領》。其引用諸家姓氏後有鐘形墨記曰「延祐戊午」，鼎形墨記曰「勤有堂」。《説書綱領》版心有「延祐己未正月刊」七字，後有「建安余氏勤有堂刊」牌記。書序總置卷末，末葉有「男真卿編校」「姪濟卿、登卿同校」「建安余志安刊行」三行。半葉十行，行二十字，小註雙行，行二十四字。鐵琴銅劍樓瞿氏亦藏是本，定爲第一刻本，謂與通志堂重刻所據之本不同。全書經前人點校，通體評註，書法秀勁，饒有元人筆意，但不知出於誰氏之手。

藏印　古檇李□史項蘭谷卍玉齋珍玩之印　約山埜逸　項蘭谷史籍章　周印孝琛　原仲　清白吏子孫　清白傳家　天禄永昌　秀水朱氏潛采堂圖書

## 010　直音傍訓尚書句解十三卷　元刊本　四册　楊星吾舊藏　（07266）

廬陵朱祖義子由撰。《四庫》著録，《提要》稱：「其書專爲啓迪幼學而設，隨文詮釋，辭意顯明。」是本元刊元印，半葉十二行，行二十二、三、四字不等。大小字同。《通志堂經解》刊本中多墨擲，取校是刻，可補者凡數十字。楊星吾隨使東瀛，購之以歸，中有日本人用彼國讀法評點所書片假名。其國人小林辰題記，謂所書全用古體字，與彼國承化三年謄寫《將門記》、《真本千金方醫略抄》、《和名本草》等寫本字體相同，稱爲五、六百年前物。然以「匡」、「恒」、「貞」、「桓」、「慎」、「惇」等字闕筆，認爲宋槧。則刻舟之見矣。

序後木記　敏德書堂刊行

藏印　星吾海外訪得秘笈　宜都楊氏藏書記　飛青閣藏書印

## 011 詩經疏義二十卷　明刊本　十册　恬裕齋瞿氏、絜園丁氏舊藏（07267）

是爲鐵琴銅劍樓所藏。聞諸瞿氏後人，丁禹生撫蘇時，揚言將往常熟觀瞿氏藏書。瞿氏亟檢藏目中如干種以獻。丁納之，始不果往。是書在焉。越數十年而入於涵芬樓。瞿氏藏印尚存，其後人亦識爲故物，因録其《書目》所述者如左：

題「後學番陽朱公遷克升疏義」，「野谷門人王逢原夫輯録」，「松隖門人何英積中增釋。」前有至正丁亥陽所朱氏自序；次《朱子集傳序》並注；次正統甲子何氏序；次讀詩凡例九條，皆推求經文句法；次疏義凡例八條，皆辨正經文、《集傳》誤字；次外綱領，則引用先儒姓氏也；次《詩序朱子辨説》，悉爲之注，又從《集傳》改定《小序》，皆仿《小序》之文，《國風》總繫各國後，《雅》、《頌》總繫每什後；次綱領，則采諸經及諸儒論詩之語；次大全圖凡十九。其書專主《集傳》，故《集傳》用大字，而《疏義》、《輯録》、《增釋》皆以小字夾注於下。《疏義》用己意闡發；《輯録》、《增釋》則皆引舊説以證明之。其要於不失朱子本義，則一也。案《樂平縣志》，原夫於明宣德初薦授富陽學訓導，尋以明經召見，放歸，杜門講學，鄉里稱曰「松隖先生」，著有《詩經講説》二十卷。則非元之席帽山人也。其稱「野谷門人」者，何氏序云：「先師松隖先生嘗謂：『野谷洪先生初從遊先正朱氏公遷先生之門，受讀三百五篇之詩。』」是「野谷」爲洪氏初之號，松隖所從受業者，而於陽所已爲再傳弟子矣。何氏號梅谷，亦番陽人，受業原夫，故稱「松隖門人」，亦著有《詩經詳説》。然竊疑《講説》、《詳説》皆即此書，特異其名耳。陽所《疏義》成於至正丁亥，迄梅谷序刻已將百年，其傳之難也如此。是本版心標「詩經疏義」，不作「詩傳會通」。何序編朱子序後，不稱「後序」，序中亦無「以授書林葉氏刊行」之語，與《四庫》所收異。前題「書林安正堂劉氏重刊」，後有「癸未年仲夏安正書堂刊」墨記，蓋又重加訂正矣。按是本無何英序，必丁氏於重裝時失去者。拜經樓吴氏藏有嘉靖二年刊本，跋稱有正統甲子何英後序，又有「嘉靖二年孟夏月安正堂重刊」長印。按嘉靖二年歲在癸未，是必與此同一刊版。《四庫提要》稱：「正統甲子，英始取逢所授遺稿重加增訂，題曰『詩傳義詳釋發明』，以授書林葉氏刊行之。」云云。此蓋爲初刊後序中語，而瞿氏所見殆爲何氏前序歟。兔床歷舉是書經文與今本之異者，謂：「猶爲元儒手筆，悉仍文公之舊，未經妄删。」由此觀之，則是本雖刊於明之中葉，要仍可作元本觀也。《小序》第十一、十二葉被妄人竄亂，致與前後葉文義不貫，已借瞿氏另本補正。

藏印　瞿氏鑒藏金石記　恬裕齋藏　絜園主人

## 012　三家詩拾遺十卷　鈔本　四册　鮑氏知不足齋舊藏（07268）

題「會稽范家相蘅洲一字雪舟輯。」范氏自序謂：「因毛鄭箋傳之不行于世而有感於三家之亡，于是就深甯王氏之《詩考》更爲蒐補，稍爲推論其得失，附以《古文考異》及《逸詩》一卷，名之曰《拾遺》。」云云。序後爲凡例及《三家詩源流》。《四庫》著録「金山錢熙祚爲之刊行。」悉心考訂，足以糾正是本者不少。然彼此亦微有異同。《逸詩》「厥初生民，深修益成」二句，錢本列入《詩辭存篇·名逸》第四篇内，是本則標其篇名爲「生民」，而列於第三篇内。又《般篇》於「繹思」下，是本有《玄鳥篇·殷社芒芒》一節，而錢本無之。又卷一「緜蠻緡蠻」下，錢本注云：「按原本此下别出『豈敢憚行，畏不能趨』二句，注云『韓詩』。」是本原無此二句。又卷六《綢繆篇》「見此邂逅」注末句，錢本作「與韓説義」，注云：

「按此下疑脱『異』字。」是本實作「與韓異義」。又《候人篇》「荷戈與祋」注末句，錢本作「蓋古説已深」，「深」字下注云：「按此字疑有誤。」是本原作「已然」。是是本亦有可與錢本相發明者。書貴初刻，舊鈔亦自可貴也。卷一作者姓名後，别題「范陽盧文弨增校」一行。又前後均有抱經堂藏書印二記，皆僞造，不録。

藏印　歙西長塘鮑氏知不足齋藏書印

## 013　周禮鄭氏注十二卷　明嘉靖刊本　六册　錢聽默、黄蕘圃校宋本　（07269）

此即《士禮居叢書》所刊《周禮》祖本。黄氏是書後序謂：「嘉靖本訛舛之字，悉校宋刻正之。以紹興間集古堂董氏雕本爲主，參以家藏之岳本、蜀大字本，又借諸家之小字本、互注本校余氏本，集腋成裘，以期美備。刊成之日，附《校語》一卷。」按《校語》，《天官》據董本、互注本，《地官》、《春官》於二本外增一岳本，《夏官》更增一小字宋本，《秋官》據董本、蜀大字本，《冬官》據董本、宋單注本、余仁仲本。是本參校所據悉合，惟「《天官》另增一小字宋本，《秋官》增一宋本，《冬官》增一岳本」云云。不知刊板時何以漏列。全書用朱、黄、黑三筆，分注諸本異同，臚列上下闌外，多者幾無隙地。《校語》所録，僅訂正嘉靖本訛字，實不逮是書之什一也。錢聽默先據纂圖互注本校過，指是本爲未善。黄氏駁之，謂其惑於他本。是時據董本以證是本之佳，是有此校而嘉靖本之瑕疵悉去，即宋本之瑕瑜互見者，亦盡已判明。蕘圃於此書用力至深，洵堪寶貴。錢聽默跋《周禮》宋本纂圖互注者，流傳尚多。庚子歲，余得宋【京】本校注鄭注《周禮》，内附釋文，系巾箱小本。因取此本於邗上旅寓校讎一過，是正頗多。然此本系翻宋刻佳本，尚多誤謬，信書之不可不參校也。庚子孟夏聽默識。

黄蕘圃跋　聽默者，姓錢，字景凱。住山塘，書賈中識古之人也。《天禄琳琅》云「白隄錢聽默經眼」，即其鈐于古書之圖記也。復翁識。【卷一】

又跋　《周禮》纂圖互注本，曾見宋刻，非佳本也。經注本此爲最善，不附釋文，尤爲可寶。是書藏某家，因有錢聽默校宋本，物主視爲奇貨。余因集各本校此書，不得不購此一明刻損污之本。出番餅十枚置之，可云書魔矣。乙亥秋九月小盡，復翁。

又跋　余所見互注本，而《秋》、《冬》二官非互注者，向在海寧陳氏，今聞已轉徙矣。十月二十七日，復翁。以上見卷一後【眉】

又跋　余于去秋校《周禮》，曾借五柳居所收小字宋本，校《天官》上、下卷于毛刻注疏本上，後屬陸東蘿覆校付刊之樣，專以嘉靖本爲主。其他宋本。有勝於嘉靖本者，時一參之。故此刻《天官》上、下有小字本者，皆就舊校毛本上臨出也。原校小字宋本係首册，《天官》上、下全，《地官》止有上卷。因向有真岳本，故未校。頃從書友又獲一小字宋本，即五柳所收原帙而散佚者，係《夏官》上、下全，《秋官》止有上卷。急收之而校于此。間有一二佳處，其誤者亦復不少。援前校例，《秋官》向有蜀大字本，故亦不校也。丙子閏月十有二日，竭竟日力校之。復翁記。見卷八後。

又跋　蜀本《秋官》二卷，向藏虚白堂楊氏。余從惕甫乞得，遂爲己有，入諸《百宋一廛賦》中。今秋又從香嚴書屋中購獲岳板真本《地官》《春官》四卷，與此適得《周禮》之半。凡天下事，得半已足矣，寧望全耶！此外余本藏顧氏，董本藏蔣氏，皆非全璧也。復翁。見卷十後。

又跋　海寧陳仲魚僑吴之時，與余同好收書，故彼此所收，非見知即聞知也。渠從嘉禾金公手得宋刊《周禮》經注，《天官》至《夏官》皆纂圖互注本，《秋》、《冬》二官則單注有經文者也。仲魚歸隱向山閣，蹤跡不常晤。今秋思校《周禮經注》付梓，因購各家宋本，遂往借之，適已轉徙他所。幸他所反近在吾郡，仍託友借之。校如右。兼用黑筆、黄筆者，以先有二色筆校别本也。竊思天壤間事每相左。即如陳本不能守而轉徙他所，董本余不能收而已售他人，皆事之相左者也。今將以嘉靖本付梓，而以各本異同入諸札記中，聊以償余宿願已耳。乙亥十一月十五日復翁。見卷十二後。

【黄蕘圃跋　十一月十七日亦聚纂圖互注本參校一過，未知與錢所校本同否。所校字時有出入。卷一後眉。

黄蕘圃跋　案此本最佳，錢云尚多誤謬，此惑於他本也。卷一後眉。

黄蕘圃跋　某家得此時，見有校宋本在上，已出重貲，故此時購之必索重直，且經估人之乎，宜增至十番也。卷一後眉。

黄蕘圃跋　此嘉靖本三禮中之《周禮》也。昔以青蚨六百餘文購一塾師讀本，已點污矣，久而失之。兹復置此，污損更甚，卷中紅筆是也。蕘夫記。卷六後。

黄蕘圃跋　丁丑孟夏，又用海寧吴槎客藏重言重意宋本校。《夏官》下卷損之。卷八後。

黄蕘圃跋　丙子十月，借鈕非石手校顧抱沖藏余仁仲本校。卷十二後。

黄蕘圃跋　此本卷一末有錢聽默跋，云「得京本校注」。《秋官》多蜀本校字。余兹校德興董學士宅集古堂本於汲古注疏本上。復以董本參錢所校者，但就錢校處參校董本。經注與此本異同字不復校上者，以有全校本在毛刻上也。董本有鈔補卷，故宋本標曰「董

本」，缺卷標曰「鈔補」云。復翁。卷十二後。】

藏印　敬輿珍賞　滋蘭堂藏書印　丕烈　老蕘

**014　周禮六卷**　清福禮堂刊本　三冊　陳碩甫校藏　（07270）

陳碩甫跋　道光五年八月二十五日，校《周禮·漢讀考》一遍，時在武林錢河署也。碩甫陳奂。

**015　禮經會元四卷**　明覆元本　二冊　鄭杰舊藏　（07271）

題「宋龍圖閣學士光禄大夫贈開府儀同三司南陽郡開國公食邑二千一百户食實封一百户謚文康葉時著。」前有至正海陵潘元明、臨海陳基二序，竹埜先生《傳》，《傳》後有至正二十五年六世孫葉廣居識語。余嘗見元本，版式行款悉同。是本無覆刻序跋可考。審其槧法，當在有明正、嘉之間。

**016　儀禮圖附旁通圖十八卷**　明覆宋本　十六冊　葉文莊、張芙川、蔣香生舊藏　（07272）

宋楊復撰。復有自序，是本已佚。卷首有《文公乞修三禮奏劄賈公彦注疏序》。是書均作十七卷，《旁通圖》別爲一卷附後，是本卷數聯刻。張氏鈐有「宋刊奇書」及「鑒定宋刻善本」印記，然余終疑爲明刻。卷端顧千里題詞及蔣廷錫藏印，皆僞造。

藏印　葉盛　葉與盛中　菉竹堂　宋刊奇書　虞山張蓉鏡鑒定宋刻善本　虞山張蓉鏡鑒藏　芙川張蓉鏡心賞　虞山張蓉鏡芙川信印　張印蓉鏡　蓉鏡私印

蓉鏡　張伯元別字芙川　芙川　芙初女士姚畹真印　姚氏畹真　芙初女史　琴川張氏小琅嬛室主藏書　小琅嬛清閟張氏收藏　小嫏嬛福地　味經　赤松黃石　在處有神物護持　見者須愛護　茂苑香生蔣鳳藻秦漢十印齋祕篋圖書

## 017　纂圖互注禮記二十卷　宋刊本　十冊　錢舜舉、倪雲林、劉坦齋、文壽承、文子悱、查初白、查藥師、蔣文肅、張芙川、趙次侯舊藏　(07273)

卷首圖二十五幅，每卷首行題「纂圖互注禮記卷之幾」，二行篇名頂格，三行經名低三格，鄭氏注又低七格。重言、重意均作白文，釋文以圈隔之。版心題「記幾」。左右雙闌，闌外記篇名、卷數、葉數。半葉十二行，行二十一字，小注雙行，行二十三、四、五字不等。宋諱「殷」、「匡」、「筐」、「恒」、「貞」、「偵」、「桓」、「慎」、「敦」等字均缺筆，蓋光宗時建陽坊刻也。卷一鈔補二十五葉，錢夢廬謂是文子悱手鈔。然首葉已有明初人劉坦齋印，殆元人或劉氏所寫耳。所寫稍有訛誤，雖非書家，要有古意。吴霄顯斥爲庸手，殊嫌未允。卷端有鹿原林佶篆文書名，又有古歙程恩澤題識，均名筆也。

尤西堂題　康熙丙子上元後一日，長洲西堂老人尤侗借讀。在卷一後。

錢夢廬跋　右宋板《纂圖互注禮記》。今年秋金閶友人攜來，余苦於看囊羞澀，因極力慫恿胡壻篴江購藏。彼漫不知省，任友人攜去，悵然累日。小春二十八日，琴川張芙川先生遠寄是書屬跋，復得重觀，不勝欣幸。因有玉磬山房及三橋等藏印。其第一卷缺二十五葉抄補者，疑是待詔、學博二公手筆。其實非是。細審是學博長子子悱先生所書。先生爲文肅公之父，隆慶戊辰恩貢生，初任浦江令，升衞輝府同知，頗著賢聲。卒後私謚端靖先生，從祀蘇州府學鄉賢祠及浦江縣名宦祠。著有《蘭雪齋稿》、《清涼居士集》、《文奉議集》、《學圃齋隨筆》、《續隨筆》等書，惜俱未得寓目。諸文書畫，傳世尚多，獨先生遺跡甚尠。其藏印有「劉履」、「坦齋」，是明初人，曾著有《選詩補註》者。國朝康熙中，又藏海昌查初白先生家，亦有印記。流傳有自，尤足寶貴耳。今爲芙川先生得之，慶此書之得所歸矣。爾來古籍日稀，幸善藏之。道光十二年壬辰小春二十八日，嘉興錢天樹識。下鈐「天樹印信」白文、「子嘉」朱文二方印。

又跋　上有清閟閣印，是元時藏倪雲林家也。中又有得樹軒及蔣揚孫印記，則又曾在南沙相國處。芙川值又同里，更宜珍重。同日燈下又識。下鈐「夢廬」朱文方印。

李申耆跋　此宋刻纂圖互注重言重意本。義例無足取，而鄭注具在，賴可校正時俗之本。如《檀弓》「司徒旅歸四布」節，「曾子言喪禮祖而讀賵」，「喪」作「非」，「祖」作「祖」；「天子之棺」節，「凡棺因能濕之物」，「因」作「用」；《王制》「凡四海之内」節，「盈上四等之數并四十九」，「九」作「六」；「天子之縣内諸侯」節，「不得位」，「位」作「世」；《儒行》「席上之珍」注三十三字，爛奪訛誤，此不誤。《鄉飲酒義》「鄉人士君子」節，「不敢專大惠」下注脱一百八字，此不脱。又《檀弓》「舉者出户出户袒」，與石經同。《王制》「亦弗故生也」，與石經同，皆可與阮氏校刊記參證。其餘小小同異處定是不少。若依校刊記挨次補入，亦足廣異文也。芙川以此本見示，録所見如此。道光甲午初秋，李兆洛識。下鈐「申耆」朱文方印。

吴霽顯跋　甲午冬，芙川以宋刻纂圖互注重言重意本《禮記》見示。其義例爲初學而設，無關得失，唯鄭注單行，附以陸氏釋文，可藉校正別本。因於前李跋所舉外，更爲考正。如《王制》「此四誅者不以聽」節，「爲其爲害大而辭不可習」，「習」作「明」；《文王世子》「遂設三老五更」節，「帝位之處」，「帝」作「席」；「既歌而語」節，「諸合樂之所美」，「諸」作「説」；「下管象武」節，「前歌後武」，「武」作「舞」；《禮器》「三代之禮」節，「青尚黑」作「黑尚青」。按宋本作「青尚黑」者也。吴氏誤倒。《内則》「羹食自諸侯以下」節，「庶羞亦異耳」，「亦」作「乃」；《玉藻》「君衣布搢本」節，「去珽荼佩士笏也」，「佩」作「飾」；「出杅履蒯席」節，

「連同也」，「同」作「釋」；「肆束及帶」節，「約組之餘組也」，上「組」作「紐」；《喪服小記》「生不及祖父」節，「不貴非時之恩」，「貴」作「責」；《大傳》「一曰治親」節，「察存仁愛也」，「存」作「有」，「也」作「者」；《少儀》「其有折俎者」節，「尺柄」作「柄尺」；《祭義》「居鄉以齒」節，「雖貧見無子孫」，「見」作「且」；《表記》「君子不自大」節，「行過不復循行」，作「過行」；「子曰后稷天下」節，按當作「后稷之祀」節。「恭儉者之祭」，「恭」作「共」；《昏義》「古者天子后立六宮」節，「有象大數也」，「大」作「天」。又《檀弓》「孔子之喪設披周也」節，「崇牙」，「崇」字上重一「崇」字；《禮運》「作其祝號」節，「翦蒲」下有「席」字；《坊記》「此令兄弟」節，「猶更」下有「也」字；《中庸》「是故不賞」節，「百君盡刑」之下有「謂」字；《表記》「詩云唯此文王」節，「言述行上帝德」，「德」字上有「之」字；「詩云莫莫葛藟」節，「不爲回邪之行要之」，「行」字下有「以」字，皆是書精善處，足以訂惠本之失，且可補阮氏校勘記所不及。至《鄉飲酒》「鄉人士君子」節，李跋謂坊本脱去一百零八字，此本不脱。然考注内「不敢專大惠」下「鄉人士君子」一百零八字，皆陸氏釋文，本内未加圈間隔，遂混鄭注。而檢查別本，亦俱在音義按當有「内」字，並未脱去。申耆先生偶未詳審耳。而是本誤處，亦復迭出。取惠氏、阮氏諸本復加校勘，改正經文誤字十，注誤字九十七，補脱字二十四，刊衍文十二，正釋文羼入鄭注十處，俾是書益臻完善。惟自念學業荒落，老眼昏花，遺漏必多。倘有精於校對者，更爲審定，始無遺憾。至卷首抄補二十五葉，書法欠工，訛謬不少，其爲庸手無疑，可置勿論。時道光乙未立春後一日，小廬居士吳憲澂識。下鈐「憲澂」白文、「霄顯氏」白朱文二方印。

季松云跋　此書爲南宋麻沙本，足備鄭注參覈，自可珍賞。其可采者已詳養一子、筱軒丈二跋。丈併爲此書訂正數處，可知舊刻亦不盡可從，要在善讀者别而觀之耳。芙川仁兄以余好觀古籍，出以相示。溽暑不獲竟讀，僅一親古澤而已。丙午閏夏季錫疇記。下鈐「錫疇之印」白朱文、「松云」朱文二方印。

張芙川跋　宋刻《纂圖互注本毛詩》，每葉二十四行，行大二十一字，小二十五字，余於愛日精廬見之，蓋南宋刊本也。壬辰十月，書友邵松巖以此纂圖互注重言重意本《禮記》來售，行款與《毛詩》同。知宋時所刊，原不止一經也。重以宋鍥宋印，遂以重價購之，寄賞於錢夢廬翁。玩其跋語，以首册所缺二十餘葉爲文子悱先生手抄。細審劉履印，即鈐於補鈔首葉紙上，是非文氏所鈔，劉氏所補録也。夢廬特未加詳審耳。纂圖互注本所見惟宋本。卷中有清閟閣印，是在元時已知珍重，宜文氏父子之寶愛也。國初入蔣文肅家，未知何時流傳郡中，今爲小讀書堆散逸，仍歸海禺。聚散無常，烟雲過眼，不獨爲是書慨也。近來宋槧真本罕覯，偶得一二，殘編斷簡居多。若此墨香紙韻者，尤不易得。癸巳夏，倩善工重加潢治，漫誌數語，俾讀是書者知所授受。後之視今，當更爲感慨耳。六月十一日，蓉鏡草識。

又跋　卷首有錢選方印，朱色已脱。元時未知由錢入清閟閣，抑不識舜舉向倪氏借讀也。又記。

藏印　錢選之印　清閟閣書　劉履　坦齋　文彭　文壽承氏　壽承氏　文印元發　元發　文氏子悱　子悱　玉磬山房　蔣揚孫讀書記　海甯查慎行字夏重又曰悔餘

南書房史官　得樹樓藏書　臣名岐昌　字曰師樂　石友過眼　曾藏張蓉鏡家　張　蓉鏡　芙川氏　張伯元別字芙川　芙川蓉鏡　張蓉鏡觀　蓉鏡珍藏

芙川心賞　琴川張氏　小瑯嬛福地　味經書屋　雙清　明前身月　冰蓮　宗建私印　舊山樓　味夢軒

## 018　禮記正義

宋紹熙刊本　存二十八卷　十四册　明沈彦忠、晉府舊藏　（07274。著録作「宋元遞修本」）

是爲宋紹熙辛亥壬子間黄唐刊本《禮記》注疏合刻之第一版也。半葉八行，行十六字，小注雙行，行二十二字，左右雙闌，版心署「禮記義幾」，下記刻工姓名，有方伯祐、徐仁、葛異、陶彦、馬松、馬祖、李憲、王佐、周泉、高彦、李師正、王恭、許貴、李涓、王允、方堅、高政、趙通、周彦、毛端、馬春、李用、李良、包端、李信、陳真、楊昌、余政、葛昌、張暉、阮祐、姜仲、鄭復、宋瑜、童志、吴宗、翁祥、蔣伸、蔣信、王宗、毛俊、徐進、宋琳、徐通、馬祐、施珍、徐宥、張樞、許才、許富、李倚、許詠、李光祖、應俊、施俊、嚴信、金彦、王茂、翁祐、金昇、陳顯、濮宣、吴寶、馬昇、吴志、陳又、劉昭、陸訓、魏奇、陳瑜、周昇、李仁、王椿、李忠、朱周、李俊、王祐、鄭彬、高文、周珍、李通等。各葉版心，上均不記字數，字體謹嚴而槧法亦較峻整，當爲原版。其版心上記字數而刻工姓名爲王全、任昌、賈祚、文昌、范華、王桂、陳万二、李茂、丁銓、劉仁、葛辛、洪來、李德瑛、張珍、徐珙、胡昶、朱涣、高諒、朱輝、繆珍、章文、王智、鄭埜、徐榮、孫斌、可山、黄亨、王涣、毛文、文玉、陳思義、朱春、王禧、王壽、弓華等，其字體圓軟細瘦，行列亦稍參差，必係後來補版。此已殘缺，僅存二十八卷。余友潘明訓藏有全部，取以對勘，一一脗合。惟間有原版、補版之别。潘本卷四第二十一葉首行「載自隨也」，此作「義曰隨也」；次行第一字「故」字，此作「者」。循繹上文，自以此本爲優。潘本此葉刻工姓名，記一「徐」字，此爲「馬松」二字，故知此爲原版而彼爲補版。阮文達校勘記謂：「日本山井鼎《七經孟子考文補遺》所載宋本，與惠棟所據間有不合，爲傳寫之譌。」余以爲非是，殆原版與補版之異耳。昔年爲涵芬樓收得時，曾撰短跋，今録如左：

曩居京邸，聞沈子培先生言，盛伯羲祭酒嘗得曲阜孔氏所藏惠氏据校之宋刻《禮記正義》，祕不示人。余心識之。清社既屋，盛書星散，大半歸於景樸孫。樸孫以是書售之袁寒雲。吾友潘明訓復得之袁氏，至是余始得寓目焉。而培老先已下世矣。越數年，余又得此殘本於海昌孫氏，存者卷三、四，卷十一至十八，卷二十四、五，卷三十七至四十二，卷四十五至四十八，卷五十五至六十，凡二十有八卷。明訓既得是書，覆刻行世。兩本同出一版，取新本互校，乃有三葉行字微異。詢知原本抄補，因以攝影貽之。明訓重付手民，嗜書如培老，昔欲求一覽而不可得，而余竟得從容假觀。既覩其全，又獲其半，且可以是不全之帙，補彼全而偶缺之憾，豈不快歟。檢閱既竟，將以儲之涵芬樓中。因書數語，以示來者。

藏印　君子堂圖書記　風流八詠之家勗誼彥忠書記　沈彥忠章　貫道　吴興沈氏以萬書世家作文鼎　晉府書畫之印　敬德堂圖書印　子子孫孫永保用

## 019　禮記要義　宋刊本　存三十一卷　十六册　汪秀峯藏　（07275）

是爲魏了翁所撰《九經要義》之一。行款與前《周易要義》相同，惟每行字數有多至二十一者。《曲禮》上、下二卷闕。刻工姓名，除已見《周易》外，增官甯、思中、仲實、仁父四人。宋諱亦增「匡」、「胤」、「徵」、「敦」四字。阮文達得影鈔本，録以進呈，所闕卷葉俱同。江蘇書局據歸安姚氏咫進齋影宋鈔本校刊，卷首並附錫爵氏跋語，是亦以此爲祖本也。

明張萱重編内閣書目，《九經要義》中《禮記》僅存三册，與所存《儀禮》七册比較，所闕甚多，而此本則僅闕二卷耳。

金錫爵跋　予讀《儀禮》《燕禮記》《聘禮記》。兩有「賓爲苟敬」，《禮記·郊特牲》注，「苟」作「尊」，知俗本之誤。山井鼎據足利本，亦作「苟」字。然兩存之，無所取舍。是未援《儀禮》以正也。己巳秋，得宋雕本《禮記要義》，《郊特牲》注與足利本同。凡此本之與俗本異者，必與足利同矣。且讀經有疑義，能旁通博引，折衷于至當，往往若合符節。然羣經轉刻，紕繆益多，乃嘆此等書固天壤間之鴻寶，不僅以宋槧而珍重者也。書共三十三卷，失去一之二卷，不能無餘憾云。拜五經齋主人錫爵識。下有「嚳庭」朱文長方印。

阮文達提要　宋魏了翁撰。《宋史》本傳稱其有《要義》百卷，據《藝文志》實二百六十三卷。訂定精密，先儒所不及。方回跋了翁所撰《周易集義》云：「前丁酉歲，以權工部侍郎忤時相，謫靖州，取諸經注疏摘爲《要義》。」《宋史·藝文志》分載其書，而《讀書附志》、《讀書後志》、《書録解題》、《文獻通考》皆不著録，明時已無全本。内閣所藏，據張萱所述，已闕《毛詩》《周禮》，其餘七經，按其册數太少，知亦殘闕之本。今《四庫全書》所采，有《周易》、《尚書》、《儀禮》、《春秋》四經。《周易》乃天一閣舊鈔本，已蒙高宗純皇帝親灑宸翰，昭垂卷首，嘉惠藝林，洵奇遇也。其自《周易》、《儀禮》外，率非足本。此書名《聚樂堂藝文目》有之，《經義考》云「未見」。此本從宋刻影鈔，存者三十一卷。《曲禮》上、下兩篇亦以遺佚爲憾。然較諸《春秋》之所存者，固已勝之。案虞集《九經要義》序云：「取諸經注疏、正義之文，據事列類而録之。」與方回之言合。而張萱則謂考究九經中義理制度。今案其書，删節注疏。存其簡當，去其煩冗，每段之前，各有標目，以便讀者之省覽。了翁初無己説，萱之所言，蓋未嘗詳核也。諸經注疏，自宋遞傳至今，脱文譌字，不可勝舉。了翁所據，猶宋時善本，足資糾訂。而《禮記》孔疏，文繁義富，未易得其厓略。了翁删汰過半，頗爲精允，可以爲研經者之津逮。書中第五卷《王制》篇分上、下，實三十四卷云。

莫友芝題　同治乙丑六月，獨山莫友芝借讀一過。在卷三末。

藏印　新安汪氏　啓淑信印

## 020　大戴禮記十三卷　明覆宋本　二册　高不騫、孔廣林舊藏　（07276）

半葉十行，行十八字。宋諱「玄」、「敬」、「殷」、「匡」、「恒」、「貞」、「徵」、「讓」、「桓」、「慎」等字均缺筆。《四部叢刊》影印明本，假自無錫小緑天孫氏，行款均與此合。末葉有「嘉靖癸巳吴郡袁氏嘉趣堂重雕」一行，是本剜去。全書經昔人校訂，所據有至正本、大典本、古本、足本、王氏注本、戴氏校本。校者復旁引他書以資證佐。其卷末有「不騫勘本」

印記。疑即高氏手校。

藏印　華亭高氏耆書堂印章　高印不騫　不騫勘本　郭海伯子　布衣釋褐　可以自娱　文宣王七十世孫廣林藏書印

## 021 析城鄭氏家塾重校三禮圖二十卷

蒙古刊本　十册　毛子晉舊藏　（07277）

首二卷汲古閣毛氏鈔補，寫繪絶精。半葉十三行，行二十一字。首有竇儼序。序後目録、正文緊相銜接。各卷同。卷二十爲《總目》。卷末有至道二年李至《記》及長南陽山昌元王履《重刊後跋》。跋文略謂：「久藏是圖，欲刊之梓，家貧未能。丙午講《易》於葛廬，王文舉來過聽講，謂將謀之鄭侯。文舉不幸不起，鄭侯不忘乎舊，能成故交之心。」云云。鄭侯未知何人。跋文稱曰「國家大將軍」，又著文舉籍爲潞城，連類而及者尚有遼東唐括、濮陽聶天佐。之數地者，皆非南宋疆城，而大將軍亦非宋代官名。故人王君静安謂：「履跋不著年號，但稱丙午，當爲蒙古定宗二年，據《元史》當爲元年。下距中統紀元尚有十三年，時尚未有年號。『長南陽山』即南陽書院山長；『葛廬』，即諸葛草廬。書名冠以『析城鄭氏家塾重校』數字，『析城』當即淅川，亦南陽屬地。疑鄭侯即淅川人。時宋雖未亡，而諸地實轄於北朝，故此當爲蒙古刊本而非宋刊本。」云云。是本宋諱「玄」、「敬」、「殷」、

「貞」、「徵」、「讓」、「桓」、「慎」、「敦」、「廓」等字均不闕筆，但「恒」、「筐」二字所避。語涉宋帝，亦各提行空格。履跋明言襲藏已久，是必以宋本翻刻，故宋諱偶有未盡删削之迹。毛氏補鈔二卷，書名僅稱《新定三禮圖》，而無「析城鄭氏」等字，所據必爲别一宋刻，故竇序「恒」字，即注「御名」，而「玄」、「敬」、「殷」字，亦均闕末筆。以彼例此，則此之非宋刊本愈益可信。《四庫提要》稱：「淳熙中陳伯廣嘗爲重刻，並題其後。」此無陳氏題詞。又稱：「錢曾影宋鈔本，每葉自爲一圖，附説於後。」此則有一葉數圖，而以説附載圖之四隙者，與所舉兩宋本均不相合。故從王氏之言，定爲蒙古刊本。

藏印　宋本　甲　毛晉之印　毛晉私印　毛晉　毛氏子晉　汲古主人

## 022　三禮疑義　鈔本　存一百三十九卷　四十八册　張月霄鈔藏　（07278。著録作「存四十九册」）

《周禮疑義》四十四卷，缺卷四至二十八，凡二十五卷。

《儀禮疑義》五十卷，缺卷三十八、三十九，凡二卷。

《禮記疑義》七十二卷，原缺卷十三、十四，卷三十至三十二，鈔配全。

右三書均題「吴廷華存疑」。按《四庫總目》，廷華字中林，仁和人，康熙甲午舉人，由中書舍人歷官福建海防同知。乾隆初，嘗薦修《三禮》，著《儀禮章句》十七卷，《四庫》著録。《提要》謂所著《周禮疑義》未之見，並疑《儀禮章句》即《疑義》改名。杭世駿亦謂其所著僅數十卷。《提要》引杭氏言，且誤「三禮」爲「二禮」，蓋當時書未刊行，知之者鮮。張金吾從何夢華藏本傳録，載入《愛日精廬藏書志》，其名始顯。《志》並述其著書要旨，謂：「原書分《訂義》、《疑義》兩門。《訂義》者，取注疏及唐宋諸家之説，以訂正經義也；《疑義》者，取注疏之義有可疑者，爲之反覆辨論，以正鄭、賈之誤也。其意重在《疑義》，故以《疑義》名書。」云云。金吾嘗輯《詒經堂續經解》，書凡九十一種，中更洪楊之役，其正稿稍散失，展轉入於涵芬樓。是書爲其所收清人著述之一。闌外有「昭文張金吾寫定續經解」一行。前二《禮》有吴氏自序，而《禮記》闕如。書與張氏《藏書志》所載同，而卷帙則已各有殘缺。錢塘丁松生於鄉賢遺著蒐集至勤，然亦僅有《周禮》、《禮記》殘本各十八卷，《儀禮》迄今未見。余聞湘人某氏藏有足本，介友鈔補。遲之又久，始以《禮記》所缺五卷來，而其他二《禮》卒不可得。湘省頻年兵燹，某氏所藏之本不知尚存天壤間否？北平圖書館借往迻録，書甫付郵，而上海戰禍遽作，《續經解》全部被燬，是書幸獲保全。故友汪穰卿同年謂：「吴氏後裔館於其家者，嘗言此書祇存清本二部，一久燬於火，一押於仁和許子雙家。阮文達撫浙，欲取閲。吴商之許，暫取回上之阮。許不可。改半部，不可。改數册，仍不可。不久，咸豐兵亂，遂成煨燼。」云云。今此本屢逃浩劫，卒能無恙，可云幸矣。

《詒經堂續經解》，昭文張金吾輯，爲之序者儀徵阮文達、武進李申耆大令暨吾邑朱虹舫閣學。尚有二序，撰者何人，余已忘之。全書迄未刊行。光緒季年，余得之上海城中顧氏。顧，太倉人，其收藏者名錫麒，字竹泉。太平軍興，載其書之上海，保存歷數十載，略有殘缺。余諏訪有年，鈔補得十八册，尚有待鈔而未鈔者，今不幸遽罹劫火，此書絶迹於天壤矣。今幸《三禮疑義》之存而痛全書之亡，因將書目附列於後，庶張氏收緝之勤，及顧氏護持之力，後之人猶可考知也。

易學辨惑 宋邵伯温撰。一卷

讀易詳説 宋李光撰。十卷

周易窺餘 宋鄭剛中撰。十五卷

易變體義 宋都絜撰。十二卷

周易經傳集解 宋林栗撰。三十六卷

周易繫辭精義 宋吕祖謙撰。二卷

厚齋易學 宋馮椅撰。五十二卷

周易總義 宋易祓撰。二十卷

周易要義 宋魏了翁撰。十卷

周易詳解 宋李杞撰。十六卷

讀易舉要 宋俞炎撰。四卷

周易象義 宋丁易東撰。十六卷

易纂言外翼 元吴澄撰。八卷

周易原指 元寶巴撰。八卷

周易集傳 元龍仁撰。八卷

易精蘊大義 元解蒙撰。十二卷

易學變通元曾貫撰。六卷

周易經義元涂溍生撰。三卷

禹貢山川地理圖宋程大昌撰。二卷

尚書講義宋史浩撰。二十卷，缺卷一至六

尚書注殘本宋金履祥撰。六卷

尚書蔡傳音釋元鄒季友撰。六卷

書經識餘清徐秉義撰。二十五卷

慈湖詩傳宋楊簡撰。二十卷

毛詩集解宋段昌武撰。三十卷，缺卷五、卷二十二、三，卷二十六至三十

詩傳附録纂疏元胡一桂撰，二十卷，缺卷九至十二

非詩辨妄宋周孚撰。二卷

詩演義元梁寅撰。十五卷

詩傳旁通元梁益撰。十五卷，缺卷四

周易文詮元趙汸撰。四卷

易講義宋陳襄撰。二卷

尚書精義宋黄倫撰。五十卷，缺卷四十六至五十

絜齋家塾書鈔宋袁燮撰。十二卷

讀書叢説元許謙撰。六卷

書傳集解明黄諫撰。十二卷

尚書講義宋劉克莊撰。一卷

毛詩講義宋林岊撰。十二卷

劉氏詩説宋劉克撰。十二卷

詩集傳音釋元羅復撰。二十卷

詩纘緒元劉汝玉撰。十八卷，全缺

詩義元劉貞撰。八卷

周禮疑義清吴廷華撰。四十四卷，缺卷四至二十八

周禮詳解宋王昭禹撰。四十卷

周禮集說宋陳友仁撰。十一卷

周官集傳元龍仁夫撰。十六卷

儀禮疏唐賈公彦撰。五十卷，缺卷十六至二十、卷二十五至二十七、卷三十二至三十七

内外服制通釋宋車垓撰。七卷

月令解宋張虙撰。十二卷，全缺

續禮記集說清杭世駿撰。一百卷，缺卷七至九、卷十三、四、卷五十八至七十、卷九十四至九十六

春秋集傳纂例唐陸淳撰。十卷

春秋《公羊》《穀梁》《左傳》宋葉夢得撰。二十二卷

左氏博議宋呂祖謙撰。二十五卷

春秋講義宋戴溪撰。四卷

春秋說宋洪咨夔撰。三十卷

周官總義宋易祓撰。三十卷

周禮折衷宋魏了翁撰。三卷

周禮講義宋劉克莊撰。一卷

儀禮要義宋魏了翁撰。五十卷，缺卷三十、三十一

儀禮疑義清吴廷華撰。五十卷，缺卷三十八、九

禮記疑義清吴廷華撰。七十二卷

春秋穀梁疏殘本唐楊士勛撰。十二卷，原缺卷一至五

春秋五禮例宗宋張大亨撰。十卷，缺卷四至六

春秋左氏傳續說宋呂祖謙撰。十二卷

春秋分紀宋程公說撰。九十卷

春秋集傳宋張洽撰。二十六卷，原缺卷十八至二十、卷二十三至末

左氏摘奇宋胡元質撰。十二卷

春秋纂言總例元吴澄撰。十二卷，缺卷十一、二

春秋三傳辨疑元程端學撰。二十卷

春秋讞義足本元王元杰撰。十二卷

左傳類編宋吕祖謙撰

春秋胡氏傳纂疏元汪克寛撰。三十卷，缺卷四至七、卷十二至三十

論語全解宋陳祥道撰。十卷

孟子傳宋張九成撰。三十卷，原缺卷三十

尊孟辨《續辨》《别録》宋余允文撰。三卷

蒙齋中庸講義宋袁甫撰。四卷

大學中庸解宋薛季宣撰。二卷

四書待問元蕭鎰撰。二十二卷

中庸講義宋陳襄撰。一卷

論語講義宋劉克莊撰。一卷

論孟辨惑王若虚撰。六卷

孝經述注明項霦撰。一卷

六經四如講稿宋黄仲元撰。六卷

九經疑難殘本宋張文伯撰。四卷

方舟經説宋李石撰。六卷

經稗清鄭方坤撰。十二卷

通志堂經解補闕清黄度撰。一卷

五經辨惑金王若虚撰。二卷

以下三種爲原目所不載

詩説解頤正釋明季本輯抄。二十三卷，缺卷不詳

詩傳通釋元劉瑾撰。二十卷，缺卷一至十七

詩傳音釋宋朱熹撰。二十卷，缺卷一至十五

## 023 禮書一百五十卷 宋刊元修本 二十册 袁靜思、周松靄舊藏 （07279）

題「左宣義郎太常博士臣陳祥道上進。」卷首有《重刻禮樂書序》二：一虞集，一余載。載序前半已佚，序後有校勘督工銜名十一人，凡九行。次建中靖國元年《尚書禮部牒》，次陳氏《進書表》並序。卷末有至正丁亥林光大《刊成二書後序》。綜觀前後序跋，均言晉寧趙宗吉求得二書，送郡學官鋟梓，達可行、張允中踵成其事。是此本實爲元代重刻矣。然元覆宋本沿襲宋諱，如「玄」、「匡」、「恒」、「桓」等字，事所恒有。至「敬」、「驚」、「檠」、「殷」、「酳」、「貞」、「徵」、「讓」、「樹」、「慎」等字亦從闕筆，已極罕見。進而至於「淵聖御名」、「御嫌名」之稱，則尤無此例。故有人指爲元人得宋槧舊版，重修之，冒爲己有。其言誠信。不獨此也，卷中「桓」字、「覯」字，字形較大，常占有一字之半或二字地位，是必以「淵聖御名」、「御嫌名」等字剜改，痕跡顯著。如是者凡數十見。此非更一確證乎。半葉十三行。每行大字二十至二十二，小字二十七至三十二。左右雙闌，版心白口，雙魚尾。上記大小字數，下記刻工姓名。其二字或三字者，有伯起、卞玉、仲明、許宗厚、吴丑諸人。僅記一字，見於上文所記避宋諱諸葉者，有山、伯、上、成、仁、用、文、志、貝、朱、王十一字，餘爲仲、文、祐、才、國、厚、壽、德、六、君、后、覽、士、七、元十五字。

藏印　尚寶少卿袁氏忠徹印　尚寶少卿袁記　周松春靄　著書齋　子孫世昌

楷書木記　顔氏家訓曰借人典籍皆須愛護凡有闕壞就爲補治此亦士大夫百行之一也或有狼藉几案分散部帙童幼婢妾所污風雨蟲鼠所毁實爲累德四明袁氏静思齋誌

## 024　儀禮經傳通解儀禮集傳集注　宋刊本　存祭禮九王朝禮四五二册　(07280、07281)

《四庫全書提要》："《儀禮經傳通解》，宋朱子撰。初名《儀禮集傳集注》，晚年修葺，更定今名。朱子殁後，嘉定丁丑始刊版於南康。凡《家禮》五卷、《鄉禮》三卷、《學禮》十一卷、《邦國禮》四卷，共二十三卷。其卷二十四至卷三十七，則仍前草創之本，故仍舊名《集傳集注》。"是爲《王朝禮》，又喪、祭二門成於朱子門人黄榦。榦僅修《喪禮》十五卷，成於嘉定己卯。其《祭禮》未及訂定而榦殁。越四年壬午，張虙刊之南康，亦未完之本。其後楊復重修《祭禮》，自序謂："南康學宫舊有家、鄉、邦國、王朝禮及張侯虙續刊《喪禮》，又取《祭禮》稿本并刊而存之。竊不自揆，遂據稿本，參以所聞，稍加更定，以續成其書，凡十四卷。"云云。是本《經傳通解》存《祭禮》九；《集傳集注》存《王朝禮》四、五。半葉七行，行十五字，小注同。版心上記大小字數，下記刻工姓名。《經傳通解》有劉永、劉立、吴仁、秦淳、藍万、范仁、劉斌、虞生、弓友、劉才、劉生、阮才、虞丙、虞全、陳元、陳甲、范圭諸人，其僅記一字者有昌、謙、有、延、杲五字。《集傳集注》有余千、吴元、胡桂、王文、翁遂、胡杲、陳全、弓友、蕭三、蕭漢杰、蔡延、馬忠、秀發、胡興、子信、胡宗、蕭杰、吉父、虞全諸人，其僅記一字者有才、陳、道、懸、賢、珍、彬、仁、明、胡、吴、杰十二字。二册除虞全一人外，餘姓名均不同，殆《王朝禮》爲南康初刻，而《祭禮》爲楊復更定之本歟。宋諱在此殘本内僅見「玄」、「恒」、「徵」、「讓」、「樹」、「慎」等字闕筆。

## 025 家禮集説不分卷 明宣德刊本 二册 毛子晉斧季、黄蕘圃舊藏 （07282）

題「錫山後學馮善編集。」前後無序跋。首《通禮》，次《冠禮》，次《昏禮》，次《喪禮》，而終之以《祭禮》。不分卷。葉數統排長號。全書以朱子《家禮》爲主。參用司馬温公、程伊川、張南軒諸家之説及有明典制、當時習尚，其意在斟酌古今，折衷羣議，故以《集説》名其書。卷中屢見宣德年號，版式古樸，蓋即於彼時刊行者。《千頃堂書目》作五卷，著者字擇賢，無錫人，舉明經，爲本縣儒學教諭，所著尚有《注解文公家禮》十二卷。按馮氏又號家軒，官至望江縣教諭，所著有《家禮易覽》，見《錫山遺響》。

藏印　毛晉之印　毛晉　毛晉私印　毛氏子晉　子晉　毛扆之印　斧季　汲古閣　汲古主人　黄印丕烈　蕘圃　黄壽鳳

## 026 春秋左傳正義三十六卷

宋慶元刊本　三十二册　季滄葦、徐健菴舊藏　（07283。著録作「宋元遞修本」）

此爲《春秋左傳》注疏合刻之第一版，吴興沈中賓刊於宋慶元庚申之歲。書名除卷一外，均無「左傳」二字。前有孔穎達序、杜預序。有若干卷，卷尾題「修職郎新差充婺州州學教授趙彦穮點校」，或題「鄉貢進士馮嗣祖校勘」。卷末有杜氏《後序》及淳化元年庚寅校勘進書銜名，與阮刻《校勘記》所列同，或謂此爲重刊淳化本。不知淳化時祗有單疏，沈氏乃沿用舊本原式，非重刊也。此觀沈氏《後跋》自明。孔序有言，爲之正義凡三十六卷。是三十六卷爲孔氏自定。近日本摹印影寫正宗寺本單疏，卷數相同，惟以閔公元年至僖公五年爲卷第十，與此稍異，餘悉相合。阮文達重刊《十三經注疏》嘗以此刻校勘《左傳》，謂：「無附釋音，字無俗體，是宋刻《正義》中之第一善本。每半葉八行，經傳每行十六字，注及正義每格雙行，行廿二字。經傳下載注，不標『注』字。正義總歸篇末。」云云。今以此本證之，一無差異，惟阮氏《校勘記》謂《正義·序》「以膠投漆」，宋本「漆」字誤作「漆」，而此不作「漆」；「以至于今」，宋本「于」作「於」，而此不作「於」；卷一「大橈作甲子」，宋本

「橈」作「撓」，而此不作「撓」；「自嫌彊大」，宋本「彊」作「疆」，而此不作「疆」；「是錯經以合異也」，宋本「異」誤「義」，而此不誤「義」；「丘明與聖同恥」，宋本「恥」作「時」，而此不作「時」；「乃聞賢與不賢」，宋本「聞」作「闕」，而此不作「闕」；「以聖人盡聖窮神」，宋本「盡聖」作「盡性」，而此不作「盡性」。略舉數事，已見乖違。頗疑阮氏所見多爲補版，故有不同也。黄唐本《禮記正義》刊於紹熙壬子，其跋文有「《春秋》一經顧力未暇，以貽同志」之語。是書後八年而出，實有步趨之意，故行款如一，字體槧工，無一不肖。刻工姓名大都相同，而亦分爲兩類。其版心不記字數者，有宋瑜、丁拱、何昇、毛俊、許詠、朱益、方堅、葛昌、蔣信、王玩、張謙、方至、金滋、徐仁、何澄、張明、楊暹、許貴、徐宥、李侃、楊詠、李光祖、李允、黄安上、高松年、顧祐、張暉、李信、王受、楊昌、劉昭、李師正、吴志、李倚、王寶、宋琚、吴宥、王汝霖、王定、史伯恭、馬松、孫日新、蔣伸、王宗、朱涣、張堅、李斌、許成之、卓定方、魏奇、江漢、陳選、葉敏、方茂、方忠、李涓、張樞、張斌、高異、宋通、陳晃、徐大中、王壽三、李倍、秦顯、王壽、楊璿、丁之才、余敏、王植、陳彬、張允、陳浩、劉仁、嚴智、王明、李忠、胡良臣、沈彦、方中、吴方宏、卓定、王信、吴津、孫新、符彦、張升、張富、張彬、徐俊、周明、蔣客、沈文、朱玩、張亨諸人，皆原版也。其版心兼記字數者，有鄭埜、何鎮、石德潤、仇婆息、劭夫、孫開一、子莘、李祥、朱輝、永昌、徐榮、高諒、陳一、徐友山、黄亨、張三、王六、詹德潤、良富、洪福、何慶、何建、陳允升、繆珍、張狗、徐囦、陳囯、金友、陳邦卿、鄭春、徐中、何通、曹榮、葛弗一、董用、李諒、八斗、丁銓、李峕、張子良、鍾昇、虞良、朱六、葛辛、洪來、王大、童升、趙遇春、任阿伴、久昌、陳琇、孫斌、婁正諸人，或有單記一字者，皆補版也。所補亦不同出一時。惟補刊之字與前一類畫若鴻溝，截然不同。其中祇張明、丁之才二人有記字數者各一葉，疑當時即以壞版覆刻，並未重寫，故致歧出。又朱涣一人，《禮記》在後類，而此則在前類，爲稍異耳。錢竹汀謂：「蘇州朱文游家藏有是書，陳樹華嘗借校一過，段玉裁復從陳本迻録。」今此校本已不可復見。段氏謂：「文游所藏後歸歙縣金修撰輔之家，恐亦化爲烟雲。」《南廱志》有三十六卷本，然《志》載好版、壞版暨失去者才一千一百七十二面，是本乃至一千八百七十二面。疑版刻必有不同。惟即此不同之監本亦不可得，然則是本也固爲今日之鳳毛麟角矣。

沈中賓後跋是本已佚，今補録於左：

中賓叨蒙異恩，分閫浙左，仰體聖天子崇尚經學之意，惟恐弗稱。訪諸僚吏，則聞給事中汪公之爲帥也，嘗取國子監《春秋經傳集解正義》，參以閩蜀諸本，俾其屬及里居之彦，相與校讎，毋敢不恪，又自取而觀之，小有訛謬，無不訂正。以故此書純全獨冠他本。不憚廣費鳩工，集事方殷而遽去。今檢正俞公以提點刑獄，兼攝府事，亦嘗加意是書，未畢而又去。中賓竊惟《春秋》一經，褒善貶惡，正名定分，萬世之權衡也。筆削淵奥，雖未易測知，然而左氏《傳》、杜氏《集解》、孔氏《義疏》，發揮聖經，功亦不細。萃爲一書，則得失盛衰之迹與夫諸儒之説，是非異同昭然具見。此前人雅志，繼其後者庸可已乎？遂卒成之。諸經《正義》既刊於倉臺，而此書復刊於郡治，合五爲六，炳乎相輝。有補後學，有裨教化。遂爲東州盛事。昔熙豐大臣疑是經非聖哲之書，不列於學官，識者痛之。中興以來，抑邪詖，尊聖經，乃復大顯，以至于今。世道所關，不可以無述也。於是乎書。慶元庚申二月既望，吴興沈中賓謹題。

藏印　季振宜字詵兮號滄葦　季印振宜　滄葦　乾學　徐健菴　崑山徐氏家藏

尚有蒙古文正方官印一方，廣標準尺八寸三分。

## 027　春秋公羊傳解詁十二卷附釋文一卷

宋撫州刊本　七册　毛子晉、曹楝亭舊藏　（07284）

是書字體行款，與前撫州本《周易》相同。版心記大小字數，上下無定所。題「癸丑重刊」者凡六十八葉。刻工姓名有吴生、曾柏、余英、周達、朱諒、吴茂、吴申、高甯、弓顯、黎友直、虞大全、高安國、安國、高安富，均曾見於《周易》者。其他尚有陳忻、陳英、余下、鄭才、阮于、李杲、余安、高文顯、潘憲、吴山、于卞、婁誠、劉永、余英、徐文、陳文、葉从、葉中、陳祥、蔡伯升、管彦、王全、余實、黄珍、王才、余元、李大亨、范從、高定、劉彦明、陳浩、江坦、劉昌、吴仲、劉果、翁定、張友、吴中、高安道等。每卷末記經注字數，卷十二後總記字數，凡一十二萬七百五十七字。經四萬四千八百四十四字，注七萬五千九百一十三字；《釋文》、《經》五千六百三字，注一萬二千三百一十八字。

藏印　陳氏明卿　宋本　甲　毛晉之印　毛晉私印　毛晉　毛氏子晉　子晉　子晉書印　汲古閣　汲古主人　汲古得修綆　楝亭曹氏藏書　孫氏朝讓

## 028 監本附釋音春秋穀梁傳注疏二十卷

宋刊本　十册　朱之赤舊藏　（07285。著録作「元刻明修本」）

此爲宋十行本諸經注疏之一，世間多有傳本。以補版羼雜，訛誤滋多，故人不之重。【補版：卷五，九、十頁；卷九，十八頁；卷十五，十三、十四頁。】是本僅有明補四【五】葉，鈔配二葉，餘皆宋刻。【鈔配：序三、四頁。】原版半葉十行，行十七字，小注雙行，行二十三字。書耳記「某公幾年」，版心題「谷充幾」。上記大小字數，下記刻工姓名，有君美、以德、天易、住郎、伯壽、以清、善卿、善慶、德遠、敬中、余中、正卿、君善、茂卿、仲□、美玉、應祥、安卿、壽甫、仁甫、丘文、禔甫諸人。

藏印　朱之赤鑒賞　乾隆五十有七年遂初堂初氏記

## 029　春秋五論不分卷　明鈔本　一册　天一閣舊藏　（07286）

此明姚舜咨手抄本。題「樸鄉先生溫陵呂大圭述。」按大圭爲宋福建路泉州南安縣人，淳祐七年進士。居縣之樸兜鄉，學者因稱爲樸鄉先生。其爲學受之鄉先生王昭。昭受之北溪陳氏。北溪，晦菴先生高足也。大圭後以抗元遇害，故其書彌爲世人所重。是本版心有「茶夢齋鈔」四字。其名見《天一閣書目》經部，卷末有范氏後人彭壽跋。【此天一閣藏書目。首「呂氏春秋五論」六字據范彭壽跋以爲即范侍郎手書。】

姚舜咨跋　舊借故編修王堯衢懋中家藏本手録，堯衢則自其内兄荆川宫諫處得之者也。隆慶改元夏六月五日，皇山樗老姚咨重録，時年七十有三。

藏印　浙東藏書第一家

## 030　春秋諸國統記六卷　抄本　二册　毛子晉、惠定宇、汪閬源舊藏　（07287）

目録前有延祐四年作者沙鹿齊履謙自序，略謂：「《春秋》爲古史記之通稱。今《春秋》一經，聖人以同會異，以一統萬之書，始魯終吴，合二十國史記而爲之。自三傳既分，學者務以褒貶爲工，至於諸國分合，與《春秋》之所以爲《春秋》，未聞有及之者。因類叙所見，以備諸家之闕，且可以尋究全經之綱領。」云云。首魯次周，繼以宋、齊、晉、衛、蔡、陳、鄭、曹、秦、薛、杞、滕、邾、莒、宿、許、楚、吴，合之小國二十二，亡國四十三，凡二十二篇。首尾有泰定二年柳貫、延祐丁巳弟思恭跋。惟吴澄序已佚。

藏印　毛晉私印　毛氏子晉　子晉　汲古閣　開卷一樂　惠棟之印　定宇　汪印士鐘　閬源甫

## 031　春秋諸傳會通二十四卷　元至正刊本　十册　吴匏菴、吴兔床舊藏　（07288）

題「後學廬陵李廉輯。」首《凡例》，次《讀春秋綱領》，次《春秋諸傳序》：一、晉杜預《左氏傳序》，二、漢何休《公羊傳序》，三、晉范寧《穀梁傳序》，四、《程子序》，五、《胡氏傳序》，六、《胡氏進春秋傳表》，七、宋樓鑰《陳氏後傳序略》。所編諸傳，首左氏，次公羊氏，次穀梁氏，次胡氏，即安國《春秋傳》，次陳氏，即傅良《春秋後傳》，次張氏，即張洽《春秋傳》。三傳義理遇有異同，則依先儒成説，疏其是非，多以胡氏爲主，加「按」字下正文二字以别之。此爲虞氏明復齋刊本，作者自序已佚。半葉十二行，行二十二字，小字同。版心黑口，雙魚尾，書名署「春秋通錢」。

卷末木記　南谿精舍　至正辛卯仲冬虞氏明復齋刊

藏印　叢書堂印　兔床經眼

## 032　春秋屬辭十五卷春秋左氏傳補注十卷春秋師説三卷　元刊本

六册　蔣維基舊藏　（07289、07290、07291。著録作「元刻明修本」）

三書均題「新安趙汸學」。卷首各有作者自序，《屬辭》目後復有作者識語，卷末有「前鄉貢進士池州路儒學學正朱升校正」、「學生倪尚誼校對」、「金居敬覆校」三行。《師説》後附録黄楚望《思古吟》十章，吴澂撰《黄氏六經辨釋補注序》、《易學濫觴春秋指要序》，又趙氏撰《黄楚望先生行狀》、金居敬《總跋》。按諸家書目，有金華宋濂《屬辭序》，又有太平黄倫《總題辭》，諸生程性《刊版總跋》，是本均佚。按程《跋》稱是書刊於海寧商山義塾，始至正二十年庚子，至二十五年乙巳畢工。《屬辭》《師説》，半葉十三行，行二十七字，《補註》

減一行，行減三字。版心雙魚尾，細黑口，下記字數及刻工姓名。

藏印　烏程蔣維基印　咸豐庚申以後收藏　玖聃祕笈

### 033－1　春秋胡氏傳纂疏三十卷　元至正刊本　三十册　徐紫珊舊藏　（07292）

題「新安汪克寬學」。汪氏此書，壹以胡氏爲主，而三傳之要語暨諸儒傳註之精義，悉附著之。凡胡氏援據之所自與音讀之所當，均詳究精考，一一附註。是爲建安劉叔簡所刊，卷首有至正元年虞集序、凡例、作者自序、引用諸儒姓氏書目、先儒格言、《春秋胡氏傳·序》《論名諱劄子》《進表》《春秋總論》，卷末有至正八年吴國英跋。僅佚汪澤民序。半葉十一行，行二十一字，小字同。四周雙闌。版心黑口，雙魚尾。書名署「春秋疏幾」。紙墨精湛，爲最初印本。

藏印　徐紫珊祕笈印　渭仁

### 033－2　又一部　版本同前　存十一卷　七册　（07293。著録作「八册」）

存卷一、卷四、五、卷十二至十五、卷十九、二十、卷二十四、五。

## 034－1　春秋集傳大全三十七卷　明刊本　二十册　慕天顔舊藏

此爲明胡廣、楊榮等奉敕所撰《四書五經大全》之一。《四庫總目》作七十卷，《千頃堂書目》卷數與此合。卷首有《凡例》、《序論》、《諸國興廢説》、《春秋列國東坡圖説》。

藏印　慕天顔印

## 034－2　又一部　版本同前　存三十三卷　十六册

存卷首《序論》、《諸國興廢説》、《春秋二十國年表》、卷一、卷二、卷四至十九、卷二十一至三十五。雕槧極精。

## 034－3　又一部　版本同前　存二十二卷　二十一册

存卷首、卷二、卷五、六、卷八、九、卷十、十一、卷十四、五、卷十七、八、卷二十二至二十四、卷二十七至三十三。

## 035 春秋經傳集解考正三十卷

陳樹華稿本　六册　盧抱經校藏　（07298。著録作「盧文弨鈔本」）

此乾隆時元和陳樹華芳林所撰。陳氏以唐開成石經經嘉靖乙卯西安地震，生員王堯惠補刻，顧亭林據其摹本校正《左傳》訛字滋多，又以石經與監本異同，轉致疎漏，因假南宋慶元重雕淳化元年監本《春秋正義》、南宋相臺岳氏《集解》本及自有元明諸刻，並舊本陸氏《經典釋文》，用校《左氏傳》，撰成此書。卷首有乾隆三十五年作者自序，又論例十四條，叙述甚詳。自序中於卷數尚留空格。盧抱經爲之校定，因依《釋文》分爲三十卷。盧氏精心校閲，於原文多所糾正，或爲之增補。所據之書，凡數十種，均一一注明出處。別有孫詒穀校語，並爲迻録於上。陳氏原稿有云：「類此者於初見處表明，後不須更舉，故先拈出者，後皆刊去。」盧氏校曰：「余以其纂集之勤，後仍一一録入，可謂推重至矣。」段玉裁嘗稱：「樹華有左癖，既得善本，棄官杜門，徧考他經、傳記、子史、別集，與左氏經傳及注有異同可參考者，撰成是書。戴東原師、金輔之、王懷祖諸氏，皆服其該洽。」阮文達校勘《左傳註疏》，亦稱：「樹華得有吴興沈中賓所刊《春秋正義》，因徧考諸書，撰成考正，所載同異，雖與《正義》本夐然不同，然亦間有可采，因以是書及其他各本授之嚴杰，精詳捃摭。」云云。是亦可見是書之價值也。按樹華，又號冶泉。原籍崑山，遷居長洲。乾隆元年以恩蔭貢生得官，終山西鄉寧縣知縣。

藏印 盧印 弓 抱經堂 文弨 父 寫校本

## 036－1 春秋繁露十七卷 影宋鈔本 四册 胡𢙲仲舊藏 （07299）

前慶曆七年樓郁序，後《崇文總目》、《中興館閣書目》、《郡齋讀書志》、本書紀述。六一先生及程大昌書後又淳熙乙未跋，又嘉定三年樓鑰跋，嘉定辛未胡槼跋。半葉十行，行十八字，宋諱「玄」、「匡」、「恒」、「貞」、「徵」、「桓」、「慎」、「敦」等字均闕筆，當由宋本傳録。卷十第三十九篇、四十篇，卷十二第五十四篇，此均不存，與樓氏跋「止三十七篇」合。《四庫》輯録《大典》本，館臣稱爲樓本，故此三篇亦闕。又《大典》本卷十四第六十五《郊語》篇「先聖人之故」下，較他本增出「文章也」至「此言先聖人之故」十八字，是本不闕，適爲一行。卷十六第七十五《止雨》篇「祝一人皆齋」下，較他本增出「三日各衣時衣」至「陰雨太久」一百八十字，是本不闕，適爲十行，當本卷第五葉之後半葉。據此可知《大典》所據樓本，亦每葉二十行，每行十八字，亦即爲宋刻之行款。卷十二第四十八《陰陽終始》篇，是本首葉有空白一方，其中共蝕去二十四字，而《大典》本完全無闕。蓋所據之本猶爲完璧。

至卷十三第五十五《四時之副》篇，第五十六《人副天數》篇之三百九十八字，是本均闕，而《大典》本俱全，依宋本行款補寫之，適滿二葉，正與第三葉「氣也」二字相承，是則是所從出之本奪此二葉也。卷六第十七《俞序》篇「功及子孫光輝百」下，《大典》原本誤接「則桓文行之」至第十八《離合根》篇「故王道威而不失爲」三百五十八字，增入小註「一無累字」二格，適滿一葉。以下又誤接第十七《俞序》篇「世聖王之德」至「故其所善」三百五十八字，增入小註「一無時字」二格，亦適滿一葉。蓋此二葉原爲錯簡，寫官不察，誤相沿襲，致仍此誤。是《大典》之源出宋本，得此益可證明。惟卷十第三十五《深察名號》篇「今萬民之」下，《大典》原本誤接「言無驗之説」至「故謹於正名名非」四百六字，以下又誤接「性有其質」至「非春秋爲辭之術也不法之」四百字。前後互倒，均在是本之葉裏行間。謂非錯簡，何以前後互倒之處緊相銜接？謂是錯簡，斷無兩葉起訖文字均在葉裏行間之理。再四推求，竊疑《大典》所據，此卷必非宋刊之樓本。宋時原有四刻。樓鑰所見，亦有京師本、萍鄉本、潘叔度藏本之别。意者輯録《大典》時，所據宋本已殘闕不完，乃蒐别本以補之，而别本或爲每葉二十行，每行二十字，故與卷十第三十五篇錯簡之四百字適成一葉。其四百六字之一葉，或有雙行小字十餘參錯其間，故亦適成一葉，乃致前後互歧乎。姑舉所見，以諗讀者。

是書舊藏吾邑胡憲仲家。按憲仲字文徵，嘉靖庚戌進士，禦倭寇有功，官終南京刑部主事。胡震亨之祖也。

藏印　胡印憲仲　庚戌進士　西泖陳氏家藏　略觀大意

## 036－2　又一部　明刊本　四册　孔葒谷校藏　（07300）

前後序跋與前本同。除卷十第三十九篇、四十篇，卷十二第五十四篇原闕外，其卷十二第四十八《陰陽終始》篇之二十四字，卷十三第五十五《四時之副》篇，第五十六《人副天數》篇之三百九十六字，卷十四第六十五《郊語》篇之十八字，卷十六第七十五《止雨》篇之一百八十字，是本皆闕。孔葒谷均據《大典》本鈔補。卷六第十七《俞序》篇與第十八《離合根》篇，他本錯簡此不錯簡。但卷十第三十五《深察名號》篇「今萬民之」下，誤接「言無驗之説」；「謹於正名名非」下，誤接「性有其質」，與他本同，亦經孔氏據《大典》本與活字本校正。半葉十行，行十七字。卷一第一《楚莊王》篇有「於尊亦然」四字，卷九第三十四《奉本》篇末書名行外，有「春秋襄公二十一年」云云七十九字。卷十七第八十《如天之爲》篇「夫有書之」下，有四空格，與前鈔本均合。又鈔本行内，多有「一作某」、「或是某」之小注，是本亦有之。疑必同出一源，特稍變易其行款耳。其他闕文訛字，均經孔氏據各本校補，是雖不能與前鈔本抗衡，而亦不失爲其亞已。

【乾隆三十八年癸巳十一月借錢獻之校《永樂大典》本重校一過，凡四日訖。孔繼涵記於京師貝蔭胡同。】

## 037 經典釋文三十卷　覆通志堂本　十二册　過録葉菊裳臨潘秩廷所傳各家校本

(07301)

是書係出葉菊裳所臨潘秩廷彙録各家校本。過録者未著姓名。所據爲何小山、惠松崖、段茂堂、朱秋崖、鈕匪石、孫淵如、袁綬階、顧抱沖、臧在東、顧千里、黄蕘圃、江鐵君、管吉云諸家，實源於千里、蕘圃、吉云三本。千里録者何、惠、段、鈕、袁、顧、臧，蕘圃録者段、朱，吉云録者孫、江。段、臧校本以葉林宗景宋鈔本爲主，此從絳雲樓所藏宋刊本出，他家校本所據爲宋刊諸經，若朱文游藏景宋鈔本《易釋文》，何小山所用元修本《易釋文》，南宋刊本《尚書經注附釋文》，香嚴書屋景宋鈔本《儀禮》，小讀書堆所藏宋本《毛詩傳箋》，宋余仁仲刊本《周禮附釋文》，撫州公庫本《禮記》，宋刊本《禮記釋文》殘存卷二、卷四，北宋刊本《春秋音義》，南宋刊本《春秋經傳》後附《春秋經典釋文》六卷，汲古閣舊藏宋本《春秋左氏釋文》，傳是樓舊藏宋本《春秋左氏釋文》，士禮居翻雕香嚴書屋所藏汲古閣景宋鈔本

《孝經音義》、《論語音義》。諸家一再讎勘，詳略有别，互相傳録，或各自增校。惠、臧所校各有兩本，皆顧、江録；段校有四本，出黄、顧、臧、江録；顧校亦有兩本，一家藏者，一常熟某氏藏者，兩本跋文亦稍異。原校所用色筆，輒經度者更易，不易辨别。葉菊裳《緣督廬日記》云：「校臨《經典釋文》，原本爲潘梅丈所臨惠、臧、江、顧諸家校本。用朱、墨、藍筆，上下方皆滿，其圈點識别，不可分晰，惟依樣照臨之而已。」秩廷借自管録。管名慶祺，字心梅，元和人，庠生。秩廷名錫爵，梅生、巴侯皆其字也。吴縣人，歲貢生，邃於經學，輯《左傳古注》，采先鄭、賈、服諸家説而折衷之，未卒業。與修郡志，總纂馮林一頗敬禮之。歿於志局。諸校薈萃一編，甚有裨於研經。葉僅有題識一行，無跋語。兹附録潘氏諸跋，藉明原委。

潘錫爵跋　右依士禮居翻雕香嚴書屋所藏汲古閣景宋鈔本校正其書，與所翻蜀大字本《孟子音義》式樣相同，故謂爲蜀本，與此本大有不同。其無者删之，有者增之，庶猶見宋本大略也。咸豐戊午仲春潘錫爵識。在卷二十二《孝經音義》末。

又跋云　右亦從士禮居翻雕香嚴書屋影宋鈔本校正，並用點誌其每行字數。據士禮居主人云，兩種音義並《孟子音義》宋刻真本在揚州某家，五硯樓主人嘗見之，親爲彼言。今無論揚州前遭粤□，某家所藏宋刻真本存亡不可知，即士禮居翻本，傳聞版已散失，亦不可得。故備校於此，以俟參證云。戊午如月廿八日校畢。邕侯甫識。在卷二十四《論語音義》末。

又跋云　丁巳九秋，余從同郡管吉云茂才假得手臨黄蕘翁校臨惠松崖先生評閲本。通部改用朱筆校臨，注明某某校改。其有原用朱筆，未注何本，卷末又無識語者，則但照録其字云。十月初十日，潘錫爵秩廷父。

又跋云　丁巳十月，余又從同里顧河之孝廉假得伊令先祖澗薲先生用朱筆手録臧在東校、復自加墨筆批校本。因照録一通。其用朱筆者，仍注明「臧校」，恐與前臨黄本孫改無别也。二十八日校畢。錫爵秩廷又識。

又跋云　是時又借得管吉云所藏校臨常熟某家所藏本，亦臧、段、鈕、顧諸家所校。與河之本詳略不同，跋語亦稍異。據吉云云，某家本不肯假出，此係託何心耘倩人就校，真贗不可知，譌脱無從校，恐不足憑。余以其中頗有足資考訂者，故用青筆備録之，以别於前此之用朱墨筆也。其原本用紅筆者，則旁疑有脱誤。一紅圈，或一紅點，以爲標識。其與河之本同者，則不復著云。臘月初二日校畢。秩廷氏。

又跋云　戊午正月中旬，又假得管吉云所臨江氏校本，與前此所臨諸家校本詳略又有不同。因備録上下方，以廣異聞。其同者則但加雙圈以别之，或注明朱書、墨書云。二月下旬，潘錫爵皀侯甫校畢書。以上在卷末。

## 038 唐石經考異不分卷 錢竹汀稿本 一册 臧庸堂、瞿木夫、顧千里校，袁綬階舊藏 （07302。著録作「袁廷檮鈔本」）

此爲錢竹汀手定清本，其門弟子袁廷檮所録，每葉左闌外均有「貞節堂袁氏鈔」六字。計《周易》六十六條，《尚書》五十一條，《毛詩》九十條，《周禮》八十二條，《儀禮》二百九十二條，《禮記》二百五條，《春秋》三百八十六條，《公羊》八十八條，《穀梁》一百五條，《論語》四十一條，《孝經》二條，《爾雅》七十四條，《御删定禮記月令》别爲一篇附後。臧庸堂、瞿木夫均有籤校。顧千里於臧氏所校頗多評駮。書衣題「嘉慶辛酉元和顧廣圻借録□部訖，時寓西湖孤山之蘇公祠中」，爲顧氏手書。

## 039 周秦名字解故二卷 王文簡稿本 三册 （07303、07304）

高郵王引之撰。是書先已刊成，引之復取刊本重加修訂，滿紙塗乙，無異初稿。後有附録一卷，宛平王萱齡撰。

**040　魁本大字詳音句讀孟子二卷**　元刊本　存卷上　一册　（07305。著録作「三册」）

卷首趙岐題辭，末行有「廣陽羅氏鼎新刊行」琴式木記。半葉十行，行十六字。白文無注，聯屬而下，每章隔以圓圈，句讀各加小圈。音釋雙行夾註，本字並加圈發。此必當時所用讀本。《梁惠王》上有朱筆點頓鈎勒，間記日脚，想猶是元人遺筆。存上卷，起《梁惠王》，訖《離婁上》。

**041　孟子注疏解經十四卷**　明鈔本　七册　吴匏菴、錢遵王、黄蕘圃、汪閬源舊藏　（07306）

是書吴氏叢書堂鈔本，錢氏述古堂舊藏，詳見黄蕘圃跋。經文大字頂格，注及疏亦大字，低一、二格不等。卷首首行題「辭解」，次行題「朝散大夫尚書兵部郎中充龍圖閣待制知通進銀臺司兼門下封駁事兼判國子監上護軍賜紫金魚袋臣孫奭撰進。」結銜與《孟子音義》同。《音義》爲奭所撰，而《疏》則爲後人所僞託。吴、錢諸人所以重視之者，殆亦以其流傳既久歟。

黄蕘圃跋　是書於辛亥歲從學餘書肆中得來。始余於肆中見有是書，攜歸繙閲。見有殘缺，心不甚喜，因還之。後偶檢錢曾《讀書敏求記》，其所載《孟子註疏》十四卷：「是叢書堂録本。簡端五行爲匏翁手筆。古人於註疏皆命侍史繕寫，好書之勤若是。間以監本、建本校對，踳謬脱落，乃知匏翁鈔此爲不徒也。」云云。方悟所見之本爲也是翁家故物。亟往索之，云已攜至玉峯書籍街去矣。迨至書船返棹，而是書依然在焉。喜甚，攜之歸。開卷視此五行，果與後之筆跡迥殊。其爲叢書堂録本無疑。至卷中鈔寫不全，想係照宋刻録出之故。容俟暇日取他本校對，以徵此本之善。噫！遵王所藏，曾幾何時而已入書賈之手，豈不可惜。然猶幸余之因《敏求記》中語而知是書而寶之，不亦快哉。壬子九月四日命工重裝，書此數語于後。黄丕烈。

藏印　丕烈私印　蕘圃　士禮居藏　曾藏汪閬源家

## 042　孟子通十四卷附孟子集註通證二卷　元天曆刊本　八册　周九松舊藏

(07307、07308)

題「朱子集註」、「後學胡炳文通」。炳文著《四書通》，自序謂：「子朱子平生精力之所萃，言若至近而涵至永之味，事皆至實而該至妙之理。學者非曲暢而旁通之，未謂知味；非用力之久而一旦豁然貫通，未謂窮理。」又謂：「不得不會其同而辨其異，會之庶不失其宗，辨之庶不惑於似。」新安張存中跋謂：「胡先生《四書通》能删《纂疏集成》之所未是，能發《纂疏集成》之所未發，大有功於朱子，深有益於後學。」云云。此爲崇化勤有堂余志安所刊全書之一。半葉十一行，行二十一字，小字同。後附《孟子集註通證》二卷，題「新安後學張存中編」，存中以胡氏所撰詳義理而略名物，因排纂舊説，成《四書集註通證》以附其後。凡原注所引，必一一著其所出，録其全文。胡氏復爲之序，謂：「學者於余之《通》，知《四書》用意之深；於《通證》，知《四書》用事之審。」全葉十三行，行二十四字。左闌外題篇名。

藏印 毘陵周氏九松迂叟藏書記　周氏良金　周氏藏書之印　詩雅之印　周誥私印　王印定安　鼎丞珍賞　鵝湖□氏聚經書屋審定繕本

## 043 爾雅疏十卷

宋刊本　五册　明文淵閣、陳仲魚、汪閬源、劉麓樵舊藏　（07309。著録作「宋元明初遞修本」）

題「翰林侍講學士朝請大夫守國子祭酒上柱國賜紫金魚袋臣邢昺等奉敕校定」。羣經之疏，初均單行。其後註疏合刊，而單疏遂微。今存者唯知臨清徐氏有《周易正義》，前吳門黃氏有《儀禮疏》，及日本圖書寮有《尚書正義》，内藤氏有殘本《毛詩正義》，又身延山久遠寺有《禮記正義》數卷而已。《易疏》今歸余友傅沅叔，每半葉十五行，行二十六字；《尚書》每半葉十五行，行二十四字；《毛詩》十五行，行二十二、三、四、五字；《儀禮》十五行，行二十七字。是本每行字數二十九至三十一不等，視他本爲多，而半葉十五行則同，蓋單疏本行數之通式也。按《玉海》，咸平四年九月，刑昺上《孝經》、《論語》、《爾雅》正義，十月九日，命杭州鏤板。又紹興十五年閏十一月，博士王之望請羣經義疏未有板者令臨安府雕造。上文所舉《毛詩》爲紹興九年九月重雕，《尚書》亦南宋光宗、甯宗時刊本。是本宋諱「玄」、「敬」、「弘」、「殷」、「匡」、「胤」、「禎」、「恒」等字多闕末筆，欽宗、高宗嫌名「亶」、「媾」二字，及孝宗諱「慎」字，亦偶或一避。間有補版，版心上記字數，其下記刻工姓名。字多磨滅。可辨認者僅有王恭、吴津、陳浩、方中呈、李仲、劉廷、張明、徐友山、張忠、俞聲、陳邦卿諸人。印紙爲洪武二年公牘，多蕭山、山陰二縣之事。是必在杭州印造。書版非與《毛詩》、《尚書》同時開雕，即就北宋本修補也。阮文達校勘《爾雅注疏》，全用此本。其原書不知散落何所。吴興陸氏有同式之本，曾以翻印，今亦流入東瀛。沅叔謂在江北某舊家曾見一殘本。恐國内無第三本矣。

藏印　文淵閣印　陳鱣收藏　鱣讀　得此書費辛苦後之人其鑒我　仲魚圖書 繪有半身小影　汪士鐘印　閬源真賞　泰州劉麓樵得于揚州癸丑兵火之後

## 044 釋名八卷　明嘉靖刊本　二册　查德尹校，蔣香生舊藏　(07310)

卷末有嘉靖三年高陵吕柟重刊後序，自稱侍御儲公邦掄得南宋臨安刻本，「命柟校正，付絳州守程君鴻刊布。」按臨安刻本，即陳道人書籍鋪所刊。是本卷首當有劉熙序並陳道人識語、儲良材序、蔡天祐跋，此均佚。查查浦以朱、墨筆詳校，惜未言所據何本，且僅至四卷而止。《釋天第一》「彗星」句上，宋本有「霧冒也氣蒙亂覆冒物也蒙日光不明蒙蒙然也」十九字，是本奪，查氏亦未校出。

蔣香生跋　此查查浦先生舊藏本也。惜全書校勘未竟。吴中自兵燹後，舊籍日少，亦可寶矣。光緒庚辰二月得於滬上。十印主人蔣鳳藻記。

藏印　臣嗣瑮　嗣瑮私印　德尹號樝浦　查查浦　吴下蔣郎　香生珍玩　秦漢十印齋藏　黄玉堂印　署伯　紫衣郎

## 045 博雅十卷　明刊本　二册　黄蕘圃校藏　(07311)

《廣雅》宋本，自明以來不傳於世。黄蕘圃得是本，以爲與《敏求記》之影宋本同出一源，極重視之。嗣取影宋本對校，又以顧千里舊校本覆勘，謂於影宋本佳字，無一遺漏。

前後跋至七次，珍重至矣。蕘圃校是書時，參用畢效欽本。其第七跋所云：「畢脱而皇甫本未脱者，當别記之。」實已記於是本書眉。即畢誤而是本未誤者，亦一一併記於上。是校一書而實不啻校二書也。

黄蕘圃跋　乙亥花朝，收得李鑑明古家藏本一單，不下百餘種，其可珍者十之二、三。就中最佳，則明刻之皇甫録本《博雅》、吴元恭本《爾雅》而已。先是囊無餘錢，因約友人張訒菴剖分之。吴本《爾雅》歸之訒菴，余乃留此。兩本之序皆扯落，以殘帋夾本書中，想欲去明刻之迹。然《爾雅》卷中無「某人刊」字樣。《博雅》則諸卷皆有皇甫録姓名。止損一序，無爲也。重付裝潢，以殘序登諸卷首，毋失其真。未知何日得遇斯刻之有全序者，可重補之。裝成并記，復翁。

又跋　戊寅夏季，聞濂溪坊蔣氏書散出，間爲余友所得。告余以某書若干價，耳聞之目未見也。云尚有檢存零種，不甚緊要之物，在某坊。因尋蹤求觀，見單上有《博雅》一種，請其書，竟得皇甫録本。大喜。前所失序俱存，蓋至今而向願始償。復翁立秋後二日記。

又跋　戊寅春初，從醋坊橋陳雲濤舍人家見有陳少章先生手批《絳雲樓書目》，於《博雅》下注云：「皇甫本佳。」是前輩讀書識多見廣，自愧後生不如多矣。蕘記。

又跋　書本之善者，不必定以宋元刻爲可貴也。即如《博雅》，惟《敏求記》載有繕録本爲最古矣。但藏諸故家，一時傳布未廣。昔賢讀書，亦講善本。陳少章先生曾有手注《絳雲樓書目》，在陳雲濤舍人家。張秋塘録副，因得寓目。少章云：「《博雅》，皇甫本佳。」則明刻之可貴不亞宋元，推此種爲最。後人勿輕視之。復翁。

又跋　高郵王懷祖先生著《廣雅疏證》，其所據各本，有影宋本、皇甫本、畢本、吴本。所云影宋本者，蓋即余家藏《敏求記》中正德乙亥支硎山人手跋本也。皇甫本未之見，未知所刻如何。畢本者，畢效欽《五雅》中本也。吴本者，吴琯《古今逸史》中本也。此外又有堂策檻本，是即郎本，王未之及，想未以爲善本耳。王云《廣雅》諸刊本以明畢效欽本爲最善。以余觀之，此殊不然。余嘗以影宋本校畢本，脱誤仍不免。今得皇甫本，出影宋本勘之，行款悉同。即邊幅之闊狹，字體之大小，亦無弗同。影宋本與皇甫本同出一源矣。且影宋本與皇甫本同出於一時，同出於一地。一爲正德乙亥支硎山人手跋，謂鈔自士人袁飛卿；一爲皇甫録校正，有其子皇甫沖序。皆爲吴郡人。考其登第年代，與袁飛卿後先不遠，或宋本在吴中某家，而一借鈔之，一校刻之。故大略相同也。每葉十四行，每行十五字，無不同。所異者，卷端書名標題後，多撰人諸名耳。皇甫本字較影宋本稍誤，暇日當取影宋本勘之，或仍留此净本，以存真面目云。復翁。

又跋　予得皇甫録本二部，久思以影宋本校于皇甫本矣。因思向時顧千里館予家爲予校書，曾用畢效欽本，以影宋校之，於佳字一一記出，有長跋可證。又於部葉上標題云：「影宋鈔本校影宋本」，已誤者悉不改正。蓋非昔人所云死校法也。既而予亦用紅筆略識其字之與畢本異者，恐後人莫辨，認顧校之紅筆爲一，故特表明。而此番用黑筆校皇甫本，復參顧校。於顧校未記出者，仍以黑筆記出。擬仍昔人死校法也。然細玩顧校紅筆，亦不甚於影宋本作依樣葫蘆，殆斟酌其是非出之。且影宋本不過就其大概言之，非必如毛氏影鈔，纖悉必遵，故每遇脱字或補於行末，或於行末空一格，取不走行也。而影宋原屬舊鈔，筆畫未必無訛舛。畢本又屬細字後印，故字體亦未必全是。惟此本大字悦目，與影宋結體相同，用以校勘，實爲相宜。兹之所校，於影宋本佳字固無一遺。就千里所記，悉爲表明，而影宋本之誤字未能盡載，與死校之法，仍有未遵。蓋舊抄究非精抄，故從違相半耳。蕘記。

又跋　余向以王云《廣雅》諸刻本以明畢效欽本爲最善。此説殊不然者。今用影宋本校皇甫本，又參畢本，始信余説之非妄。就顧校記出影宋佳處有二十八條。皇甫本未誤，與之合者十七條。與畢本同誤者十一條。至畢脱而皇甫本未脱者，當別記之。老蕘又識。

甲申二月下澣雨牕，用影宋本校，復參顧千里舊校影宋本。影宋佳處無遺失。卷五末。

用影宋本校，復參顧千里舊校影宋本。甲申三月二十七日校竣。今日未雨，既晴。卷十末。

【李鑑明古家藏，嘉慶乙亥花朝士禮居收得重裝。道光甲申二月手校影宋本。以上書衣。】

藏印　黄印丕烈　丕烈　蕘圃　老蕘

## 046　廣雅十卷　明刊本　一册　錢竹汀校藏　(07312)

是書經錢潛研全部點校。引用各書有《方言》《釋名》《説文》《玉篇》《廣韻》《集韻》《急就篇》《易傳》《尚書》《左氏傳》《詩毛氏傳》《周禮疏》《禮疏》《論語》《孟子》《爾雅註》《爾雅翼》《埤雅》《逸周書》《尚書大傳》《春秋繁露》《國語注》《戰國策》《史記》《漢書》《晉書》《莊子》《荀子》《白虎通》《古今注》《新序》《管子》《吕氏春秋》《淮南子》《山海經》《列子》《抱朴子》《一切經音義》《本草》《離騷王逸注》《文選注》等，均一一標注。上下四旁，朱墨細書，其繁密處幾不可辨。前有張揖《上廣雅表》及卷面書籤，均爲錢氏手録。原書題「葉自本、石九鼎重訂」，「郎奎金糾譌」，然校刻殊率。除糾正訛文脱字外，卷五《釋言》「抄掠」下「咄也」上奪二百八十字，亦經錢氏寫補。

藏印 錢印大昕 竹汀

## 047 羣經音辨七卷 明刊本 二册 陸敇先校宋本，馮彦淵、葉石君、孫慶增、黄蕘圃舊藏

（07313。著録作「抄本」）

陸勅先據毛斧季藏宋本及鈔本校過。譌文脱字，逐一訂正，兼注行款。其前後序及雕造牒文、進呈銜名，悉與澤存堂刊本相合。

崇禎改元仲夏，以白金三錢易之湖客周姓者，云是錫山秦氏家物。馮彦淵記。藍筆，在卷末。

甲寅秋，得□於東郊冷肆，借斧季宋刻本校一過。□□末葉云，康熙乙卯仲春三日，雨中校畢識。虞山陸貽典。朱筆，在卷末。

乙卯四月，又借斧季抄本校一過。已下缺。意此尚是北宋本也。貽典記。墨筆，在進書銜名後。

藏印 宋本 葉樹廉印 石君 歸來草堂 陸貽典印 孫印從添 慶增氏 黄印丕烈 蕘圃 士禮居 平江黄氏圖書 林木翳如

## 048 重刊埤雅二十卷 明刊本　十二册　嚴鐵橋舊藏　(07314)

題「中大夫守尚書左丞上柱國吴郡開國公賜紫金魚袋陸佃撰」。前有宣和七年六月良旦男宰序。《四庫提要》稱《釋天》之末注後闕字，疑此書已非完本。是刊總目卷九下，注共玖簡，内缺一、缺五；卷十注拾簡，内缺；原有脱字。卷十三注共十一簡，内缺十一；卷十四注共玖簡，内缺七。是原書脱佚固甚多矣。罟里瞿氏《書目》引汪師韓語，謂「嘗見宋刻，總目外每卷各有目次。」是本正同。又序文提行空格，一仍原式，是或從宋本出也。

藏印　嚴可均之印　鐵橋

## 049－1 説文解字十五卷 汲古閣刊本　十二册　嚴鐵橋、孫淵如、顧千里、洪筠軒校　(07315)

吴縣雷浚重刊顧廣圻《説文辨疑叙》謂：「歸安嚴孝廉可均纂《説文校議》，所據者毛刻大字本。陽湖孫觀察星衍得宋小字本，欲重刊行世，延孝廉校字。孝廉自用其《校議》説，多所校改。元和顧茂才廣圻以爲不必改。觀察從茂才言。今所傳《説文》孫本是也。孝廉校改之本，世遂不見。孝廉頗與茂才不平，故《校議叙》有『或乃挾持成見請與往復必得當乃已』之語。」今觀是本，乃知即雷氏所指，初由嚴氏校改，孫氏從而審之，繼得小字宋本，又校一過，而顧氏最後爲之抉擇者也。嚴氏所校，孫氏間有商榷之詞，而顧氏乃嚴加駮詰，語不少遜。至洪氏頤煊，則僅承師命偶參末議而已。雷氏又言茂才於《校議》中，摘尤不可從者三十四條，欲加辨正，至二十條而病卒。今雷氏所刊前二十條，如「玉」、「坙」、「蒐」、「葶」、「葠」、「菩」、「嗷」、「咼」、「启」、「喁」、「趼」、「蹭」、「夬」等字，大意已見於是本評註之中，其他有目無辨者十四條，如「睍」、「鸞」、「鷂」、「鴇」、「争」、「畨」、「艫」、「簜」、「豐」、「庀」等字，是本亦均有疑辭，且「嗷」、「咼」、「喁」三字，顧氏旁註「予别有説」、「今入考異」或「予别有辨」等語，是顧氏校閲之時已有别著一書與《校議》相辨之意。迨著述時，始將應辨之字重加甄録。故雷本所舉之字，是本有未加可否者。雷本所刊三十四條，僅至原書之第五下止。其自第六上至第十四下，嚴氏所校爲顧氏抨擊者，尚屬不少。且於毛斧季、錢竹汀、段茂堂、鈕匪石諸氏之説，亦多糾正。雷氏謂辨正各條，無一條不細入毫茫，出人意外，入人意中。是本所注，雖爲最初未定之稿，然使能彙輯成編，以續於《辨疑》之後，於治許氏學者，亦未始無助也。

藏印　葉印鳳毛　恒齋　王欅之印　王岡印　南石

## 049－2　又一部　版本同前依宋本校　六册　袁綬階、顧千里、楊芸士舊藏　（07316）

汲古閣依趙靈均所鈔宋大字本刊版既成，遞有修改者四次。至第五次，毛斧季乃據小徐《繫傳》修改特多。段茂堂撰《汲古閣説文訂》，謂《繫傳》爲張次立更定之本，並非小徐真面目，且小徐佳處遠勝大徐者，少所采掇，而不必從者乃多從之，斥爲識見駑下，而極稱初印本之佳。此爲袁綬階舊藏。卷末有跋，謂此爲初修印本，是猶在五次校改以前，故云比時俗印本遠勝。段氏撰《説文訂》時，袁氏助之繙閲，親見斧季剜改原本，故能知其詳。嘉慶戊午，袁氏以是本歸於顧千里。越十餘年，至癸酉甲戌之際，復有人依初印本以朱筆改正。其籤注各條，並引及王氏、周氏二宋本，葉林宗、趙靈均二鈔本及宋刊《五音韻譜》，是其人必嘗親炙段、袁諸氏，而非貿焉從事者也。

袁綬階跋　此《説文解字》乃汲古閣初修印本，同小讀書堆所藏者，較未修初印本已遜。然比時俗印本遠勝也。顧君千里知予重出，以所校《荀子》易去。時嘉慶戊午季秋既望，袁廷檮記。

## 050 說文繫傳四十卷　汪氏刊本　十二册　陳仲魚校，郁泰峯舊藏　（07317）

汪氏刊行是書，自跋稱合舊鈔數本校録付梓。其相沿傳寫既久，無善本可稽者，不敢臆改。仲魚獲見王氏、周氏所藏宋本暨葉石君、趙靈均二鈔本，復參考羣書，就是本詳加校正。惜卷二十六失去，以未校本補入。

儀徵阮元借觀。下鈐「伯元」白文方印，在卷末。

藏印　仲魚手校　仲魚　士鄉堂　曾在上海郁泰峯家

## 051 玉篇三十卷　影宋鈔本　四册　法梧門舊藏　（07318）

是本行款有十餘卷與澤存堂張氏刊本相同。宋諱「玄」、「朗」、「敬」、「殷」、「弘」、「匡」、「貞」等字亦間有闕筆，是必録自宋本。但有數葉中多空格，而張本却無殘闕。是本手部「揲」字下「抸」字，「擢」字下「擆」字，艸部末「萎」字，均爲張本所無，似所據又别爲一宋本。卷中時有譌字，亦未校正。其張本所有而爲是本所無者，亦自不乏。倘取而讎勘之，必互有發明也。缺前四卷有半。

藏印　法時帆藏書印信　梧門書畫之章　詩龕書畫印

## 052－1 大廣益會玉篇三十卷 元延祐刊本　六册（07319）

卷首大中祥符六年牒文，次顧野王序，次進書啓，次總目，次《玉篇廣韻指南》。半葉十二行，行大字二十一，小字三十二、三不等。《指南》後有「龍集乙卯菊芹圓沙書院新刊」木記。按元代祇一乙卯，爲仁宗延祐二年。楊氏《楹書隅録》謂此書「匡」、「貞」二字尚避宋諱，書雖元槧，其源實出宋時舊帙。檢閲匚部、卜部，是本二字正合。

## 052－2 又一部 版本同前【鈔補四卷題「全補切義玉篇廣韻」，稔係另一刊本】六册

（07320。著録作「明初刻本」）

大中祥符六年牒文闕，餘均同前本，印版稍後。卷十九至二十二抄配。《玉篇廣韻指南》末葉後半幅以新紙補配，蓋書估割去木記，僞充宋槧也。《天禄琳琅續編》有是書三部，皆定爲宋本。楊彦合謂其未見卷末木記，想與此本正同。

## 053－1　復古篇二卷　影宋鈔本　二册　黃蕘圃舊藏　（07321）

題「吳興張有撰」。前後有大觀四年陳瓘、政和二年程俱二序，惟樓鑰序已佚。篆法極精。半葉五行，小字雙行，行十六字。卷末有跋二行，謂據錢求赤所藏宋本鈔出，「無他本可校，舛誤不能是正。」然書眉黏籤數十，校正之字不少，必別出一人之手，但未知所據何本耳。

藏印　黃印丕烈　蕘圃

## 053－2　又一部　鈔本　一册　翁覃谿校藏　（07322）

此翁覃谿據影宋本、錢塘本、吳本、毛本、別本及《說文》、《廣韻》，用朱、墨二筆校正。除陳瓘序、程俱後序外，卷末有通之篆文跋。紹興十三年王佐才刻書序，嘉定三年樓鑰序，又殘字五行，均前本所無。

翁覃谿題　陶宗儀《書史會要》云：「陳瓘字瑩中，號了翁，南劍州沙縣人，官至右司員外郎，字畫精勁蕭散，有蘭亭典型。」朱書，在陳序後。

藏印　覃谿

## 054 漢隸字源不分卷　影宋鈔本　三册　朱竹垞舊藏　(07323)

檇李婁彦發輯。卷首慶元三年洪景盧序，次綱目，列考碑、分韻、辨字三例，凡十一條。次碑目，凡三百九種。次以二百六韻，分上下平、上、去、入五類，以真書標目，排比隸文于下，並注原碑編目之數。其韻不能載者，爲附字，列卷末。宋諱字多闕筆。半葉九行，行十九字。《四庫提要》云：「凡漢碑三百有九，魏晉碑三十有一。」是本《碑目》所列漢、魏、晉碑，併計總三百有九。汲古閣刊本同。按「綱目第一條，漢碑凡三百有九，漢而下不載，獨魏某某碑凡九。晉碑字畫稍佳者，堇一二而止，今並列于目」云云。按魏晉數碑，實已列入碑目內，綜計方得三百有九。《提要》所言，殆以洪序「濫觴于魏僅卅而一」之語，因而致誤歟。

藏印　朱彝尊印　竹垞

## 055 班馬字類二卷　明鈔本　二册　(07324)

此分上、下二卷，與《直齋書録解題》合。上下平、上聲屬上卷，去、入聲屬下卷。每字提行，與覆刻宋淳熙本聯接而下者異。有洪邁、樓鑰二序，婁機後序佚。「眘」字作「御名」，是從宋本傳録者。前人以朱、黄二筆校過，並摘録《甕牖閒評》數條，以資糾正。

## 056　班馬字類五卷附補遺　影宋鈔本　五册　毛子晉舊藏　（07325）

此汲古閣毛氏影宋鈔本，以上下平、上、去、入聲分卷。《補遺》爲宋覃懷、李曾伯所撰。前有洪邁序及婁、李二氏自序。李序略謂：「原書所載，善猶未盡，間多遺闕。在蜀數年，朝夕考訂，日積月累，凡有所得，書於四聲之下，共一千二百三十九字，補註五百六十三字，名以《補遺》，並勒諸梓。」云云。其書每字提行，以婁氏原書列前，原無其字者列爲補遺，附於每韻之末。原有其字而注未盡者，則補於注下，亦以「補遺」二字别之。半葉八行，每行大字十五至十七，小字二十。序成於景定甲子，故「眘」字作廟諱，然光、甯二宗嫌名却未避。卷末有「門生三山潘介校正」一行。毛氏摹寫極精。點畫偶誤，均以粉筆修正；脱文奪句，復以朱筆校補。余定爲斧季手筆。《愛日精廬藏書志》云：「傳本絶稀，藏書家幾無有知其名者。」況此爲精鈔名校乎，是可寶已。

藏印　宋本　甲　毛晉之印　毛晉私印　毛晉　毛氏子晉　子晉　毛扆之印　斧季　汲古主人

## 057 龍龕手鑑 宋刊本　存一卷　一册　（07326）

存《上聲》一卷。曩涵芬樓借江安傅氏藏本影印，列入《續古逸叢書》，其《上聲》一册，即羼用是本。今詳加檢閲，乃覺彼此顯有不同。傅本字體稜峭，而此較渾厚。傅本刀法圓轉，而此較方整。傅本版心寬，每葉記字數，惟刻工姓名寥寥，而此則反是。傅本舊藏徐興公家，徐氏定爲契丹原本，余竊疑其非是。是本刻工姓名有顧亻、徐彦、胡印、于昌、詹真、朱祥、陳乙、沈紹、婁常、朱禮、何全、胡杏、錢皋、王因、張由、胡山、徐文、王成、周氵、吴邵諸人。近見《觀堂遺墨》，謂其刻工姓名與紹興十九年明州所刊《徐公文集》相同，則此必爲蒲傳正帥浙西時所重梓者矣。

藏印　華山道　老衲存

## 058 六書統二十卷 元至大刊本　十四册　怡府舊藏　（07327）

題「奉直大夫國子監司業楊桓考集」，前有倪堅、劉泰二序及作者自序。半葉八行，行大字十四，篆文九十，小字二十三、四不等。版心上記字數，下記刻工姓名。卷一《象形》，子目十。曰天文，曰地理，曰人品，曰宫室，曰衣服，曰器用，曰鳥獸，曰蟲魚，曰草木，曰怪異。卷二《會意》，子目十六，曰天運，曰地體，曰人體，曰人倫，曰人倫事，曰人品，曰人品事，曰數目，曰彩色，曰宫室，曰衣服，曰飲食，曰器用，曰飛走，曰蟲魚，曰生植。卷三《指事》，子目九，曰直指其事，曰以形指形，曰以意指意，曰以形指意，曰以意指形，曰以注指形，曰以注指意，曰以聲指形，曰以聲指意。卷四之十《轉注》，子目十八，曰天象，曰天運，曰地體，曰人體，曰人倫，曰人倫事，曰人品，曰人品事，曰數目，曰彩色，曰宫室，曰衣服，曰飲食，曰器用，曰鳥獸，曰蟲魚，曰草木，曰怪異。卷十一之十九《形聲》，子目與《轉注》同。卷二十《叚借》，子目十四，曰聲義兼借，曰借聲不借義，曰借義不借聲，曰借諧聲兼義，曰借諧聲，曰借近聲兼義，曰借近聲，曰借諧近聲兼義，曰借諧近聲，曰因借而借，曰因省而借，曰借同形，曰借同體，曰非借而借。《四庫提要》斥爲「支離破碎」，然《元史》本傳稱其博覽羣籍，尤精篆籀之學，故其書爲自來藏書家所收。是本卷末有「三年八月江浙等處儒學提舉余謙補修」一行，原有年號已失。《愛日精廬藏書志》定爲元統，《儀顧堂跋》則指爲至正。然元統祇有二年，且所失第二字尚有微痕，確非「統正」二字，而爲「大」字之殘筆。按倪序撰於至大改元戊申之歲，序稱楊子守義奉朝檄往江浙刊父書，倘既刊成，版印頻數，一、二年後宜有修補，是固可斷爲至大三年也。《皕宋樓藏書志》刊卷首三序多闕文，是本完善可補。然其他亦稍有剥蝕之葉。

藏印　江左　元方氏　收藏　武陵長君家藏圖書子子孫孫永保　明善堂覽書畫印記　安樂堂藏書記

## 059 六書統溯源十三卷　元刊本　十三册　文徵仲、季滄葦、袁壽階舊藏　（07328）

是書亦楊桓所撰。行款與前書同。前書以《説文》爲主，而益以古籀，此則專取《説文》所無或見于《重文》者，各爲推原作篆。前二卷爲《會意指事轉注》，後十一卷爲《形聲會意指事》，各僅十餘字。《轉注》較繁，而《形聲》又增數倍。其子目併《天運》《天象》爲《天文》，餘均與前書同。《四庫提要》謂其獨闕《象形》，名爲六書，實止五。然《叚借》亦無之，實止四耳。按卷首原序當爲作者自撰，專就指事、會意、轉注、形聲立説，即本書之總論。然則本書固僅取四，原非闕也。全書抄配凡十六葉。借常熟瞿氏藏本對勘，此所鈔者瞿本有十葉皆缺，餘卷六第二十四葉，卷十第二十二葉，卷十二第十九葉，瞿本原刻尚存，文字全異。而卷三第一葉，卷四第十一葉，卷十三第七葉，與瞿本原刻又全同，殊不可解。《皕宋樓藏書志》有是書殘序一篇，文字與此不同，疑原有二序，各失其一。至《四庫》所録，書名無「統」字，卷數十二，則所據殆别本也。

孫爾準跋　元楊武子桓著《六書統》二十卷，别有《六書統溯源》，世罕傳本。按焦氏

《經籍志》云，《六書統溯源》十二卷，向以未得寓目爲憾。今忽于故家藏書散出者，獲覩是本，亟以善價購之。詳閱紙墨，實是元板無疑。然係十三卷，或十二卷在前，嗣以末卷太多，析而爲二。亦未可知。按楊氏講求六書，雖有未善，特以舊本而藏之，蓋亦物稀爲貴焉。嘉慶二十四年秋八月，孫爾準識于海棠巢。

另有顧千里與袁壽階書黏存卷首，今録於左：

奉到手示，並各册，循覽一過，皆真舊刻本。內《六書統溯源》乃元槧之至精者。考據既極精微，收羅尤爲宏富，惜不爲佞宋主人所見，刻入士禮居內以餉海內説篆家。留案頭十日，遲遲奉繳，愛不釋手耳。弟顧千里頓首。

藏印　文徵明印　玉蘭堂　季振宜字詵兮號滄葦

## 060　說文字原一卷六書正譌五卷

元至正刊本　六册　（07329、07330。著録作「宋元明初遞修本」）

題「鄱陽周伯琦編注」。卷首有至正乙未宇文公諒總叙，叙後有「都水庸田使通議公閔里不花字」十三字一行。卷末有至正壬辰吴當後序。《字原》有伯琦至正己丑自叙及叙贊。正譌自序則成於後二年之辛卯。卷末各有「男宗義同門人謝以信校正」一行。半葉五行，小字雙行，每行二十字。《四庫提要》於此二書指爲「瑕瑜互見，通蔽相仿。」錢大昕於《正譌》詆之尤力，惟自來藏書家均經收録，故亦著之於篇。

藏印　名余曰瑩兮字余曰韞輝　映山鑑賞圖書　賜硯堂書畫印　慧海樓藏書印

## 061－1　增修復古編四卷　明洪武刊本　二册　繆小山舊藏　(07331)

題「吴興張有謙中編輯」、「後學吴均仲平增補」。卷首趙謙、張美和二序，大觀四年陳瓘序，凡例八條。《四庫提要》極詆此書，謂：「所分諸部，皆以俗音變古法，而所載諸字，又皆以古文繩今體。」而清儒全謝山則稱爲好古之士，且云：「小學日衰，不能不於是書三致意焉。」是則《提要》云云，固未能作爲定論也。趙序尾「趙謙書」三字移上十三格，中有剜補痕，其原文疑爲撰序年月。原書以平、上、去、入四聲分卷，張氏《愛日精廬藏書志》云：「卷上分子卷二，卷下分子卷二。」是本乃全作卷上，復被剜去，殆書估慮人責其不全，故並毁之以滅其迹歟。

繆小山跋　《增修復古編》二卷，宋張有謙中原編，元吴均仲平增補，明洪武刻本。每半葉七行，行大字占三字，小字二十八字，高六寸六分，寬四寸五分。黑口雙邊。六書標出，以陰文識之。前有宋陳瓘序，是謙中原編之序。趙撝謙、張美和兩序，是序仲平此編。謙中原書平正簡要，仲平補輯，略改謙中舊例，而亦不至違戾。傳本甚少，各家書目止《愛日精廬藏書志》有之，與此本合。是洪武年刻，惜首尾及趙、張兩序均剜損以充元槧。不知洪武初年之版，亦不亞宋元舊刻也。《藏書志》載趙寒山跋，在明時已極珍貴，况又逾二百六十餘年乎。張本脱趙序，此書未脱。歲在閼逢攝提格，江陰繆荃孫識。

又跋　《拜經樓題跋》有是書，爲汲古鈔本，有濟美堂、汲古閣諸圖記，並脱陳、張兩序云云，愈顯此刻本之不易見矣。藝風。

又跋　《鮚埼亭外集》有題詞，但云旁收林罕、鄭樵、戴侗諸家，以附於下，其亦好古之士歟，而不言本書得失。

藏印　閭印護　启南　牧齋　荃孫　藝風堂藏書　雲自在堪

## 061－2　又一部

版本同前　二册　桂未谷、汪秀峯舊藏　（07332）

此與前書同一版本，卷首佚趙、張、陳三序，僅存凡例。例後有《説文解字六義圖説》，足補前書之闕。《四庫提要》云：「其書自平聲至入聲，首尾完具，而每韻皆題曰『上卷』。」核之是本，均作「卷上」。故《提要》謂「殆尚有下卷而佚之。」然凡例所載實已備舉無遺，若謂刊刻偶訛，不應上、去、入三卷皆誤。殊不可解。

藏印　桂馥印信　汪印啓淑　秀峯　秀峯賞鑒　飛鴻堂藏　愛買僻書人笑古　范雨之印　吴印惟寅

## 062　積古齋鐘鼎彝器款識十卷　原刊本　四册　潘文勤校藏　（07333）

阮文達集其同時好古之士及自藏搨本，屬平湖朱右甫編定審釋，勒爲是書。潘文勤親加考訂，其首列「董武鐘」，原書定爲「商初之器」。潘氏指爲：「北宋人僞造。」以冠卷端，斥爲無識。其他類是者不一而足。原釋訛字，亦多匡正。

## 063－1　廣韻五卷　宋刊本　二册　楊星吾舊藏　（07334。著録作「元刻本」）

前有陳州司法孫愐《唐韻》序。半葉十二行，小字雙行。宋諱避「匡」、「貞」、「惇」三字。「上平聲二十一殷」，「殷」未改「欣」，又與「二十文」均注「獨用」。「上聲十八吻」，目録注「隱」同「用」，而卷内仍注「獨用」，蓋猶在景祐合併以前，尚未盡失《唐韻》之舊也。

楊守敬跋《廣韻》五卷，首題「陳州司法孫愐唐韻序」，與元至順本同。序後當有木記，爲後人割去。每半葉十二行，兩邊雙線。缺宋諱處，與各本同。每卷首有「若秋藏書」

印。此本字體絶似南宋，蓋不如北宋之方整，而又非元本之圓潤。雖無年月可考，固一望而知也。至此本與重修本之分合，見余至順、至正兩本及勤有堂本三跋，茲不贅録。光緒甲申夏五月。

藏印　星吾海外訪得祕笈　楊印守敬

## 063－2　又一部

影鈔宋本　五册　法時帆舊藏　（07335）

首行題「大宋重修廣韻一部」，次行「凡二萬六千一百九十四言」，三行注「一十九萬一千六百九十二字」。次景德四年敕牒，次大中祥符元年敕牒，次隋仁壽元年陸法言序，唐儀鳳二年長孫訥言序，次天寶十年陳州司法孫愐《唐韻》序。卷末有雙聲疊韻法、六書、八體、辯字五音法、辯十四聲例法、辯四聲輕清重濁法。半葉十行，行大字二十，小字二十七、八不等。澤存堂張氏刊本與此同，惟宋諱此僅避「玄」、「朗」、「弘」、「殷」、「匡」、「胤」、「炅」字及「敬」、「禎」二字嫌名。又《上平六脂》「蚳」下無「岻」字，《十二齊》「嶲」上無「⿰巂鳥」，《上聲二十四緩》「粁」下無「鉼」字。昔人謂此三字爲張氏所增，宋本原不如此。今觀是本，可以證明。惜《去聲五十候》下闕數葉，他處亦略有闕文。

藏印　法時帆藏書印信　詩龕書畫印　詩龕居士存素堂圖書印　陶廬藏書

**063－3　又一部**　曹楝亭刊本　五册　何義門校藏　（07336）

何義門跋　楝亭重開此書，亦據一宋本，而箋中頗有删動，不如吾郡張氏所據之本尚在其前也。康熙戊戌秋日，偶取二本校對數處。焯記。義門老民何焯。卷一後。

又跋　平、上、去三聲，每字皆反切在後，此卷獨在前，蓋别自一本。字下注删節□□，與顧寧人刻於楚州者無異也。卷五後。

藏印　曾在陳彥和處

**063－4　又一部**　澤存堂刊本　四册　黄蕘圃校藏　（07337。著録作「二册」）

黄蕘圃録段若膺跋　《廣韻》，句容裴生名玉字蘭珍物也。乾隆戊子，予館于裴，此書相隨三十餘年，手訂譌字極多，後之人將有取於此。嘉慶壬戌四月十四日，玉裁記於下津橋朝山墩之枝園。

又跋　竹汀云，《廣韻》卷首云凡二萬六千一百九十四言，唐韻序乃云前後總加四萬二千三百八十三言，不應《唐韻》字轉倍《廣韻》，意兼注中字而言耳。玉裁謂孫愐「上陳天心」以上，愐自請也；以下，謂元青吉成所增也。然則加四萬二千三百八十三言，元青吉成所爲。《雲谷雜記》所謂《廣唐韻》，蓋即此與。愐所爲以開元三十年爲限，元青吉成所爲，成於天寶十載，疑本是二書，此序恐非愐原文也。俟更考之。丁卯十一月，玉裁識。

黄蕘圃跋　是書爲段若膺先生手校本，有朱、墨兩筆。卷首跋語兩通，首墨次朱，想先後所校，故以朱、墨識别也。先生手校書甚夥，身後以白鏹三千金歸諸壻家龔闇齋觀察。先生有令似兩人，伯氏安貧，依然儒素，仲氏與乃姊丈闗部事，頗以多財著，并徙而他宅，不復守枝園舊宅矣。伯氏余與之蹤跡亦殊疎闊，今夏持先生墓誌文過余，余亦遂往答之，遂及伊家事。始知楹書俄空，爲烟雲之散。詢以手澤，因出此《廣韻》相示，并許見借。暑天無暇，入秋來天氣漸涼，從事校勘，悉照校語臨之。中有朱、墨圈及尖角在每字旁者，不知命意所在。姑於「上平」悉臨之，然卒茫乎未有知也，遂輟而不臨。先生於韻學甚精，著有成書，此必其所自爲記認之處，【惜】傳授無人，不能悉其綱領，唯就正譌之處，纖悉臨摹，已見校勘此書之精，無逾是本矣。時道光甲申秋閏七月十三日，古吴黄丕烈識。

望後一日，覆勘一過。自二卷至五卷，有校語及勘正處，悉録。大字及小字之○△，不盡臨矣。老蕘。在卷五末。

## 064 增修互注禮部韻略 明覆元本 存上聲一卷 一册 (07338)

題「衢州免解進士毛晃增註」、「男進士居正校勘重增」。「朗」、「晃」二字，註云：「舊宋廟諱迴避，今補入，以白文別之。」「眴」、「豎」、「引」、「蚓」、「敦」、「莞」、「泫」、「憬」、「頍」、「耿」、「泂」、「詬」、「呴」、「縠」等字，則注：「某某切，系廟諱嫌名，當迴避，其餘照式通用。」是可見宋時試士束縛之甚。此爲明覆元本，且僅餘《上聲》一卷，以其可以考見宋時試士之制。故存之。

## 065 古今韻會舉要三十卷 明覆元本 二十四册 (07339。著録作「朝鮮刻本」)

題「昭武黄可紹翁編輯」、「昭武熊忠子中舉要」。卷首劉辰翁序，熊忠序，孛术魯翀序，余謙跋，凡例，分韻例，音例，字例，義例，凡三十二條。後附《禮部韻略》七音三十六母通考。元本以天干十字分册，【除甲、乙每二卷一字，庚、辛每四卷一字，餘均】每三卷一字。是本無之。核其字體、槧工、印術，均已去元入明，而「陳宲禁約翻刻」木記，仍列卷首。

藏印 龍城尹氏 剛光景仁 觀文堂

## 066 西儒耳目資不分卷 明天啓刊本 六册 （07340）

泰西金尼閣撰述，晉絳韓雲詮訂，秦涇王徵校梓，天啓丙寅孟春刊成。卷首有谷口張問達、涇邑張緟芳及王徵序，又王徵《釋疑》一篇。書分三類，曰《譯引首譜》，曰《列音韻譜》，曰《列邊正譜》。切音均用羅馬字母，附刊於側。《四庫全書》列入小學類存目。《提要》稱《列音韻譜》第十八攝至第五十攝皆佚，此則完全無缺。徐匯天主教會圖書館收藏泰西教士著述甚夥，此並無之，蓋亦罕見之祕笈矣。

# 史部

## 067－1　史記一百三十卷　宋刊元明遞修本　三十八册　(07341)

此南宋監本宋裴駰《史記集解》也。卷首裴序。半葉十行，行十九字，小注雙行，行二十七字。書名小題在上，大題在下。版心下記刻工姓名，有曹元、陳彥、劉山、唐允、范云、沈明、伍祥、王友、陳邦直、郭敦、吴超、王仲、譚謙、范敏、魏正、劉松、余翌、吴永年、劉道、郭士良、范文一、吴富、詹允、楊宗、彭祥、張立、張丙、王珙、李枚、趙宗茂、陳谷、閔昱、張文、俞文、李忠諸人。宋諱「玄」、「敬」、「警」、「驚」、「竟」、「弘」、「殷」、「匡」、「恒」、「徵」、「懲」、「戌」、「桓」等字均缺筆者，蓋爲是刻原版。其字體板滯，或變而圓潤，版心上記字數，其刻工爲鄭埜、沈珍、陳一、胡慶、楚慶一、何九万、公惜、陳日裕、應三秀、高蓀五、繆珍、芦開三、何通、沈貴、章著、方元、潘用、徐怡、今友、文榮、高諒、王興、朱祥、君寶、邦卿、金許、金一、王桂、盛久、王細、郁仁、茅文龍、蔣云甫、友山、熊道瓊、君玉、占德潤、孫賓、董大用、胡祀、蔣蚕、朱元、徐士秀、章亞明、徐文、王全、高㬎祖、陳二、王良、茅化龍、朱曾、李庚、王高、王夫、滕慶、汪惠、章濱、王付、何益、王壽山、楊采、石山、任阿伴、徐泳、李峕、德裕、許成、吳祥、务陳秀、黄亨、張成、葛辛、俞榮、金二、汪諒、應子華、朱曾元、汪惠老、徐怡祖諸人者，或爲覆刻，或爲元補、明補之葉，以弘治三年爲最多。版心下有「監生某某寫録」一行。尚有闊黑口者，版心偶刻「弘治十五年」，此爲最後補配之葉，注文每多芟削，有時且羼入索隱，版心亦不記寫生姓名，蓋負責無人，事遂苟且也。《殷本紀》「有炮格之法，以請除炮格之刑」，《周本紀》「以請紂去炮格之刑」，各句均不作「炮烙」。全書用弘治公牘紙，紙背有官印，有硃筆批判，至饒古意。

## 067－2 又一部 蒙古刊本 二十四册 (07342)

此蒙古中統刊《史記》裴駰《集解》，司馬貞《索隱》也。首《補史記序》，次《三皇本紀》，次目録。先總目，次卷目，目後書名《史記集解》上加「附索隱」三字。卷首董浦序已佚，僅卷末有索隱後序。第一卷，首行題「五帝本紀」，次行「索隱」，小字低一格，三行題「史記一」，頂格。「裴駰曰凡是徐氏義」云云，雙行小注，四行入正文，但自第二卷以下，皆小題在上，大題在下，不復提行。半葉十四行，行二十五字，小注同。四周雙闌，闌外有耳，題篇名。版心白口，雙魚尾。上記字數，然不全記。下間記刻工姓名，有張一、張二、楊一、楊三、梁一、乜一、賈一、老賈諸人。其單記一姓者有何、薛、李、王、劉、魏、鄧、姚、吉等字。宋諱「玄」、「弦」、「弘」、「殷」、「匡」、「恒」、「貞」、「樹」、「戌」、「桓」、「慎」等字間有闕筆。按瞿《史》十四行者，常熟瞿氏有北宋本，宋諱「禎」、「貞」字均不避。小字每行三十四字至三十九字，與是不合。諸城劉燕庭有百衲本，余嘗借之端忠敏許，影印行世，不附《索隱》，亦與是不合。惟吴兔床聊城楊氏有元刊本，楊彦合稱從段本重雕，不避宋諱，又無書耳，則與是亦不合。《拜經樓藏書題跋記》有《史記索隱》，每葉二十八行，行二十五字。錢辛楣《日記鈔》云：「海寧吴槎客以元中統二年刻《史記索隱》見示，首有校理董浦序。」錢警石《校史記雜識》云：「辛丑、壬寅冬春之交，假拜經樓所藏元中統本。」又云：「每葉末行外上角標題篇名，《本紀》並注『某王至某王』，《世家》亦然。《田敬仲世家》標題《後齊世家》按卷首篇名並未改未免臆造。」又云：「吴氏書目竟題《史記索隱》，然實兼有《集解》也。猶避宋諱，當是從宋本翻雕。」以上云云，皆與是本脗合。雖外角題名稍有闕漏，而其他行款無大異同。雖無董序，要可定爲中統刊本也。按蒙古至世祖至元八年，始建國號曰元。刊此書時尚前十一年，故僅有年號而無國號。時當宋理宗景定四年，宜人皆與宋槧等視。全書每葉有「杏花春雨江南」六字篆文朱印，鈐處表裏無定，以近左右邊闌爲多，疑是當時製紙家之印記。

藏印　慈溪世家　綉衣驄馬

## 067－3　又一部　宋刊本　存六十六卷　二十五册（07343。著録作「二十八册」,「存六十九卷」）

宋裴駰《集解》,唐司馬貞《索隱》,張守節《正義》。卷首有各家序,又小司馬氏《補史記序》,《張氏論例謚法解》。《老莊列傳》移《伯夷傳》前。目録猶仍舊第。半葉十行,行十八字,小注雙行,行二十二字。惟序目九行,行大字十五,小字二十。書名小題在上,大題在下,卷末同。有若干卷,並於卷末標「史若干字,注若干字」者。版心「題某本紀、表、書、世家、列傳幾」。闌外書耳僅題篇名。卷首《集解序》後,有「建安黄善夫刊於家塾之敬室」木記。目録後又有「建安黄氏刻梓」木記。瑞安黄學士紹箕游歷日本,獲見是書,題爲宋慶元本。然余所見宋諱,祇避至光宗嫌名,而寧宗嫌名無避者,或黄氏所見更周也。《四庫》著録《正義》所收明震澤王氏刊本,《提要》謂監本妄加删削,因歷舉數十條,以證王氏刊本之善。是爲王本從出之祖本,雖譌文脱字亦所不免,然如《孝武本紀》「蓋若獸爲符」句下,王本衍「是甘泉更」四字,而是本無之。又《孟嘗君列傳》「憑軾結靷東入齊者」句下,王本脱「無不欲彊齊而弱秦憑軾結靷而入秦者」十六字,《信陵君列傳》「以公子之高義爲能急人之困也」句下,王本脱「邯鄲旦暮降秦而魏救不至安在公子能急人之困也」二十一字,而是本均存。自明以後,不復見於吾國藏家。是本先由荆州田氏得之東瀛,宣統季年，余購之厰肆。書本殘闕，又爲市估分截數卷。今所存者：《本紀》第一、第四至十一，《表》第七至九，《書》第一至六，《世家》第九至三十，《列傳》第一至七、第十三至二十五、第二十七至三十、第七十，凡得六十六卷，尚缺六十四卷。卷中藏印纍纍，曰「狩谷望之」、曰「求古樓」、曰「島田重禮」、曰「雙桂樓」，皆東國藏書家之著者。惜中有數卷，爲彼國人士點閱，雜以片假文，不免如浮雲之滓耳。【日本東方文化學院藏有此本殘本，存卷二、卷三、《索隱後序》，爲狩谷望之之舊物。見《史記研究之資料和論文索引》。龍記。一九七三年四月二十四日。（顧批）】

## 068 漢書一百十八卷

宋景祐刊本配元大德、延祐、元統、明正統本　六十册　陳眉公、曹倦圃、錢竹汀、黄蕘圃、張芙川、丁禹生舊藏　（07344）

士禮居舊藏景祐本《漢書》，爲「百宋一廛」史部之冠，嗣歸汪閬源，今藏常熟瞿氏。此爲所藏第二部，乃後來零星蒐集之本。其屬景祐原刊者，尚有七十餘卷，餘爲元大德、延祐、元統，明正統覆刻，或前人舊鈔，補綴叢殘，竟成完璧。《列傳》第三十九，每葉紙背有「濟道」二字小印。《五行志》第七下之上，則爲花押，其形如㘝。又《五行志》第七上、第七中之上，《列傳》第四十一之四十三、第六十九上中下、第七十上下，紙背亦有印文，然不能辨爲何字。印皆朱色，蓋皆當日造紙家之名號也。卷首有蕘圃手書細目八葉，某卷某葉某版，一一記録。有時並記收得年月。苦心孤詣，無愧書淫。此書由豐順丁氏散出，余爲涵芬樓以重價收之，時距武昌革命軍興未數月也。

李申耆跋　《漢書》宋景祐刊本，烜赫於絳雲樓，六丁取之矣。《西清古鑑》所收，聞亦景祐本。天府之儲，無由見也。向時張月霄藏有元統、大德補修本，欲借未果而已星散，深以歎惋。此本亦有補刊，未知與月霄本何似。然原刊存者尚十七、八。以校別本，甚有差殊。擬仿盧抱經先生《羣書拾補》之例，爲校勘記以永其傳，僅盡首函，思借全書足成之。芙川諾我否？道光十七年徂暑之月，揮汗識此。武進李兆洛。下鈐「申耆」二字朱文方印。

錢夢廬題　昔黄蕘翁所藏北宋板景祐《前漢書》兩部，其一歸於汪閬源，其次即是本也。内中雖有元明板配入，然大德、正統本皆從景祐本出，不礙爲一家眷屬耳。其抄本亦從善本影寫，以成全璧。也是翁裒集宋板各本《史記》，合作一書，題爲《百衲史記》，冠於《敏求記》史部之首。是則宜稱爲《百衲漢書》，可與也是翁之《史記》並爲藝林佳話也。丁酉十月，芙川寄示得觀，因題。夢廬錢天樹。下鈐「錢印天樹」白文方印、「夢廬」朱文方印。

無名氏題　景祐本《漢書》，爲北宋刻最前之本，自明以來藏書家惟絳雲樓有之，後歸塞外，載入宋牧仲《筠廊偶筆》。此部爲黄蕘圃士禮居所藏。每頁考訂確切，其實在景祐原刊，得七十餘卷，亦罕見之祕册也。册前有李申耆先生跋。其補鈔者，爲曹倦圃溶家所鈔，疊經藏書家鑒閲，古書亦名書也。

道光辛卯三月上澣，程恩澤向芙川大兄借讀。同觀者顧蘭厓。下鈐「程印恩澤」白文方印。

同治乙丑五月，獨山莫友芝獲觀。下鈐「莫友芝圖書記」朱文長方印。

【道光庚戌九月中澣觀於味經書屋。生平所見宋槧書，此爲甲觀。復生孫雲鴻誌。下鈐「雲」字白文、「鴻」字朱文二方印。

右目爲蕘圃先生手筆。先生好古本書，平日得不完本必多方補緝，汲汲不暇他作，觀此可以想其嗜好之篤矣。今人口田問舍，其勤若不異於先生，及身殁，則産屬他姓，更有何人道及之。此數頁雖字跡不工，而芙川猶以其人可重，不忍棄置，列之卷首。後世苟知重是書，此數頁亦不湮没，洵非俗士可同語哉！既以見示，屬爲跋語，漫書頁末。時道光丁酉夏四月也。貫唯居士爾旦。下鈐「貫唯」白文印。】

藏印　繼儒　眉公　曹溶鑒藏　大昕　辛楣　蕘圃　虞山張蓉鏡鑒定宋刻善本　虞山張蓉鏡鑒藏　蓉鏡珍藏　曾藏張蓉鏡家　蓉鏡珍藏　張蓉鏡觀　張印蓉鏡

張蓉鏡　蓉鏡　虞山張蓉鏡芙川印信　芙川氏　芙川　芙川　姚印畹真　芙初女士姚畹真印　芙初女史　芙初　張氏藏　清河伯子　小瑯嬛福地張氏藏

小瑯嬛福地張氏收藏　小瑯嬛福地祕笈　善本　祕帙　古色古香　在處有神物護持　味經　丁日昌印　雨生　杜瓊　國瑞家藏　德邵家寶　張氏之印

延陵王□□家藏書畫記　遷善　伯純　芷楣借觀　陳鑾曾觀　自得耕者　靜照　風月詩從横玉思清篴中入骨　得一日閒爲我福

## 069　後漢書一百二十卷

宋紹興刊本　四十册　吴方山舊藏（07345。著録作「宋元遞修本」）

半葉九行，行十六字，小注雙行，行二十字。書名小題在上，大題在下，中間以「范曄」二字。次行題「唐章懷太子賢注。」《崇文總目》、《郡齋讀書志》、《直齋書録解題》均稱《後漢書》九十卷，《志》三十卷。是本《列傳》第一下題「漢書第十一」，直接《后紀》第十。《續志》别爲三十卷，兩不相涉，猶存舊式。然目録則已以《志》羼入《紀》、《傳》之間。未免矛盾矣。卷中避宋帝諱較他書爲嚴，闕筆亦彼此不同，有出於淳熙重修文書式之外者。所缺之筆，字各不同，其避嫌諱之多，無與倫比。「桓」、「構」二字，有時作「淵聖御名」及「今上御名」，蓋刊板於南渡初年。及其既成，已在孝宗受禪之後。故先朝諱字，迹多剜改。且或剜而未補，其仍作「御名」云云者，必爲遺漏之字。又「軒轅」二字亦從闕筆，則以大中祥符七年，禁文字斥用黄帝名號，故視同廟諱。此則他書罕見者也。版心下記刻工姓名，分爲兩類：一不記字數之葉，爲王榮、陳彦、李芳、毛仙、陳從、林仁、吴佐、林志遠、林康、李昇、王中、李椿、章英、洪澤、李倍、陳振、林芳、林俊、陳震、章駒、李棠、楊垓、李秀、陳伸、朱安明、郭惇、卓受、余中、周清、張宗、蔡仁、林康、陳敏、李清、華定、王允成、王永從、章旼、凌宗、龐汝升、丘甸、劉中、李章、李璋、李碩、陳玉、王永、程用、劉仲、劉康、陳興、劉清、李恂、王石、朱明、何通、王仲、李彦、孫彦、陳辰、李用、周茂、袁佾、楊榮、邢宣、劉寔、王壽、孫春、陳鎮、于洋、王涣、宋琚、楊程、徐珙、朱玩、馬祖、屈旻、李旻、鄧堅諸人，當爲初刻。其兼記字數者爲章濱、陳日裕、單吕、章著、張明、趙遇春、徐文、茅文龍、金友、胡昶、孫開、蔣七、范華、高諒、應華、章文、潘用、徐友山、何宗十四、今許一、婁正、芦垚、陳孫、俞榮、朱文、盛久、弓華、葛辛、任韋、徐泳、洪來、石呈、蔡秀、曹榮、陳邦卿、張珍、詹德潤、錢子華、馬松、文玉、占讓、徐榮祖、楊明、朱六、王紳、楊十三、王百九、朱曾、茂五、曹新、李庚、任昌、徐良、周鼎、陳琇、何宗十七、胡慶十四、徐宗、金震、王得、吉甫、仲召、毛岩、胡勝、齊明、朱曾九、王付、王信、楊昌、王興、任吉甫、方明四、李岩、王全、陳仁、葛佛一、孫斌、何益、沈壽、吉垚、何浩、王智、吴祥、周成、高異、宗二、孟三、沈定、鍾同壽、陳文玉、熊道瓊、章亞明、童遇、洪福、朱梓、顧忠信、徐仁、應德、張刁、任阿伴、芦開三、應三秀、陸永、倪顗、周秀、張三、陳允升、何慶、务陳秀、茅化龍、阮明、任聿、陳万二、龐萬五、滕慶、繆珍、李祥、蔣佛老、王高、范堅、汪惠老、章文一、毛文、汪亮、金二、任后、葉禾、孫元、虞良、章東、章忠、丁松年、趙春、王良、丁之才、沈昌、潘成、黄亨諸人，察其字體斠法，均不如前之精湛，疑爲覆刻或後來之補版。惟王榮、何通，前後兩類，皆有其人，是則稍見混淆耳。余嘗以大德本、正統本、汪文盛本、北監本、汲古本、武英殿本與是對校，其足以勘正諸本之誤者，不可僂指。

藏印　姑蘇吴岫家藏　朱氏善繼　善繼私印　朱紹　愚菴　五雲邊客　澄江世家　文林世家　友竹軒圖書印　公餘清暇　孫朝肅印　恭父

## 070　三國志魏書三十卷　宋刊本　十六册　華亭朱氏、泰興季氏舊藏　（07346）

卷首元嘉六年裴松之《上三國志注表》。目録以三《志》分上、中、下，各爲起訖，故首行題「三國志目録上」，次行題「晉平陽侯相陳壽撰」。此僅存《魏書》。書名小題在上，大題在下，首尾同。半葉十行，行十八、九字，小注雙行，行二十一、二、三字不等。宋諱避至「桓」字，蓋北宋末年刊本。刻工姓名有許忠、龐汝升、石昌、朱春、龐知柔、吴宗、張二、王乙、乙成、金暠、王牛、王郭、張昇、李通、牛實、王允、賈琚、屠友、嚴志、楊惇、王彦、金從、金成、張通、郭奇、乙信、鄭昱、蔣諲、惠道、朱宥、吴詢、楊謹、劉恭、李恂、李中、牛志、李懋、牛智、顧仲、顧忠、牛友、金彦、王彬、王宗、昌旼、金章、王僅、昌庚、沈端、賈陳、蔣成、李忠、乙可立、項中、陳忠、惠忠、李安等。別有文昌、毛端、詹世榮、王政、曹興祖、徐英、徐泳、阮甫八人，版刻稍異，版心記大小字數，當爲別本補配之葉，然亦宋刻也。皕宋樓有宋衢州本，余見之日本静嘉堂文庫。《吴書》卷末有「右修職郎衢州録事參軍蔡宙校正兼鏤版」、「右迪功郎衢州州學教授陸俊民校正」二行，行款與此同。適園張氏亦有《吴書》殘本二册，均補版甚多。此爲宋刊宋印。印紙有鈐「揚府官紙」四字者，紙背皆乾道、淳熙兩朝官牘，其銜名有署「武功大夫□中特差權發遣兩浙西路馬步軍副總管平江府駐劄趙」者，有署「觀文殿學士左宣奉大夫提舉臨安府洞霄宫魏」者。其年月日行下，有署「幹人殷亨」者，想爲書吏。職名有署「持心喪吕」者，想爲乞假事由，此亦足爲《書林清話》之助也。《季滄葦藏書目》有《三國志》四部，其標明宋版者三部，一部未詳。是本多鈐季氏藏印，必爲延令舊物。昔時一家弆藏，兼有數部，今則天壤間僅存此一殘本。古籍銷亡，可勝慨歎。此書得自海寧孫銓伯家。葉鞠裳前輩《藏書紀事詩》謂其藏有單行《魏志》，蓋傳聞之誤。

藏印　華亭朱氏珍藏　大宗伯印　榮慶堂　朱氏家藏　季振宜印　滄葦　御史之章　季振宜藏書　蒓溪草堂　六寀軒　忠孝傳家

## 071－1　蜀大字本七史　宋刊元明遞修本　二百十三册

是即宋紹興中眉山所刊七史，世稱蜀大字本。元時板印模糊，遞有修板。明洪武時取天下書板實之南京國子監，遂稱南監本。其後疊經修補，草率將事。面目全非。此宋元舊刻所存猶多，足資考訂。

宋　書　一百卷　三十册　（07347）

南齊書　五十九卷　八册　（07348）

梁　書　五十六卷　十四册　（07349）

陳　書　三十六卷　十二册　（07350）

又一部　八册　（07351）

魏　書　一百十四卷　四十册　（07352）

中有四十一卷用元代公牘紙印，紙背多有延祐、泰定、元統、至元等年號，其餘各卷補至嘉靖八年。

**071－2　又一部**　六十四册（07353）

**071－3　又一部**　無明補　存十七卷　十二册　季滄葦舊藏（07354。著録作「宋元明遞修本」）

存《帝紀》十二卷，《列傳》一、二、三、四、五卷，用明南京都督府諸衛各倉及馬草場公牘紙印，紙背有成化年號。

藏印　季振宜藏書

北齊書　五十卷　十五册（07355。著録作「宋元明遞修本」）

周　書　五十卷　十册（07356。著録作「宋元明遞修本」）

**072－1　隋書**　宋刊本　存十五卷　十册　葉文莊、毛子晉、季滄葦、席玉照、張月霄舊藏（07357。著録作「元至順刻明修本」）

宋諱「匡」、「恒」、「貞」、「戌」、「桓」、「構」字均缺筆。卷三末有拙老人蔣衡《小記》，謂：「是爲天聖刊本，補版爲南宋所刻。」語恐未確。以字體證之，蓋宋元間刻也。半葉九行，行十九至二十一字不等。左闌外記篇名，細黑口，版心上下記字數。因需校閲，僅取出《帝紀》五卷、《志》十卷，餘均燬。

藏印　葉氏菉竹堂藏書　毛氏圖史子孫永保之　開卷一樂　宋本　季振宜藏書　席鑑之印　席氏玉照　張印月霄　愛日精廬藏書

## 072－2　又一部　元大德刊本　二十册　明南京國子監舊藏　(07358。著録作「元大德刻明修本」)

元大德丙午，建康道廉訪司從太平路學官之請，徧牒九路儒學，合刊十七史。是本版心有「堯學」、「浮學」、「番泮」、「樂平」、「錦江」等字。蓋饒州路刊本也。半葉十行，行二十二字。版心細黑口，上記字數，亦有記於下方者。刻工姓名僅記數人。間有明正德、嘉靖補版。每册前後均鈐「南京國子監官書記」木印。

## 072－3　又一部　版本同前　二十册　(07359)

## 073　南史八十卷　元大德刊本　三十二册　(07360。著録作「元大德刻明修本」)

前後無序跋。半葉十行，行二十二字。書名小題在上，大題在下。板心上記字數，下記刻工姓名。與《隋書》行款相同，是必九路同時合刻之本。卷四末葉，板心下有「古杭良卿刊」五字。末卷末葉，板心有「桐學儒生趙良粲謹書」、「自起手至閣筆凡十月」小字二行。以「古杭」字推之，此當爲桐廬縣學。同時所刻《漢書》孔文聲跋，有「致工於武林」之語。遷地且良，就地尤便。似此則必爲杭州路刊本矣。是本佳處，除諸家書目所舉外，今再述其一二。卷四《齊本紀·宋帝九錫文》，有「袁劉構禍」之語，明監本、武英殿本皆同。王鳴盛《十七史商榷》且舉袁標、劉延熙以實之。是本則作「袁鄧構禍」。按卷三《宋本紀》，「泰始元年十二月，江州刺史晉安王子勛舉兵反，鎮軍長史袁顗赴之，鄧琬爲其謀主。」若袁標、劉延熙者，不過後來響應之輩。且於袁、劉同時舉兵者，尚有顧琛、王曇生、程天祚諸人。《九錫文》稱頌齊帝功業，必以戡除禍首爲言，斷無遺首舉從之理。是知「袁劉」字誤，而「袁鄧」字不誤。又卷五十四《元帝長子忠壯世子方等傳》，「軍敗溺死，方等之死，元帝聞之心喜」，是本則作「軍敗溺死求屍不得」，上句既云「溺死」，下句復用「方等之死」，意嫌複沓。又下文「招魂以葬」之語，實與「求屍不得」相應。元板此句適在本葉邊行，微有磨蝕之迹，是必覆刻之時，四字損滅無存，後人任以他字代之。是知「方等之死」云云，實非原文。此皆元本之勝於他本也。卷中時見殘葉，兼有嘉靖初年補版。

## 074－1　北史一百卷　元大德刊本　六十册　蔣香生舊藏　（07361。著録作「元大德刻明修本」）

前後無序跋。半葉十行，行二十二字。板心上有「信州路學刊」、「信州儒學刊」、「信路學刊」、「玉山縣學刊」、「永豐縣學刊」、「弋陽縣學刊」、「上饒縣學刊」、「貴溪縣學刊」、「象山書院刊」、「稼軒書院刊」、「道一書院刊」、「藍山書院刊」等字，亦九路刊本之一也。書名小題在上，大題在下，板心間記字數及刻工姓名。校正者有周已千、孫粹然、方洽、周益、周之冕、鄭道甯、王烈、聶則遷、楊燧、陳志仁諸人，均署名卷末，由一人至四人不等。武英殿本《魏本紀》第五永安二年，「以柱國大將軍太原王爾朱榮爲天柱大將軍」下，接「上黨王天穆爲太宰」。是本「上黨」上，有「癸酉臨潁縣卒江豐斬元顥傳首京師甲戌以大將軍」二十一字。又《列傳》第八十《和士開傳》，「於是委趙彦深掌」下，接「東宫帝三四日乃一坐朝」。是本「東宫」上，有「官爵元文遥掌財用唐邕掌州兵白建掌騎兵馮子琮胡長粲掌」二十五字。以上兩段四十六字，殿本均脱。其他類此者，尚有數處。訛文奪字，更無論矣。稍有闕葉，以别一元本及明補版配。

## 074－2 又一部

元刊本　存二十一卷　十册　郁泰峯舊藏（07362。著録作「明初刻本」）

行款與前書合，校正人名亦同，惟增孫㳿然一人。以某人校某卷，亦與前書不盡合。然非覆刻前本也。板心無刊版所在地名。闊黑口，間記刻工姓名。明《南雍志·經籍考》載《北史》一百卷，存者二千六百七十六面，缺四十五面，本集慶路儒學梓，或即此本歟。

存目録、《帝紀》第一至十二、《列傳》第一至九。方滬戰未發前，余適校閲《帝紀》，因僅取此一函，餘三函尚存涵芬樓中，遂成灰燼。

藏印　泰峯所藏善本　三餘齋圖書印

**074－3　又一部**　元刊本　存五十一卷　三十四册　王獻臣舊藏　（07363。著録作「明初刻本」，存四十一卷）

版式行款同前。存目録，《帝紀》第一至七、第十至十二，《列傳》第七、第三十一至四十一、第四十三至五十四、第七十四、七十五、第八十、第八十二、第八十六至八十八。

藏印　王印獻臣　王氏圖書子〻孫〻永寶藏　娱性堂書畫印

**075－1　宋史四百九十三卷**　明覆元刊本　一百五十四册　（07364。著録作「一百五十二册」，「存四百九十二卷」）

卷首《進宋史表》，次修史官員，次中書省移咨浙江行省刊版公文，次行省提調官，次目録，分上、中、下。目後有校勘臣彭衡、倪中、麥澂、岳信、楊鑄、牟思善、卜勝、李源、揭模、丁士恒十人，凡三行。書名小題在上，大題在下，次行題「開府儀同三司上柱國録軍國重事前中書右丞相監修國史領經筵事都總裁臣脱脱等奉勑修。」半葉十行，行二十字，板心中記「宋史紀志表傳卷幾」。雙魚尾，上右「宋史幾」；左，字數；下，葉號；再下右，寫生；左，刻工姓名。實爲明成化朱英覆刻本。今北平圖書館猶存至正殘刻，其字體行款均不若是。陸氏《儀顧堂續跋》以此爲至正中杭州刻本，實誤認也。卷三十五《孝宗紀三》第八葉，「黎州邊事隨宜措置」至「德壽宫所減月以南」三百八十八字，明南、北監本均脱，且誤以第九葉之「庫錢貼進」至「以王淮爲右丞相兼樞密使」四百字充第八葉，與第七葉末「以新除成都路提點刑獄禄東之權四川制置司」應相接。又以複出卷三十三第十一葉之「措置營砦檢視沿江守備」至「九月己酉揚存」四百字充第九葉，與前葉末「以王淮爲右丞相兼樞密使」相接。文義均不可通，又竄易「楊存」二字爲「地震」，與第十葉相接，以泯其迹。又卷二百九十二《田況傳》第三十一葉「置之既而除龍圖閣直學士」至「興鎮戎軍原渭等州」四百字，是本具存，監本亦全缺。武英殿從明監本出，故凡訛誤脱落，悉與相同。此雖爲明刊本，實迥出於監本、殿本之上。缺卷三百五十二至三百五十四，凡三卷。

**075－2　又一部**　明覆元刊本　存一百三十一卷　四十七册【此書原存八十八卷，後配入四十三卷，册數已不止此數，因四十七册係指存之數也。】（07365。著録作「七十六册」「存一百三十三卷」）

版同前書，印本較早。存《本紀》第七至十八、第二十四至四十七，凡三十六卷；《志》第一至十、第十三至二十五、第二十九至三十二、第九十一至九十四、第一百二十五、第一百二十六、第一百二十九、第一百三十、第一百五十一至一百五十四，凡三十九卷；《表》第七、第九、第十三、第十四、第十六、第十九至第三十二，凡十九卷。《列傳》第一、第七十八至八十、第一百五至第一百一十、第一百二十一、第一百三十二、第一百三十三、第一百三十九至一百四十二、第一百六十二至一百六十四、第一百九十七至一百九十九、第二百十五、第二百十六、第二百二十三至二百二十五、第二百三十三、第二百三十四、第二百三十八至二百四十一、第二百四十五至二百四十七，凡三十七卷。

**076　遼史一百十六卷**　元刊本　二十四册　（07367。著録作「明初刻遞修本」）

卷首《進遼史表》，次修史官員，次目録。目後有校勘臣彭衡、岳信、楊鑄、牟思善、卜勝、揭模六人，凡二行。書名小題在上，大題在下。次行題「開府儀同三司上柱國録軍國重事中書右丞相監修國史領經筵事都總裁臣脱脱奉勑修」。半葉十行，行二十二字。板心下記刻工姓名。是爲元代官板，然鐫刻頗爲粗率，校勘亦疏，時見譌字。惟以校明南、北監及武英殿諸刻，則此猶爲最勝之本。如《紀》第四，「會同九年，杜重威遣貝州節度使梁漢璋率衆來拒」，諸本竟改「貝州」二字爲「其將」。又《志》第十六《百官志二》，「五國部」後，有「以上十九節度使爲小部族」一行，明南監本有行無字，北監及武英殿本並空行無之。又第三十一《刑法志下》，「伶人張隋本宋所遣汋者」句，諸本均改「汋」爲「的」，義不可通。其他擅改之字，指不勝屈。書之有貴於初刻，蓋爲是也。

## 077—1 金史一百三十五卷 元刊本　四十八册　（07368。著録作「明初刻本」）

卷首書名，小題在上，大題在下。撰人銜名、行數、字數均同《遼史》。校勘諸臣。除前六人外，增倪中、麥澂、李源、丁士恒四人。字體與前書相類，而鐫刻較精，譌字亦少。武英殿本卷三十三，暨初版卷七十六，各闕一葉。卷五十六末，闕五行；又卷十四第十七葉、卷六十二第十九葉、卷六十六第七葉、卷一百一第六葉、卷一百二十五第四葉各有闕文。是本均完好無損。烏程施國祁《金史詳校》嘗據吳門蔣槐堂所藏元本，多有已譌之字而此尚未譌者。余因定爲《金史》第二刻本。

藏印　楊氏家藏書畫私印

## 077－2　又一部　元刊本　存四卷　四册　晉府舊藏　（07369）

刊版比前書爲佳，當是第一刻本。存《志》十二、十三，《列傳》十四、十五。

藏印　晉府圖書之印

## 078－1　元史二百十卷　明洪武刊本　四十一册　（07370）

題「翰林學士知制誥兼修國史臣宋濂翰林待制承直郎兼國史院編修官臣王禕等奉勅修。」此爲修成初刊之本，間有後來嘉靖補版。按明修《元史》，洪武二年春二月丙寅開局，至秋八月癸酉書成，凡《本紀》三十七卷、《志》五十三卷、《表》六卷、《傳》六十三卷、《目録》二卷。通計一百六十一卷，見卷首洪武二年八月李善長《進書表》。嗣以順帝無實録可徵，未爲完書。復於三年春二月乙丑開局，至秋七月丁亥，續成《本紀》十卷、《志》五十七、《表》二卷、《傳》三十六卷。合前後二書，復釐分而附麗之，共成二百一十卷，見目録後洪武三年十月宋濂《記》。《記》稱鏤板訖功，謹繫歲月於目録之左。故目録已併前後卷數爲一。武英殿本乃復删削宋濂《後記》，改竄善長原《表》，致《元史》分次纂修之事一無可考，甚可惜也。又殿本卷三十六《文宗紀》衍四百餘字，卷五十三《曆志》錯簡多至三葉，其他譌文奪字不可勝記，微是本莫由糾正。信乎，書貴舊刻矣！

## 078－2　又一部　版本同前　四十九册　（07371）

印本稍遜。有《志》十九卷，以初印别本補配。

## 079　北監本二十一史　明萬曆刊本　存十五史　四百二十二册

明嘉靖萬曆間，先後刊修南監本二十一史。嗣又全部寫刊，經始於萬曆二十四年，觀成於三十四年，是爲北監本二十一史，武英殿本即從之出。至今三百餘年，求一全部，亦不易易。是書得自揚州舊家，數百鉅册，裝製完好。曩曾攜出校勘《兩漢》、《三國》、《五代》、《遼》、《金》六史，改畢，還諸書庫，未一月，遂及於難。今所存者：

史　記　萬曆二十六年刊本　劉道秋、楊道賓、方從哲校刊　吴士元、黄錦重修　二十六册

晉書　附音義三卷　萬曆二十四年刊本　方從哲校刊　三十册

宋書　萬曆二十六年刊本　方從哲、黄汝良、周如砥校刊　吴士元、黄錦重修　二十二册

南齊書　萬曆三十三年刊本　蕭雲舉、李騰芳校刊　吴士元、黄錦重修　十册

梁書　萬曆三十三年刊本　蕭雲舉、李騰芳校刊　十册

陳書　萬曆三十三年刊本　李騰芳校刊　六册

魏書　萬曆二十四年刊本　李廷機、方從哲、劉應秋校刊　三十册

北齊書　萬曆三十四年刊本　李騰芳校刊　八册

周書　萬曆三十一年至三十三年刊本　蕭雲舉、李騰芳校刊　十册

隋書　萬曆二十六年刊本　劉應秋、楊道賓、方從哲校刊　二十册

南史　萬曆三十一年刊本　楊道賓、蕭雲舉、黄汝良、周如砥校刊　二十册

北史　萬曆二十六年刊本　方從哲、黄汝良校刊　三十册

新唐書　附釋音二十五卷　萬曆二十三年刊本　蕭良有、葉向高校刊　吴士元、黄錦重修　五十册

宋史　萬曆二十七年刊本　方從哲、黄汝良校刊　吴士元、黄錦重修　一百册

元史　萬曆三十年刊本　楊道賓、蕭雲舉、周如砥、黄汝良校刊　吴士元、黄錦重修　五十册

## 080 資治通鑑二百九十四卷 宋刊本 一百二十册 盧抱經、汪閬源、郁泰峯舊藏 （07372）

每卷首行題「資治通鑑卷第幾」。第二、三行低一格，題「温公銜名奉勑編集」，其官位各卷不同。第四行低三格，題「某朝紀」，小字注曰：「起某某，盡某某，凡幾年」，干支用太歲名。第五行低四格，題「某帝」。闌外有耳，亦題「某帝」。半葉十二行，行二十一字，板心上記字數，下記刻工姓名，有王德先、仇明、趙方叔、漢興、仲明、童新、張龙、汪思恭、劉世昌、翁秀、汪宗茂、蕭昱、袁益、黄天□、劉悦、黄敬叔、漢臣、袁盛、胡文夫、黄梓、仲云、胡觀仁、金中、定翁、震卿、彭震甫、景從、江中、胡定夫、見可、趙琦、幼敏、王友、周辰、真卿、趙玨、劉景雲、以仁諸人。其單記某姓某名者，除已見上文外，有公、元、革、辛、同、杜、古、應、萃、和、存、惠、鄒、華、士、宜、子、登、清、李、今、奇、才、日、玉、之、有、榮、七等字。卷首載英宗御製序。先是《四部叢刊》印行時，校閲者僅見宋諱闕筆至「構」字止，故定爲紹興重刊本。長洲章君式之取校胡刻，謂與江安雙鑑樓傅氏百衲本第六種板匡字體相似，其本原有脱文訛字，此均訂補。且指出宋諱「惇」字亦已闕筆，定爲建刻之重校本。其説良信。今兹覆閲，見有宋諱所闕之筆，每加嵌補，俾復原形，痕跡甚顯者，是且可定爲元時重修印本矣。缺卷一百三十九、卷一百四十、卷二百十四之十六、卷二百六十五之六十七，均鈔配。

藏印　盧文弨印　武陵季子　張喬之印　懷濟　泰峯見過　嶽雪樓主人　□□昭鋆私印　克菴　䷋清氣　乾坤清趣　銀光世家

## 081—1　資治通鑑考異三十卷　宋刊本　十册　晉府、項篤壽舊藏　(07373)

此宋建陽刊本。首行題「資治通鑑考異卷第幾」。第二、三行低一格，題「温公銜名奉勅編集」。第四行低三格，題「某紀」。半葉十一行，行二十字，小注雙行，行二十三字。版心題「通鑑考異」，或「通鑑考」，或「考異」，或「鑑考異」，或「鑑考」，或「鑑異」，亦有僅題一「通」字、「考」字、「異」字者。上下雙魚尾，上記字數。卷二十六至二十九，中有數葉。記「張起立督刊」，或記「劉」、「肖」、「蕭」、「錢」、「袁」、「王」等字。宋諱「玄」、「朗」、「敬」、「鏡」、「弘」、「殷」、「匡」、「胤」、「炅」、「恒」、「絙」、「禎」、「貞」、「徵」、「讓」、「樹」、「頊」、「勗」、「桓」、「峘」、「洹」、「覯」、「慎」、「敦」、「暾」、「郭」等字闕筆。卷四末葉，有「通仕郎試太學正臣周固校正」。卷十有「承事郎太學博士臣李敦義校」各一行。

藏印　長興縣提調學校官蕭恂洪武八年十月置于儒學　敬德堂圖書印　子子孫孫永寶用　項印篤壽　項氏少谿主人子信篤壽家藏　萬卷堂　桂堂王氏季積圖籍　闕氏間雲家藏

## 081－2　又一部　宋刊本　存二十六卷　十二册　文徵仲、季滄葦、徐健菴舊藏　（07374）

每卷前四行款式與前本同。半葉十行，行二十二字，大小同。版心題「考異幾」，前後一律。四周雙闌，上下雙魚尾，上記字數，下記刻工姓名，有王昱、楊萼、張鋒、馬用、張珍、李忠、李仁、陳珪、賈政、郄希鑑、席忠、劉澄、冀乂、司英、魏乂、梁璧、張德、楊順、梁用、張燕【蓺】、趙榮、劉三、周甫、徐安仁、時清、王簡、邵閏、劉仲義、錢仁安、楊復、龐壽、李圭、賈唐、景寶、元乂、魏乂、楊榮、陳居敬、曹澤、劉仲仁、周慶祖、董濟、李犇、楊良臣等。宋諱皆不避。字體勁秀，純係誠懸筆法。紙質堅緻，洵爲宋刻宋印。《延令宋板書目》有是書十本，與《資治通鑑》一百本、《目録》十六本併爲廿二套，證以藏印，當即此本。惜卷三、四，卷十七、八已佚。

藏印　禮部官書　江左　玉蘭堂　辛夷館印　梅谿精舍　季印振宜　滄葦　御史之章　崑山徐氏家藏　乾學之印　健菴

## 082　資治通鑑目録　宋刊本　存二十七卷　二十册　（07375）

每卷首行題「資治通鑑目録卷第幾」，第二、三行題「温公銜名奉勑編集」。前序九行，行十七、八字不等。宋諱「玄」、「鉉」、「惤」、「朗」、「敬」、「儆」、「警」、「驚」、「竟」、「境」、「鏡」、「弘」、「泓」、「殷」、「溵」、「慇」、「匡」、「恇」、「胤」、「酳」、「炅」、「熲」、「頲」、「珽」、「恒」、「絙」、「禎」、「貞」、「楨」、「瑱」、「徵」、「懲」、「讓」、「穰」、「驤」、「煦」、「署」、「曙」、「竪」、「豎」、「樹」、「頊」、「勗」、「佶」、「桓」、「峘」、「完」、「構」、「搆」、「媾」、「遘」、「縠」等字闕筆。不及「慎」字，當是南宋初年刊本。書法峻整，猶有北宋遺意。版心記刻工姓名多被蝕損，其可辨者爲朱集、張謹、牛道、張昇、弓擇、史彦、朱賨、牛實、吴珪、宋道、黄暉、江政、方誠、江通、張永、宋俅、高起、董明、陳然、徐青、張清、費擇、葉成、黄覺、劉乙、葉明、張由、俞元、佘青、章珍、徐政、龔擇、徐彦、王永、俞忠等。每葉紙背均有「君猷」二字篆文朱印，當係造紙者之名號。紙質匀潔堅緻，洵稱佳品，末三卷佚。

藏印　御府圖書　宜樓　牧翁　殼菴藏書　李絜之印　項氏子昌　毛氏九疇珍玩　古吴畫史　迂齋　子〻孫〻其永保之

## 083　資治通鑑釋文三十卷　宋刊本　十二册　黄蕘圃舊藏　（07376。著録作「元刻本」）

題「右宣義郎監成都府糧料院史炤撰」。前有紹興三十年縉雲馮時行序。序稱：「見可著是書，字有疑難，求於本史。本史無據，則雜取六經、諸子、釋音、《説文》、《爾雅》及古今小學家訓詁、辯釋、地理、姓纂、單聞、小説，精力疲（疑有脱字），積十年而書成。」又謂：「見可精索而粗用，深探而約見，不與文人才士競能於異世，而爲後學垂益於無窮。」云云。《直齋書録解題》以爲史氏之作，附益公休之書。陸存齋謂：「史書實最先出，公休之名，爲人僞託。」辨之甚詳，可正《直齋》之誤。胡三省《釋文辨誤》又以史炤所作譌謬相傳，遺誤後學。而錢竹汀亦謂：「景參以地理名家，而疏於小學，二書不可偏廢。」是書聲價，得二氏之辨證而益彰。《四庫提要》譏其「淺陋特甚，未足信也。」半葉十二行，行大字二十二，小字三十。板心上記大小字數。魚尾下題「釋文幾」。全部宋刊宋印。惟卷末一葉，不類原刊，不知何時補刻。顧千里《百宋一廛賦》所謂「見可《釋鑑》，音訓是優；被抑身之，耽與闡幽；行明字繡，終卷無修」即指此也。

藏印　黄印丕烈　黄丕烈　蕘夫　復翁　平江黄氏圖書　百宋一廛　士禮居藏　勤有堂讀書記　襟江帶海黄如山之印　冰清玉潔

## 084　入注附音司馬温公資治通鑑一百卷

宋刊本　二十四册　朱竹君、温葆淳舊藏　(07377、07378)

前後無序跋。半葉十四行，行二十二、三、四字，小注雙行，行二十五、六字。每卷首行書名；次行「某紀」，低二格；又次「某帝」，低三格；又次「某帝小史」，低四格。音注雙行，所采諸儒議論，有程伊川、吕東萊、張無垢、張南軒、陳止齋、胡致堂、林拙齋、戴少望、三蘇氏、李氏、吴氏、唐氏、陳氏、梁氏、秦氏，惟温公之言則提行大書，附正文後，低一格。《考異》或《見注》中，或列卷末。闌上標題。左右雙闌，闌外有耳記「某帝」。版心上列字數，雙魚尾。書名署「通鑑」二字，或僅署一「通」字、「鑑」字。宋諱「玄」、「朗」、「殷」、「匡」、「貞」、「楨」、「徵」、「懲」、「恒」、「朂」、「桓」、「完」、「慎」、「購」、「敦」字，間有闕筆。友人傅沅叔謂：「此非陸狀元《通鑑》，亦非《詳節》。」卷五十一第一葉，係以《詳節》本補配。其卷六十二、卷八十九，確爲同一版刻。一首一尾，書名均有「詳節」二字。又卷三、卷十二、卷七十四末葉，書名「通鑑」下均空二格，此剜去者當爲「詳節」二字，且卷三末葉，尚隱隱有「節」字末筆餘痕。按《資治通鑑》，宋時以「詳節」名者，有陸狀元《集百家注資治通鑑詳節》一百二十卷，見《愛日精廬藏書志》，與此卷數不同。又有吕祖謙《資治通鑑詳節》一百卷、吴文《資治通鑑詳節》一百卷，均見《傳是樓書目》。是本小注，引吕氏語與他氏並列，又吴氏書名字數相差至八字，均非一書。《經籍訪古志》有《入注附音資治通鑑外紀》一百卷，其卷末亦題「入注附音司馬温公資治通鑑詳節」。是本不涉《外紀》，似屬有别。然書名既合，卷數亦同。意者涑水遺著，當日風行一時，坊肆展轉傳鈔，或略改標題，或稍有增減迎合時勢，爲射利之計，故至層見疊出乎。至何以原有「詳節」二字，剜去或盡或不盡，此則求其故而不得者已。卷十五至二十三、卷四十九、卷五十、卷六十三至六十六、卷八十至八十三，凡十九卷，以他宋本配。半葉十五行，行二十五字。書名、卷數皆剜改。鐵琴銅劍樓藏有吕大著《點校標抹增節備注資治通鑑》，以上文所舉數卷對勘，一一相同。是書除瞿氏藏本外，僅見《千頃堂書目》，亦世間罕見之祕笈也。卷七十五有朱竹君藏印，他均不見，或此卷亦以殘本補配歟。此書先入傅氏，後歸涵芬樓。

傅沅叔跋　此書既非《詳節》，亦非陸狀元《通鑑》。全書一百卷，各家著録，皆不之及。後附《考異》。或大字或雙行小字不等。音釋皆不注爲何人，史事則注明出某書。注中間采史論，若吕、葉、胡、林之類。然以胡氏爲多，大要取自《讀史管見》也。《鑑注》在胡三省前，除龍爪本外不多見，雖爲删節之本，要自可珍。惜序跋全失，無所考證耳。配本細審標題，皆割補填寫，足成卷數。椒微師謂：「是吕大著《點校標抹增節備註資治通鑑》。」考其行款，信然。吕本除瞿目外，亦罕見。杭州吴氏藏書辛亥後久懸萬元出售之説，余見其目屢矣，菊生亦曾往觀。最後書友李寶泉爲介於上海王培生，以七千元得之。此書爲吴目中上乘，舍此更無宋板，不知何以漏出。甲寅夏，余至上海，杭估鄭長發持此來，以重值收得。卷中藏印，只有「温葆淳印」，蓋沈霾於世久矣。丁巳九月二十六日，傅增湘識於太平湖醇王故邸。

藏印　大興朱氏竹君藏書之印　温印　温葆淳　葆淳讀　彦　聞中督學使者　荀　筆花　四時

## 085 編年通載　宋刊本　存四卷　四册　明文淵閣、南昌袁氏、黄蕘圃、汪閬源、吴平齋舊藏　（07379）

題「起居舍人直集賢院同知審官西院事兼判史館臣章衡上進」。是書見於著録者，黄蕘圃於卷末記叙綦詳。晁公武《郡齋讀書志》、陳直齋《書録解題》、焦竑《國史經籍志》、《述古堂藏書目》，均十五卷；《文淵閣書目》、《内閣書目》、《絳雲樓書目》則祇記册數，無卷數。惟《内閣藏書目録》稱凡十卷，其第五卷以下皆闕。按是本卷首章楶序謂：「族姪以文辭舉進士。自布衣時，會蕞經傳諸家之所載，研磨編綴，積二十餘年而後書成，列爲十卷。」衡自撰《進書表》亦稱《編年通載》十册，隨表上進，必係以卷分册。晁、陳諸家所記十五卷者，殆傳訛也。是書於元祐三年刊印，卷中宋諱避至「桓」、「構」二字，當是南宋初年重刊之本。版心題「通載卷幾」，或去「卷」字，下記刻工姓名，有陳彦、陳明仲、顧淵、余集、毛亮、吴亮、顧忠、阮于、陳迎、章楷、樓謹、毛諒、林俊諸人。阮文達影寫進呈，《提要》稱爲「歷代興亡分合，開卷瞭如，有裨史學」云。

黄蕘圃跋　章衡《編年通載》世間向無傳本，偶於友人處見一書估，爲余言是書，友人亦爲余言是書之善。蓋書估先以此書質諸余友，而爲之評論其價值也。既而書友引至某坊，往取樣本示余，詭云有他人已先取觀，未敢與君議交易。問其緣由，本某坊物而爲伊所涉手者。余亦不辨其爲誰之物，第問其價，則同然一辭，必得白金五十兩而後可。余雖愛其書，然彼既以他人先取爲辭，未便持此樣本歸。越日探知書賈已還某坊，遂從某坊得之。竟予以四十金，以四金勞書估，爲其先爲余言也。及交易後，某坊始爲余言，初不識此書之貴，四十金之數，即君友人所定云。因誌其顛末如此。復翁。

又跋　余既得章衡《編年通載》四卷殘本宋刻，爲之誌其顛末，并歷考自宋以來之書目，爲之引證矣。欣喜之情，有不能已於言者，復爲之跋於尾曰：「余性喜讀未見書，故以之名其齋。自後所見，往往得未曾有。始信天之於人必有以報之也。古人云「思之思之，鬼神通之。」余之於書，殆造斯境與。即如此書，雖歷載於宋人諸家目録及明朝收藏諸家，然世間絶無其書。今得見宋刻殘本，足徵古書授受源流，爲之拍案叫絶。一卷數之可信，向傳十五卷，聞《通志略》云十卷，此序云列爲十卷，其可信者一。一收藏之可信，《文淵閣書目》載有二部，一十册，一五册，此第三卷有文淵閣印，其可信者二。一殘闕之可信，十册、五册，文淵閣、菉竹堂所載如是；二册，内閣、絳雲樓、述古堂所載又如是。其裝四册者，或十册、五册之有所失，二册之有所分，其第五卷以下皆闕，與内閣藏書目録合，其可信者三。至於圖記之冠以南昌，標題之訖於西晋，皆向來藏弆之淵源，足以傳信者也。

又跋　後跋書一葉，適紙盡，因輟筆。至九月廿有七日，尋獲故紙，補書後一葉。歲病手，腕力軟弱，强爲之，筆跡與前稍殊也。復翁又識。

又跋　己巳正月，見甲申歲刊於白鷺洲書院本《前漢書》，其卷首有云「今本注末入《諸儒辨論》具列如左」，卻載章衡《編年通載》。是在宋時其書固盛行也。因并記之。復翁。

卷末景寫「白鷺洲書院本前漢書宋景文所用参校諸本四葉中有是書」，蓋蕘圃爲之，以證其言也。

藏印　文淵閣印　南昌袁氏　忠孝世家　讀書林　書林相隱　黄印丕烈　復翁　士禮居藏　汪印士鐘　平陽汪氏藏書印　三十五峯園主人　三十五峯園主人所藏

平江汪憲奎秋浦印記　憲奎秋浦　吴雲平齋　吴雲字少青號平齋晚號復樓　吴平齋讀書記　吴平齋祕篋印　兩罍軒藏書印

卷端又有袁氏木印一方其文如下顔氏家訓曰借人典籍皆須愛護先有闕壞就爲補治此亦士大夫百行之一也或有狼藉几案分散部袟童幼婢妾所點汚風雨蟲鼠所毁傷實爲累德　南昌袁氏誌

光緒五年乙卯冬十月十三日，新建勒方錡、吴縣潘遵祁、中江李鴻裔、元和顧文彬、長洲彭慰高、吴縣潘曾瑋、歸安沈秉成，集吴氏聽楓山館，同觀志喜。下鈐文彬　西圃　成　曾瑋之章　慰高私印　李觀鴻裔　臣勒方錡　悟九　諸印

## 086 資治通鑑綱目　宋刊本　存二十七卷　二十八册　王原吉、張謙齋、張泰岳、揆叙舊藏

（07380。著録作「宋刻元修本」，「三十册」，「存二十九卷」）

陳振孫《書録解題》：「是書大書爲綱，分注爲目。」是本行款正合。半葉八行，行十七字，大小同。左右雙闌，版心雙魚尾，上記大小字數，下記刻工姓名。所存各卷内，有王中、李涣、潘亮、潘太、李文、李合、李洽、李千、李迁、曾立、蔡義、蔡乂、王友、丁方、黄光、楊恭、高宣、周明、李養、明乂、虞全、吴中、虞文、蔡申、虞丙、范寅、葉永、余才、陳智、劉興、蘇定、江文、朱文、陳新、李元諸人。惟卷第九每葉均加千字文爲號，其刻工爲松年、馬祖、毛

祖、王渙、吴春、曹鼎、顧達、蔡邠、詹世榮、徐珙、童遇、金祖、金嵩、金榮、吕信、徐信、楊潤、楊榮、蔣榮、陳壽、王進、陳伸、石昌、毛端、顧永、王汝霖、宋琚、徐義露、李仲、龐知柔、龐汝升、方中、錢宗、朱玩、陳良、張升、宋通、劉昭、王壽、求裕、吴祐、王恭、章忠、王定、陳浩、陳潤、沈忠、孫日新、何澤等。在此一卷中，刻工多至四十九人，且與前後各卷均不相通，未知何因。宋諱「玄」、「朗」、「敬」、「驚」、「殷」、「匡」、「胤」、「恒」、「貞」、「楨」、「偵」、「徵」、「讓」、「樹」、「署」、「豎」、「頊」、「戌」、「桓」、「完」、「構」、「購」、「瑗」、「慎」、「敦」等字闕筆。卷末有陳孔碩跋。是本爲真德秀守温陵時刊于郡齋，竣工於嘉定己卯歲，然却未避甯宗廟諱及其嫌名。卷首朱子《序例》「表歲以首年」句自注：「逐年之上，行外書某甲子，遇『甲』字、『子』字，則朱書以别之。」本書刊刻悉循其例，作朱書者以黑地白字爲代。又紙背有鈐金粟山藏經箋朱印者。按董穀《續澉水志》，大悲閣貯《大藏經》萬餘卷，其紙幅幅有小紅印，曰「金粟山藏經箋」，間有元豐年號。又無名氏《金粟寺志》：「藏經繭紙硬黄，每幅有小紅印『金粟山藏經箋』，計六百函，宋熙甯十年丁巳寫造。」據此，則是本實爲此書初刻，且所用既爲宋紙，必屬宋印。間有補版，亦仍爲宋刻也。謙齋自跋謂：「亡去一册，手自寫補。」此第三卷却係鈔配，然筆跡稍有不符，或非同時所作。每葉書耳均墨書，漢「桓」作「桓」。當亦出宋人手筆。卷中以朱、墨、藍、黄四筆評點，並加音釋評注。張江陵稱爲手眼迴别，洵非虚語。惟江陵自謂抉其要領，識以朱墨，則殊不多見耳。原書有墨筆校勘，與評注同出一手。所據之本，有提要，有吉本，有泉本。按《宋史藝文志》，朱子《通鑑綱目》五十九卷，又《提要》五十九卷。陳氏《書録解題》亦謂此書嘗刻於温陵，别其綱，謂之《提要》。是當時曾取其綱而去其目，别爲刊刻，故陳孔碩跋首有「右《資治通鑑綱目》各五十九卷」之語。意校勘者猶及見分本提要，故取與吉本、泉本並校，特不知所據爲温陵並刻之本，抑單行之别本耳。今《提要》已不復存，即此《綱目》，其卷首、卷十二、卷十三、卷十七、卷二十九、卷三十、卷三十六之五十九，亦俱散逸，至堪惋惜。先後爲席帽山人、江陵相國所藏。詩名相業，與手澤而俱存，彌可珍已。

張謙齋跋　吾家所藏諸書中，有《資治通鑑綱目》一部，總三十册。歷世相傳，至吾祖授之先人。先人愛護，踰於至寶，每家居未嘗釋手。間爲蟲鼠所傷，輒補葺之。一日總閲諸書，而《通鑑綱目》内亡一册，喟然謂穀曰：「是書殘缺，汝之責也。吾昏眊弗能了此，汝宜録完之。因誦司馬文正公之言曰：『積書以貽子孫，子孫未必能讀。』汝當以斯言爲深戒。」穀謹佩勿敢忘。未幾，先人捐世，每閲卷思遺訓，心用愴然。今年居先母憂，讀禮之暇，録之苫次，再浹旬而竟。於乎先正之言，先人之訓。穀固知所感而銘諸心。第以年及四十，尚未繼嗣，不知自吾而後，是書所授，將屬之誰？與夫殘缺而録之葺之，又責之誰？

至於讀與不讀，且未暇計，不亦重有感焉。帙成，因援筆書此，庶幾以洗先正之詆，以承先人之志，以塞在我之責，且以俟夫後之來者云。成化八年九月既望，謙齋張穀謹誌。下鈐「濟民」朱文、「祖孫乙未進士」白文、「鳳凰池上客龍虎榜中人」朱文三方印。

按穀，字濟民。上海縣人。其祖名衡，永樂十三年乙未科進士。穀於成化十一年成進士，亦爲乙未科。授内閣中書，旋擢湖廣參議，提督泰岳泰和山，未幾卒官。穀子抑，嘉靖初年歲貢生，三任教職。

秦嘉楫跋《綱目》一册，乃謙齋張先生之所手書。先生懼其殘缺而不足以傳，特書補之。噫，可以見良工之苦心矣。又懼其子若孫者，不能嗣守，以隤家聲，復勤勤致意焉。今曾孫伯清君，績學能文章，雖鄴架萬卷，亦將誦讀之無遺，豈止一《綱目》乎。所以慰謙齋九原之心者，其在斯與，其在斯與。後學秦嘉楫書。下鈐「秦印嘉楫」、「休休居士」二朱文方印。

按嘉楫，字少説，號鳳樓。上海縣人。嘉靖三十八年己未科進士，出爲浙江僉事，終南京工部主事。著有《鳳樓集》。

陳所藴跋《綱目》一册，乃謙齋張先生手所録以補其遺者也。在昔張文瑔購求奇書，輒自繕寫，手指常皸瘃不休，古今傳爲美談。若先生者，豈其苗裔耶。乃伯清君復輯而新之，可謂不忘手澤矣。伯清君好學攻文，與余善。萬曆丁丑冬日，潁川陳所藴題。下鈐「陳氏子有」、「懸榻齋」二白文方印。

按所藴，字子有。上海縣人。萬曆十七年己丑科進士。官南京刑部吏部主事，出爲江岳參議，提督河南學政，終南京太僕寺少卿。著有《竹素堂集》。

莫雲卿跋　余讀《金石録後序》，知昔人藏書之難也。趙氏蓄古圖書不下數千餘卷，所遺亡，悉手自繕寫以傳。後經兵燹亂離，遂不能復完古物矣。噫，可恨也！伯清氏手是編示余，青氈依然。世澤孫謀，於是乎見。其與世之以富貴誇人者，霄壤遠疑有脱字。雖然，河東三篋，使有張安世，何事勤勞鉛槧若爾。聊當伯清一笑。莫雲卿下鈐「廷韓氏」、「東吴莫生」二白文方印。

按雲卿，名是龍，以字行。更字廷韓，號秋水。華亭縣人。工古文詞，書畫亦陵轢古今。喜蓄書。常熟楊五川藏書，盡爲雲卿所有。

陸應揚跋　余游伯清君有年，習知其世德之盛，然家故貧，大不類簪纓後也。其先所遺，僅圖書若干，而運丁中落，復多散去，百亡二、三矣。獨《綱目》一書，爲少參先生手葺，精神嚮往尤深，伯清君不忍屬之他姓也，乃捐金購歸，再命工成帙，宛然當時物矣。余嘉若祖若曾孫之所重，不在彼而在此，良可風世也。漫一記之。萬曆戊寅夏日，後學陸應揚。下鈐「陸印應揚」、「伯生」二白文方印。

按應揚，字伯生。青浦人。爲縣學生，被斥，絶意仕進，顧名籍甚，詩宗大曆。好游，著游稿二十三種。又有《樵史》、《太平山房詩選》行世。

張所敬跋　今世子弟，大都視其先刀錢廩庾之盈縮以爲喜戚。至其祖若父之縑緗竹素手澤存焉者，壹聽其蠹侵鼠囓，甚也以充覆瓿羃牖用矣。吾邑少參張謙齋先生，嘗手録《綱目》一帙，以補其先世之遺，蓋一再傳而紙墨漸殘闕，且化爲烏有先生矣。曾孫文學高等伯清氏，復蒐輯裝綴，完好如故。祖孫一德，先後相映，可尚也已。詎可概謂書淫傳癖，目之爲吳癡哉。謹題其端，以示世之爲人子弟者。里中後學張所敬識。下鈐「張印所敬」、「張氏長輿」二白文方印。

按所敬，字長輿。上海諸生。有文譽，人稱黄鶴先生，與陳所藴齊名。

朱家法跋　古人無刻書，皆手自繕寫以讀，絶編亡論已，即張中丞巡掩卷誦《漢書》，猶能不錯一字，及問架上諸書，皆應口無疑。今世刻書，在在充汗矣。然而讀者愈益厭倦，間亦有不恡兼金購之，率靡其裝縵，爲觀几席間，目不一瞚，或貯之笥中，終歲不啓鑰，安在其有書也。以余觀於謙齋張先生手書《綱目》，詎不足起惰乎哉。夫《綱目》一書，頒播寓内，非金匱蘭臺祕藏，豈無善本可備觀覽，即殘缺又豈無復可搜補，何至繕寫精工若此也。是可見先生苦心矣。先生曾孫伯清氏，博雅好修，家故落，不愛泉幣，乃獨輯是書而藏之，庶幾不愧先生後者。邑里後學朱家法識。下鈐「朱印家法」、「朱季則」二白文方印。

按家法，字季則，上海縣人，萬曆二十年壬辰科進士，官信陽州牧，終工部員外郎。

沈明臣跋　張伯清茂才，嘗從余游，出其曾王父手鈔《綱目》一卷示余，相與嘆前輩讀書，至勤謹不可及。嗟嗟。今之缺書，大都弆爲長物，乃公至手爲補亡。按其自序，謂奉乃翁命手補架上之缺，且在苫塊中。所謂讀禮之暇，淚與筆俱下者。蓋是時公尚未第，且尚未子。末尾云云，讀之令人動容。厥後公登進士，官至少參，有子衢州公，有曾孫伯清。伯清復有子，皆世家學，可謂不負迺公鈔書意矣。是書當爲張氏河圖天球赤刀慎矣。萬曆庚辰又四月廿有一日，四明沈明臣。下鈐「沈印明臣」白文、「嘉則」朱白文二方印。

按明臣，字嘉則。鄞縣諸生。與茅坤、徐渭同爲胡宗憲幕客。著有《豐對樓集》。

張懋寅跋　吾家世世讀書，以故所藏書籍靡不具備。踰歷既久，經涉亦多。傳自安撫公而下，或以兵燹，或以遷謫，或以傳借，或以不慎收藏，至吾大父，零落盡矣。其倖存者，《綱目》一書耳。一日大父謂寅曰：「《綱目》一書，先世愛踰至寶。內亡一册，先人手自鈔補，用心一至此哉。今得完帙，幸矣幸矣。它日脱有零落，汝之責與。」噫，言猶在耳，承受爲難。後有一族屬，竟致而取之。寅使置之不問，大父之托謂何？而先世之愛護，付之東流矣。其忍哉，不靳所費購之，卒亦不致忘疑「亡」字之誤去。命工補葺，數月迺竟，而篇章爛然在目矣。去珠復還，完璧如故，可悲也，亦可喜也。噫，手澤在焉，父書可讀，世守久矣。孫謀宜何如慎也。郡有一先達，遺書戒其子曰：「積金既不可，積書亦不可，卒亦如之何哉？是在思之而已。」誠有味乎其言之也。後之子若孫者，欲承先世以不隤家聲，夫亦思之而已。萬曆五年九月九日，曾孫懋寅百拜謹誌。下鈐「懋寅」朱文、「伯清父」白文二方印。

按懋寅，爲萬曆初歲貢，官東昌府教授。

張居正跋　主上冲聖，睿知日開，正濫竽政地，圖與講筵諸公朂勸啓沃，僉以紫陽《綱目》，祖涑水之成書，千三百六十二年之治忽，綱舉目張，講對之次，剴切敷陳，最爲深要，顧乏善本，纂壓乙覽。適吏部陳君西塾吾家伯清茂才，攜有宋鐫舊本，假之以來，見丹黄錯互，點注粲然。諦觀之下，覺手眼迥別，益歎良史有才，三長靡短，而伯清世守勿失之爲兢兢也。休沐稍閒，下帷展對，謬攄管見，抉其要領，識以朱墨，印證羣公，總期裨補講幄，克臻上理，于以培聖主乾惕之功，盡臣子納誨之義。正不敏，實有厚望焉。張居正拜手識於直廬。

藏印　王印原吉　杏花春雨江南　席帽山人王逢　松下生圖書印　謙齋　玉堂清暇　居正之章　江陵張氏泰岳藏書印　謙牧堂藏書記　謙牧堂書畫記　復然道人

## 087 續宋中興編年資治通鑑 元刊本 存七卷 四册 （07381）

題「通直郎户部架閣國史實録院檢討兼編修官劉時舉撰」。始高宗建炎元年，迄甯宗嘉定十七年。每節提要載於書眉，間附論斷，下正文一字，蓋即記中所謂「增入之諸儒集議」也。半葉十三行，行二十二字。版心上記字數。書名題「宋鑑后幾」。各卷前後，均有「后」字或「后集」二字，蓋與李燾《續宋編年資治通鑑》同時刊行。李本爲前集，而是爲後集也。僅存高宗一朝，凡七卷。餘孝宗、光宗、甯宗三朝，均佚。

目録後木記一 陳氏餘慶堂刊

木記二

是編繫年有考據載事有本末
增入諸儒集議三復校正一新
刊行宋朝中興自高宗至於寧
宗四朝政治之得失國勢之安
危一開卷間瞭然在目矣幸鑒

## 088 宋史全文續資治通鑑 明天順刊本 存十二卷 十册 （07382）

存卷十二、卷十六至十九、卷二十七至三十一、卷三十四、五。所采諸家議論低一格，惟行稍密。上方標題，闌外有耳，版心黑口，雙魚尾。下偶記刻工姓名。所存各卷中，每卷首尾所題書名，或作「宋史全文宋朝中興資治通鑑」，或作「增入講義續資治通鑑」，或作「增入名儒講義續宋朝通鑑」，或作「增入名儒講義續資治通鑑長編」，或作「增入名儒講義續宋資治通鑑下編」，或作「續通鑑長編」，或僅作「續通鑑長編」，然未有如《四庫總目》之僅稱「宋史全文」四字者。張金吾《藏書志》謂此四字爲重刊時所改。卷首題「豐城游大昇校正」。【各卷題「豐城游明大昇校正」者計一至九卷，其餘九至三十六卷均不題。】諸家書目均認爲元刊本。陸存齋據《江西通志》，考得游氏爲明正統進士，天順間官福建提學時刊行是書。

藏印　學本　柱下

## 089　通鑑續編二十四卷　元刊明補本　二十四册　(07383)

四明陳桱子經撰。卷首至正二十一年周伯琦序，十八年陳基序，廿二年張紳序，十年桱自序，姜漸序，次目録，次書例十三條。卷一紀盤古至高辛事，爲《通鑑世編》；卷二紀唐天復及遼夏初事，爲《通鑑外編》；其下紀宋有國至歸于元，爲《通鑑新編》，凡二十二卷，綜之爲二十四卷。半葉九行，行二十至二十二字不等，小注同。版心黑口，下記刻工姓名。諸序均標至正年號。卷末語涉元事，均稱大元。各空格或提行，間有記校人銜名者，有訓導錢紳、錢如塤、陳道曾三人。教諭訓導，非元官職，其字體亦微有區别，均明代補版也。

## 090　通鑑紀事本末　宋刊本　存二十二卷　二十二册　(07384)

袁氏書成，淳熙元年初刻於嚴州，世稱爲小字本。逮寶祐五年，趙與篤出私錢重刊於湖州，易爲大字，即此本也。其版至明尚存南監。印本流傳，世所習見。惟此爲初印本，神采焕發，較難得耳。目録、卷一、卷六、七、卷十一、卷十三、卷十六之二十、卷二十二、卷二十九、卷三十五之四十二，均佚。

卷二一後楷書木記

先人遺囑凡書決不可借人及
私取回家以致散失違者以不
孝論　此我
高祖雲山府君書樓遺囑也
大父六松府君表而出之子
孫當世守勿失也
孫男見榮熏沐百拜識

按《蘭谿縣志》，明黄樓，號雲山，富收藏，構書樓於宅旁望雲山。

藏印　雲山書籍

## 091 袁氏通鑑紀事本末撮要八卷 宋刊本 二册 周九松、黃蕘圃、汪閬源、郁泰峯舊藏 (07385)

前後無序跋。卷首目録，書名次行題「建安袁樞機仲編」、「建安蔡文子行之撮」。半葉十四行，行二十三字。袁書凡二百三十八題，此僅摘存八十五，又附見者四，所遺甚多。即摘存中所撮者，恐亦未能盡其要。全書多加圈點，殆當日坊肆所爲，以充薄學淺嘗之用者。顧千里《百宋一廛賦》「蔡撮《鑑》而甫知文子」，即指是書。【宋諱「玄」、「朗」、「匡」、「恒」、「貞」、「徵」、「桓」。】

藏印　宋本　毗陵周氏九松迂叟藏書記　周印良金　周誥私印　詩雅之印　周氏藏書之印　蕘圃過眼　汪印士鐘　長洲汪士鐘閬源父印　平陽汪氏藏書印　民部尚書郎
泰峯審定　臣印文琛　修敬堂印　田耕堂藏　花間彈局一枰香　一瓢邀月醉梅花　風清琴正調

## 092-1 三朝北盟會編二百五十九卷 明鈔本 存二百三十卷 四十六册 何子宣、季滄葦、張子謙、張金吾、汪閬源舊藏 (07386)

題「朝散大夫充荆湖北路安撫司參議官賜緋魚袋臣徐夢莘編集」。卷首紹熙五年作者自序，次引用書名凡二百餘種。全書分上、中、下三帙。起政和七年登州航海通好之初，終紹興三十二年金主犯淮敗盟之日。以政、宣爲上帙，二十五卷；靖康爲中帙，七十五卷；建炎、紹興爲下帙，一百五十卷。凡當時詔勅制誥、書疏奏議、記傳、行實、碑誌、文集、雜著，事涉北盟者，悉取詮次，登載靡遺。卷中語涉宋室，或提行，或空格。宋諱「玄」、「懸」、「弘」、「殷」、「恒」、「貞」、「徵」、「讓」、「署」、「樹」、「豎」、「竪」、「郅」、「桓」、「完」、「丸」、「構」、「搆」、「遘」、「句」、「鉤」、「慎」、「敦」、「惇」等字均避，或注「廟諱」，或注「某宗廟諱」，或注「某宗廟諱同音」，亦有改書他字，如「玄」作「元」，「匡」作「康」，「胤」作「嗣」，「徵」作「證」，「桓」作「原」、「元」者。惟「擴」、「彍」、「廓」、「崞」等字，避稱「御名」，然「構」、「慎」、「敦」字，有時亦稱「御名」，蓋編纂在紹興以還，而刊行於慶元之際，先朝諱字，追改不盡，故「廟諱」與「御名」雜出也。常熟邵恩多嘗爲瞿氏校勘是書，謂：「世無刊本，惟季滄葦家藏鈔本，每葉有何子宣騎縫圖記者，最爲近古。向藏蘇氏，今爲張君子謙所有，借以參校，凡訛謬脱略，悉爲訂正，可稱完善。」又謂：「季本以五卷爲一册。每册卷首俱有題銜，係徐商老原書之舊。後人芟削，僅存首卷一條，全改舊觀。」云云。是本每間一葉，均有騎縫印章，上爲「躋德樓校藏」五字，下爲「何子宣躋德樓封識」八字。卷首有季、張二氏藏印，又《延令書目》宋元雜板書史部，有鈔本《北盟會編》二百五十卷，當即是書。惜卷一百十一至二十卷、一百三十六至四十五已佚。

張子謙，名承煥。昭文縣人。後改名豐玉，字少庚。官江西浮梁縣縣丞，著有《瓶花齋詩詞鈔》。嘉道時人，瞿君鳳起云。

藏印　蹟德樓藏　何子宣蹟德樓封識　季印振宜　滄葦　御史之章　季振宜藏書　張承煥印　子謙　張印月霄　愛日精廬藏書　祕册　汪士鐘字春霆號朗園書畫印

## 092－2　又一部

鈔本　四十册　鮑以文校，八千卷樓丁氏舊藏　（07387）

卷首作者自序，次分卷總目，但無引用書目。卷中提行、空格、避諱，悉如前本，惟闕葉、錯簡、衍文、奪字，層見疊出。鮑以文據吴甌亭本及汪本，用朱、黄、緑三色筆校正芟補，有時多至數千百字。取對前本，多屬相合。是知吴、汪二本，亦從季氏藏本出，然亦有不盡同者，或參考他本也。以文所校極精審，並以宋、遼、金三史，李燾《長編》，葉隆禮《契丹國志》，宇文懋昭《大金國志》，邵伯温《聞見録》，《鐵圍山叢談》，《曲洧舊聞》，《新安文獻志》，《弔伐録》，《傳忠肅集》，《楊龜山集》，《梁溪集》等，參互考訂。凡有疑義及前後複出者，均一一指出。惜僅至五十三卷爲止。起乾隆辛卯三月十二日，至翌年五月十五日止。每卷卷末，均記月日、風雨、陰晴並當時情事。以下爲他人接校，正訛補闕，一依前例，然不及鮑氏精審矣。卷首徐氏自序及卷四十八、四十九均後人鈔補。

藏印 八千卷樓丁氏藏書印 善本書室

## 093 虞淵沈不分卷

「明初鈔本」 吴梅村手稿 一册 錢遵王、季滄葦、黄蕘圃舊藏 （07388。著録作

此吴梅村所撰《綏寇紀略》之第十二篇。全篇除卷末《水西》一節外，字作大行楷，筆意蒼老。「常」字、「由」字闕末筆，「太常」二字兩見，均作「太嘗」。書衣原題「吴梅村手稿」，自可徵信。《四庫》所收爲鄒式金刊本，《提要》謂：「《綏寇紀略·虞淵沈》一篇，皆記明末災異，與篇名不相應。」朱竹垞亦謂「《虞淵沈》中、下二卷，未付棗木傳刻。《明史》開局，足本始出。案原書十二篇，各以三字標題，均言人事，不應此篇獨言天道」云云。是稿前紀懷宗殉國，暨北都豫、秦、晉、江北、楚、蜀諸臣死難始末。後爲附紀：一、河北三叛，二、河南諸寨，三、徐碭蕭之賊，四、淮南四鎮，五、漳泉海寇，六、廣東山寇，七、水西，與已刻各篇體例相合，然並無中、下卷之名，且亦無涉及降闖勸進諸臣之語。如《四庫》館臣之所疑，殊不必諱而不出。意者鄒氏刊行之時，是篇原稿早與前十一篇離析，故鄒氏雜取他書補之，致有名實

不符之憾。至嘉慶時，昭文張氏得是書中、下卷於婁東蕭子山，有附記謂：「蕭婦爲先生女曾孫，故分得遺書三卷。」字跡不類一手，中有先生手蹟，因以刊入《學津討源》，附於鄒氏所刊言天道者卷後，名曰《綏寇紀略補遺》，析爲上、中、下三篇。其上篇乃紀懷宗十六年之治迹，爲是本所無。其中、下二篇與是本次第詳略，亦不盡同。豈是爲初稿，而張氏所得者乃晚年增訂之本歟？張本訛脱，是稿有足以是正者。異日有暇，當詳校之。

孫石芝跋　此册《綏寇紀略》之《虞淵沈》未刻者，今刻本第十二卷，以明末天道災變、地道災危、人道災異爲之，與題不合。此爲《虞淵沈》，慮没忠義文武臣工士庶之人耳。石芝孫隱記。

藏印　錢曾之印　遵王　季印振宜　滄葦　平江黄氏圖書　塔影園客　醉中天地　弌蘧廬

## 094 山書十八卷　鈔本　十四册　璜川吴氏、平陽汪氏舊藏　（07389）

題「予告休致光禄大夫太子太保都察院右都御史管吏部左侍郎事孫承澤輯」，次行又題「故明愍帝召對上傳奏疏備考紀略」。前有康熙四年因纂修《明史》訪求天啓、崇禎事跡之書上諭一道，後附「崇禎事跡十八卷，裝成七本」一行。是此書共有三名。全書用編年體例，每事以數字標題，其下詳録本事諭旨，或召對，或廷臣章奏，或施行事實，以一年爲一卷。此缺第三卷。按崇禎享國祇十七年，不應有十八卷，且年月銜接，並無脱漏，想編排偶誤也。諸藏書家，惟見徐果亭《培林堂書目》有鈔本一部。又曝書亭亦有藏本，爲吾友朱逖先所收。

藏印　璜川吳氏收藏圖書　平陽汪氏　蓺芸書舍

## 095　流寇長編二十卷　鈔本　十六册　禮邸盛伯羲舊藏　（07390）

吳江戴笠耘野、崑山吳喬修齡輯編。始明天啓七年八月毅宗之即位，訖清康熙三年閏六月闖王遺黨賀珍合、郝摇旗等之覆敗，凡二十卷。後附《始終録》及《補遺》二卷。前後歷四十年。以編年體，專紀明末羣雄起滅離合之迹，而同時當宁之闇愎，朝臣之貪鄙，朋黨之傾軋，奸佞之盤據，軍備之廢弛，財政之紊亂，吏治之窳敗，民心之頹惰，將帥之庸懦，草莽之奮起，與夫人民顛沛流離之慘，隨事附見，暴露無遺。作者於自叙中謂：「李自成頗欲以仁義收拾人心，故能者立用，欺者立誅，人無朋黨，言無譖譏。」又歷舉明代致亡之由，大端凡四十八。篇末有言：「闖勢之成，費思陵十六年之憂勤，猶爲淺近。實自神宗以來，費廷臣六、七十年背公死黨之智慮。」語極沈痛，讀之令人怵惕。嗚呼！豈獨亡明之國家也哉。

藏印 禮邸珍玩 禮府藏書 檀尊藏本 宗室文慤公家世藏

## 096 逸周書十卷 鈔本 四册 盧抱經、黄蕘圃校，陳仲魚、吴兔床、鍾子勤舊藏 （07391）

晉孔晁注。卷首有姜士昌序，嘉靖楊慎序，至正黄玠序。盧抱經據程榮、吴琯、卜世昌、章檗各刊本及元和惠棟定宇、吴江沈彤果堂、江陰趙曦明敬夫各校本讎勘。朱墨雜下，蒐討無遺。黄蕘圃復加校正。陳仲魚定爲抱經未刻此書時繕寫手校底本。舊藏向山閣，散出後展轉至上海，爲鍾文蒸所得。文蒸嘉善人，亦吾郡之能讀書者。

盧抱經題識 己亥六月十八日，弓父校。周生辰所見，亦殊有可采。在卷一後。

七月二日校。寫此之周生，今日辭歸江甯。在卷三後。

七月四日校。將往湖上。在卷四後。

三月四日，慶春門外接駕，回閲。在卷五後。

庚子三月十三日子刻，冒雨出武林門，至謝村候送聖駕，歸來閲。在卷六後。

三月十六日閲。種花數種，所苦無隙地耳。在卷七後。

三月十八日閲。在卷八後。

三月十八日閲。壯兒多淡。是日廢書。在卷九後。

乾隆庚子三月十四日校。鮑以文兄貽余叢書五集。在卷十後。

陳仲魚跋　去年除夕，吴中度歲，往縣橋巷黄蕘翁家作祭書之會，因得明嘉靖廿二年四明章檗刻本《逸周書》，係顧君千里依元刻手校本。余既跋而藏之，新歲攜示同里吴槎翁，嘖嘖稱善，遂取其舊藏章刻本，録顧校文於上，且以明鍾人傑校本及汪士漢刻入祕書本，重加參閲。跋云：「惜抱經學士刻本，案頭適乏。異日當取而重勘之。」余曾以槎翁所校補入章本。比復至吴，忽從水關書肆獲一鈔本，乃抱經學士未刻此書時繕寫手校底本。上作細楷書，朱墨雜陳，極其精致。不勝狂喜。學士校此書時，在乾隆庚子春日。越七年丙午，始付諸梓。故校語與定本多有增損。所謂積數年校勘之功，蓋其慎也。猶憶庚子三月，鱣偕槎翁造訪，學士欣然出見，曰：「頃自慶春門外歸。今日家屬亦往縱觀。」前輩風流可挹，惜其遺書多不能保。新僑第宅，半屬它人。《逸周書》之版，已鬻諸坊間矣。展閲手筆，又不勝浩歎。時嘉慶十一年丙寅三月，陳鱣記。

鍾子勤跋　同治六年丁卯歲三月庚午，嘉善鍾文烝見此書於上海。善賈得之。

藏印　臣鱣　鱣　仲魚　陳父仲魚　海寧陳鱣觀　陳仲魚讀書記　信天巢　千元十駕人家藏本　鍾印文烝　伯媺　伯美

子勤　魏塘鍾氏信美齋庚申以後所得書

**097　古史六十卷**　宋刊本　十八册【缺《世家》一至七，即卷八至十四】　高江邨舊藏

（07392。著録作「宋刻元明遞修本」）

前後有蘇轍自序。小題在上，大題在下。宋諱「玄」、「殷」、「匡」、「恒」、「貞」、「徵」、「頊」、「桓」、「垣」、「構」、「慎」等字多闕筆。半葉十一行，行二十二、三字，小注雙行，增二、三字不等。版心兼以千字文爲序，上記字數，下記刻工姓名，有蔡邠、顧達、蔣容、沈茂、徐珙、凌宗、石昌、王端、方至、宋琚、李仲、王政、丁松年、毛祖、何澤、蔣榮、金榮、金嵩、金祖、陳伸、顧澄、鄭春、宋通、劉昭、孫日新、方信、龐汝升、方中、吴志、楊潤、沈中、張昇、求裕、王定、王壽、王涣、吴中、沈定、丁之才、楊榮、陳壽、錢宗、章忠、張亨、龐知柔、吴春、曹鼎、毛端、童遇、陳彬、朱祖、詹世榮、陳良、董澄、王明、徐義、王汝霖、顧永、吕信、王恭、孫春、吴祐、王進諸人。間有明補之葉。

藏印　江邨高氏　巖耕堂　藏書之印　簡静齋　竹泉　珍祕　圖籍

**098　東都事略一百三十卷**　校覆宋本　十二册　知不足齋舊藏　（07393。著録作「十四册」）

吴兔床跋　昔錢遵王有宋槧《東都事略》，榮木樓屢求不與，蓋宋槧最爲難得。丁酉

之秋，偶從貢院前書肆收得影宋鈔本。雖亥豕間或不免，視翻刻之妄改錯誤，則猶是中郎之虎賁也。適從知不足主人借得是本，因屬朱君允達，彼此互校而還之。百卅卷之書，輒復求將伯之助，予之勤惰，于此亦可徵矣。是歲臘月既望，兔床記。《王表》首行下鈐「兔床經眼」朱文方印。

乾隆丁酉，依拜經樓吴氏影宋鈔本校。下鈐「藝〻本初勘」朱文方印。

## 099 元朝祕史十卷續集二卷

鈔本　六册　顧千里校，張古餘、盛伯羲舊藏　（07394）

是書著録，分卷不同。一、十五卷本，出於《永樂大典》，錢竹汀所藏，阮文達録以進呈，靈石楊氏、桐廬袁氏先後刊行者也。一、十二卷本，出於元槧，廬江太守張氏藏有影鈔本。張古餘從之覆影，李芍農師用以參校十五卷本，長沙葉氏於光緒季年刊行者也。此即張古餘覆影之本，前有顧千里題詞，傅君沅叔爲余收得。今各録其題記如左：

顧千里題　《元朝祕史》，載《永樂大典》中，錢竹汀少詹家所有，即從之出。凡首尾十五卷。後少詹聞桐鄉金主事德輿有殘元槧本，分卷不同，屬彼記出，據以著録於《元史·藝文志》者，是也。殘本，主事嘗攜在吴門，予首先見之，卒卒未得寫録，近不知歸何處，頗用爲憾。去年授徒廬州府晉江張太守許，見所收影元槧舊鈔本，通體完善。今年至揚州，遂從恿古餘先生借來覆影此部，仍見命校勘，乃知異於錢少詹本者，不特分《元朝祕史》十卷、《續集》二卷一事也。即如卷首標題下，分注二行，左「忙豁侖紐察」五字，右「脱察安」三字，必是所著撰書人名銜，而少詹本無之。當依此補正。其餘字、句、行、段，亦往往較勝，可稱佳本矣。校勘既畢，記其顛末如此。若夫所以訂明修《元史》之疎略，少詹題跋洎考異中見其大概，引而伸之，惟善讀之君子，兹不及詳論云。嘉慶乙丑七月，元和顧廣圻書於郡署之六一堂。下鈐「顧印廣圻」白文方印。

傅沅叔題《元祕史》十卷、《續集》二卷，舊寫本。半葉五行。每段先録蒙古文譯音，旁註譯義，其後乃演繹爲文以紀之。原文譯音用大字，旁注及演文皆用小字，蓋從元刊影出，其格式一仍其舊也。此書相傳金星軺家有元刊殘帙，張太守家有影元鈔本。此本乃張古餘從影元本重録，而顧千里爲之校勘者。錢竹汀家亦有鈔本，其源乃自《永樂大典》輯出者。分卷爲十五，與此不同。文字亦有差異，詳顧氏跋中，此不贅述。此書舊藏盛伯羲祭酒家。癸丑歲，意園遺籍星散。余見之正文齋譚篤生許，因告菊生前輩，爲涵芬樓收之。而余爲之諧價焉。客歲陳君援安治元史學，欲得《祕史》舊本，爲勘正之資。余因馳書告菊生，從涵芬樓中假出，郵致北來，留援安齋中者數月。俄而海上難作，强敵憑陵，鋒刃既接，上天下地，礮彈紛飛，閘北萬家，盡罹兵火。涵芬樓藏書數十萬卷，高棟連雲，一夕化爲灰燼。此書以余假閱之故，竟逃浩劫，不可謂非厚幸也。昔人謂「奇書祕籍，在處有神物護持」。此書二十年前自余手訪得之，二十年後又藉余手保全之，冥漠中似有數存。余又烏敢貪天之功以爲己力耶。頃以菊生來書促還，爰志數語，俾後之讀者知有此一段因緣，而勤加愛護。是則匪惟此書之幸，亦余之厚幸也乎。壬申六月傅增湘記。下鈐「藏園」朱文、「增湘」白文二方印。

友人趙君萬里近由北平南下過訪，謂内閣大庫近日發見洪武年刊本，行款與此正同。是此非影元槧本矣。

藏印　張敦仁讀過　古餘珍藏子孫永寶　陽城張氏與古樓收藏經籍記　陽城張氏省訓堂經籍記　文章太守　十經齋藏書　楊氏家藏　楊慧生藏書印　葆采　薦粢葆采兄弟之印　且圃金氏珍藏　宗室文慤公家世藏　聖清宗室盛昱伯羲之印

## 100　國語二十一卷補音三卷　宋刊本　六册　（07471。著録作「宋元遞修本」）

前有《國語解序》。每卷首行書名題「某語第幾」，下題「國語」，再下題「韋氏解」。《補音》卷首，《國語補音叙録》直連目録。每卷首行題「補音卷第幾」。半葉十行，行二十字，間有至二十二字者，小注雙行，行二十字。宋諱避「玄」、「弦」、「眩」、「朗」、「敬」、「儆」、「驚」、「竟」、「境」、「弘」、「殷」、「匡」、「筐」、「胤」、「恒」、「貞」、「徵」、「懲」、「讓」、「署」、「樹」、「豎」、「頊」、「姞」、「桓」、「垣」、「完」、「構」、「媾」、「購」、「慎」等字。刻工姓名，王進、張昇、江孫、李棠、江泉、劉寶、楊思、楊明、卓宥、張明、牛明、方迂、駱元、成通、方通、駱昇、明刁、王玠、王介、陳良、嚴忠、孫昇、孫日□爲一類；蔣榮、蔡邠、陳浩、馬松、何澤、陳彬、陳壽、徐義、詹世榮爲一類，字體鐫法稍有圓峭、渾畫之別。又有板心上記字數者。其刻工爲陳新、务陳秀、何建、丁銓、楊十三、陶□、齊明、良富、徐良、盛久、繆珍、熊道瓊、石茂、王桂、文玉、應華、徐文、陳允升、張三、王榮、徐泳、系元、洪福、朱曾、徐榮、茅文龍、周鼎、王六、蔣佛老、汪亮、吴千七、趙遇春、朱六、金交、今友、蔣鼉、王壽三、李祥、祝明、李庚、何慶、何通、章文一、陳甯、曹榮、胡勝、沈貴、李德瑛諸人，蓋爲元代覆刻也。自天聖明道本出，世人均不滿於公序本。錢遵王舉《周語》「昔我先王世后稷」及「皆免胄而下拜」二事；錢竹汀又舉《周語》「瞽獻典」、「高位實疾顛」；《魯語》「笑吾子之大也」；《齊語》「鹿皮四分」；《鄭語》「依𥈭歷華」；《吴語》「公孫雒」六條，以爲公序本不如明道本之證。陳芳林、許周生多有駁辨。汪遠孫《明道本攷異序》亦謂兩本各有優劣。觀其所列他書所引之異文及諸家所辨之異字，是本之勝於明道本者，亦指不勝屈。且汪氏所見者，爲明人許宗魯、金李之覆本，猶未能盡公序宋刻舊本之長。《周語》「陽伏而不能出，陰迫而不能蒸解」，是本云：「陽氣在下，陰氣在上，陰氣迫之，使不能升。」明道本則作「陽氣在下，陰氣迫之，使不能升。」意已不完。金李本、張一鯤本，乃將明道本「陽」、「陰」二字互易，語意更不可通。即此一事，亦足徵公序本之勝，而明人覆本之更多譌謬矣。板心高標準尺二十二寸二分，廣三十寸四分，而紙幅乃高至四十五寸一分，廣至六十寸。本式之鉅，極所罕見。書用蝶裝，疑猶是宋代舊製。

## 101－1 國語二十一卷

明覆宋刊本　八册　段玉裁、顧抱沖、顧千里校，黄蕘圃、汪閬源、汪柳門舊藏　（07395）

段氏後跋指此爲明嘉靖時金李刊本，惟以韋氏叙後無澤遠堂牌記爲疑。按書中多避宋諱，韋叙末葉適損一角，必牌記爲人割去。半葉十行，行二十字。段氏讎校精審，卷中復有「遠按」、「廣圻按」若干條，則顧抱沖及其從弟千里所續增也。

段玉裁跋　此《國語》爲孔繼涵誧伯所贈，與嘉靖戊子澤遠堂刊本無異，於時本爲勝，而闕誤尚多。因借東原先生以明道二年刻本合宋公序補音刻本校補者正之。明道二年本，蘇州朱奂文游所藏，嘉靖本，有「嘉靖戊子吳郡後學金李校刻于澤遠堂」十六字，在韋氏叙後。書中多避宋諱字，蓋仿宋刻也，或鑱去十六字，僞爲宋刻。乾隆己丑五月五日，跋于櫻桃斜街寓齋，時將之山右。段玉裁。

藏印　顧印千里　黄丕烈　蕘翁　汪士鐘藏　萬宜樓藏善本書印

## 101－2　又一部　士禮居覆宋本　四册　陳碩甫校藏　(07396)

陳氏以明嘉靖許宗魯及金李兩刊本校過，頗有異同。

陳碩甫記　道光乙未，寓杭州汪小米家，爲校讎許李當作「金」字，原誤。刻公序本於黄刻明道本上。因自録一過。奂記。

藏印　曾在三百堂陳氏處

## 102　戰國策三十三卷　雅雨堂本　十二册　王文簡校藏

王文簡就雅雨堂雕印高氏本評校。盧刊校讎，本極矜慎，文簡亦謂出於黄君丕烈所刊姚氏宋槧本上，然訛字經文簡指出者時有所見。至異同之字，原刊未注而校時援據别本特爲補入者，尤指不勝屈，但惜未載所據何本。其糾正鮑、吴二注之誤，如於卷十一《齊王使使者問趙威后》章「威后所舉於陵仲子」，鮑注謂與孟子所稱又是一人，而斥其非是。於卷十三《燕攻齊取七十餘城》章，吴注謂「王建之世不應有田單爲齊將」，而疑其不然。於卷二十四《魏將與秦攻韓》章「秦統舞陽之北以東臨汝州則南國必危」，而以鮑注之「南陽屬韓」爲非。於卷三十一《燕王喜使栗腹》章「於燕王以書謝樂間」，而以吴注之援引《新序》明證其錯簡爲失，尤非讀書得間者不能道及也。

昔年收得是書時，余有跋一則，附録於後：

辛亥十二月廿六日，偕傅沅叔同年至江甯購書，雨後道濘，奔走兩日，了無所得。沅叔購得王文簡手批《楚辭》四册，又此書暨《杜詩》各一部。兩書皆不署名，而字迹實出一手，且來自一地，必爲文簡手筆無疑。沅叔自留《杜詩》。按《杜詩會粹》後亦歸涵芬樓。而以《楚辭》及此書歸於涵芬樓，因記其原委如此。時宣統遜位詔下後五日。

## 103 春秋外傳攷正二十一卷 稿本 二册 盧抱經校藏 （07397。著録作「鈔本」）

元和陳樹華芳林撰。陳氏著有《春秋經傳集解攷正》，已見前。陳氏以宋庠《國語補音》宋槧絶少，明萬曆張一鯤、李時成等增删割裂，附於韋註後，全失舊觀。嗣經翻刻，譌謬滋甚，因廣求善本並名家校本，悉心讎訂，撰爲是編。前有論例四條，綜叙纂述大意。

盧抱經學士爲之校定，且多糾正。論例末陳氏自稱「因萬曆本增删割裂，撰有《補音訂誤》一卷」，此本不載，想遺佚矣。

藏印　盧印文弨　弓父　抱經堂寫校本

**104　貞觀政要十卷**　明成化刊本　八册　（07398）

卷首成化元年憲宗御製序，次吴澄、郭思貞題辭，次臨川戈直集論序，次吴兢自序、篇目，次集論諸儒姓氏凡二十二人。是爲明内府刊本，見周弘祖《古今書刻》。

藏印　好古敏求　時敏齋鄭氏積書之章　存存老人積書教子子孫寶之事事□理　梅釴之印　梅釴　隅菴

**105　渚宫舊事五卷補遺一卷**　鈔本　一册　盧抱經校藏　（07399）

題「將仕郎守太子校書余知古撰」。盧抱經手校，凡據《國語》、《國策》、《韓詩外傳》、《家語》、《墨子》、《賈子》、《新序》、《説苑》、《吕氏春秋》、《淮南子》、《楚辭》、《後漢書》、《晉書》、《列女傳》、《世説》等書訂補者，均一一注明。其不注者，或用本書别本，但不知出於何刊。

盧氏題記録後：

二月八日閱。金華宗人東園來晤。在卷三後。

二月十三日閱。昨得吴百藥書，知前有書見寄，竟不至。在卷四後。

庚子二月十八日盧弓父閱。連日陰雨。在卷末。

藏印　盧文弨　弓父手校　抱經堂寫校本　古潭州袁卧雪廬收藏　桐城姚伯昂氏臧書記

**106　唐大詔令集一百三十卷**　鈔本　二十册　顧千里校藏　（07400）

宋宋敏求编。卷首熙甯三年敏求序。每卷總目後接正文。半葉十五行，行二十六字。宋諱字多闕筆。原闕卷十四至二十四，卷八十七至九十八，各家藏本同。鈔手粗率，經顧千里校過。

藏印　顧印廣圻　澗蘋　思適齋　節壽堂

**107－1　兩漢詔令二十三卷**　元刊本　八册　潘文勤、盛伯羲舊藏　（07401）

《西漢》十二卷，《東漢》十一卷。半葉十行，行十八字。卷首至正己丑蘇天爵序【佚】，洪咨夔總論，次總目，目後有程俱、林虙、蔣瑎三序及林虙發刊識語。程序首句「右西漢」云云，不當在《東漢》目後。按范光跋，《東漢詔令》本有「亟求鋟梓俾與《西漢》駢行」之語。又《書録解題》亦謂「既仕於越，乃得見林氏書，而樓氏書近出」云云，是當時原係分刊，故程序專承《西漢》而言，後元人覆刻，併二目爲一，遂致歧誤也。《西漢》【卷二佚，又卷十一《免孫寵息夫躬詔》，】卷十二《議九錫詔》未完，又《九錫策遺詔》【俱未完】，及【西漢後有程俱序】，東漢樓昉自序，門人鄭清之、塤范光二跋均佚【存】。

藏印　伯寅藏書　宗室文慤公家世藏　宗室盛昱收藏圖書印　不在朝廷又無經學　【藏印與下一部倒置】

## 107－2　又一部　版本同前　八册　莫友芝舊藏　(07402)

《西漢》【卷二佚，卷六缺三、四兩葉，卷七缺第五葉，卷十一缺五、六兩葉，又《免孫寵息夫躬詔》未完，】卷十二《議九錫詔》後缺二葉，與前書同。總目亦被撤去【此文取消】，蘇天爵序【尚存，程俱、林虙、蔣楷三序及】、林虙發刊識語均佚。【洪咨夔總論最後一葉亦不存。《東漢》卷一缺第二十一葉、卷二缺第二葉。】惟《東漢》後嘉定壬午樓昉自序，紹定癸巳門人鄭清之、戊子塤范光二跋俱存【佚】。

藏印　獨山莫氏銅井山房之印

## 108　洪武大誥三編　明洪武刊本　三册　晉府舊藏　（07403、07404、07405）

《前編》刊於洪武十八年十月，凡七十條；《續編》十九年三月，凡八十七條；《三編》十九年十二月，凡四十三條。卷首各有太祖御製序，皆當時告誡臣民之作。太祖少年微賤，未嘗讀書，姑無論其治術如何，即文字亦未臻通順。最可哂者，初編末條，詔一切官民户户須有此書一本，若犯笞杖徒流，罪名每減一等，無者每加一等。在當日專制自雄，一言爲法，强人誦覽，非不煊赫一時，而境過情遷，徒供他人訾笑，則亦適以自彰其醜而已。

藏印　晉府圖書之印　敬德堂圖書印　子子孫孫永寶用

## 109　國朝諸臣奏議　宋刊本　存二十二卷　十册　汪閬源舊藏　（07406。著録作「宋刻元明遞修本」）

存目録乙集，卷九至十一，卷二十九至三十一，卷三十八、九，卷五十六至五十九，卷六十九【七十一】至七十三，【有重複卷七十一至七十二，卷九十至九十二，】卷二百十九一百二十，卷一百四十四至一百四十六。半葉十一行，行二十三【一、二、三、四】字，大小字同。左右雙闌，版心雙魚尾。書名署「奏議幾」，或僅記卷數。上記字數，下記刻工姓名。所存各卷，有江才、葉方、君玉、丁子正、公亮、王德、林文茂、定夫、陳文、李定、葛文、王生、胡仁、林乂、盧老、姚仲寶、秀發、用得、人亮、鄧志、杜富、鄭統、王宸、周禾、楊慶、倪仁、魏文、鄧堅、鄧茂、鄧安、秀父、王昭、曹庚、陳元茂、仲生、周和、何埜、陳采、鄧舉、江亮、倪端、劉純父、官安、張得、吴才、章淳、上官、葉安諸人。

藏印　汪士鐘字春霆　號朗園書畫印

## 110－1 東家雜記二卷　影鈔宋本　二册　（07407）

卷首《杏壇圖説歌辭》、《北山移文》、《擊蛇笏銘》、《元祐黨籍》。次紹興甲寅孔傳自序，分上、下二卷，題「右朝議大夫知撫州軍州事兼管内勸農使仙源縣開國男食邑三伯户借紫金魚袋孔傳編」。卷上九類，曰姓譜，曰先聖誕辰諱日，曰母顔氏，曰娶亓官氏，曰追封謚號，曰歷代崇奉，曰世襲封爵沿改，曰改衍聖公告，曰鄉官；卷下十二類，曰先聖廟，曰手植檜，曰杏壇，曰後殿，曰先聖小影，曰廟柏，曰廟中古碑，曰本廟御製書，曰廟外古跡，曰齊國公墓，曰祖林古跡，曰林中古碑，又續添襲封世系，至五十三代止。卷末有四十六代孫宗翰、四十八代孫端朝、五十代孫擬三序。原爲宋刻，汲古閣毛氏從之影寫，此又影自毛氏。宋諱「玄」、「敬」、「竟」、「胤」、「禎」、「貞」、「徵」、「桓」、「完」、「勾」、「慎」、「惇」等字均闕筆，亦有注「御名」、「名犯廟諱」者。半葉十行，行十八字。版心下記刻工姓名。

藏印　韻齋手鈔祕笈

## 110－2　又一部　元覆宋本　一册　（07408。著録作「明刻本」）

題「孔傳編」，銜名同前。卷首祇紹興甲寅傳自序，又有孔聖《生年月日考異》。末題「辛亥淳祐十一年秋九月戊子朔去疾謹書」，爲前本所無。上、下二卷，篇目同，僅數字小異。而續添襲封世系，及宗翰、端朝、擬三後序均無之。此與《四庫》所收本合，惟卷末南渡廟記，淳熙元年葉夢得記均佚。版心闊黑口，上下雙魚尾，中隔以横斜白文十字。卷中疊見「太祖廟諱」、「御名」、「名犯廟諱」等註，當爲元覆宋本。

## 111　雲韜堂紹陶録二卷　鈔本　一册　鮑以文、孔葒谷舊藏　（07409）

題「泰山王質述」。卷首有作者自序，孔葒谷手補全書目録。版心均有「知不足齋正本」六字。卷上末有評論書畫者六則。孔氏朱書二行，謂：「後題跋乃鮑氏原本志于書額者，與原書無涉。録附于後，以志原鈔之樣耳。乾隆丙申十月初九日，小雨記。」云云。則此蓋鮑氏重録之本也。常熟瞿氏有舊鈔本，爲翁又張録自徐健菴修志局者。因借以對勘。於此上卷《栗里鋤》下，多《栗里香》、《栗里扇》各一首；又《栗里花藥梅桃李菊蘭》二首，《栗里卉木竹松柏桑榆槐》二首，《栗里翼彼新苗禾麻麥》一首。下卷《蔞蒿》下，多《茭白》、《黄花菜》，又《山水友别辭》、《茯苓酥》、《地黄糖》、《薏苡飯》、《松粉芭蕉脯》、《薝蔔》、《鮓榆醬》、《蒼耳酒》十首，悉已鈔補配入。至其分卷，與此上下互易，則所本不同，不欲移動。陸心源亦以舊鈔本刊入《十萬卷樓叢書》，章節全與是本合。粗校一過，訛奪乃不可勝紀。

## 112　鄂國金陀粹編二十八卷　元至正刊本　十二册　（07410）

題「孫奉議郎權發遣嘉興軍府兼管内勸農事岳珂編進」。前珂自序，後會稽戴洙序。尚有至正二十三年臨海陳基序、珂後序，此均佚。按陳序，江浙行中書省吴陵張公命吴郡朱佑重刻。戴序亦謂其版舊刊之嘉禾，歲久脱壞，其文又遺闕不全。朱君佑徧求四方，得其殘編斷簡，參互攷訂，始克成書。是此必爲至正重刻矣。然卷五第七葉有避光宗皇帝嫌諱之註，卷六第二葉、卷八第十八葉又有避孝宗皇帝嫌諱之註。書係官刻，易代而後，其於勝國之君不應有若是之推崇。前宋本《資治通鑑》遇宋諱闕筆之字，且有剜嵌填補者。此乃追避宋諱，殆至正爲元代季年，帝室之威靈已殺，而人民亦有反古之思乎？半葉九行，行十七字。版心上記字數，下記刻工姓名。前三卷又半鈔配。其他各卷，間有缺葉。

藏印　味辛齋

## 113　運使復齋郭公言行録編類運使復齋郭公敏行録不分卷　影鈔元本　三册　張芙川舊藏　（07411）

二録卷首均有黄文仲、林興祖序，向未著録。阮文達據元刊本鈔録進呈。是本即從元本影鈔。《言行録》半葉九行，行十八字。《敏行録》增一行，行增二字。摹寫極精。

言行録　元福州路儒學教授徐東撰。按《饒州府名宦志》，郭郁字文卿，大梁人，皇慶末知浮梁縣，嗣擢明州路總管，終福建都轉運使。徐東適與同官，集其所在立政、立事、愛士、愛民、勸善、懲惡、興利、除害各善政，撰爲是録。後附張復題詞及福建學陳御史臺狀牒文等件，以見當日人情愛戴之誠。各家書目均不著録，唯錢大昕《補元史·藝文志》，曾采入史部傳記類。

敏行録　無撰人名氏。是録專集前人宦游所至與當日賢士大夫一時投贈之作。集中壽老致嘉議郭公序，乃胡長孺汲仲作。鄭元祐《遂昌雜録》、陶宗儀《輟耕録》均稱汲仲耿介絶俗，乃肯爲郁父作序，可以知郁之爲政。一時名士與郁相贈答者，如仇遠、汪澤民、鄧文原，皆不輕與人周旋者，則郁之賢益可知矣。前有古侯黄文仲、三山林興祖兩序。此録亦爲錢氏采入《補元史·藝文志》。

繆小山跋　《復齋郭公言行録敏行録》，昭文張芙川影元寫本。此書自阮文達公進呈後，間有傳本。芙川選工精寫，尚有邑先輩絳雲、汲古之遺風，而略改徐東所編書例，似乎不合。藏印纍纍，内有「芷楣借觀」、「叔芷女士」、「若蘅」三印，皆閨閣中物。若蘅，方勤襄公第五女也。宣統辛亥閏六月，江陰繆荃孫識。下鈐「荃孫」白文長方印

藏印　芙川張蓉鏡心賞　臣蓉鏡印　蓉鏡收藏　蓉鏡私印　芙初女史姚畹真印　畹真　芙初女史　琴川張氏小琅嬛清閟精鈔祕籍　小瑯嬛福地張氏藏　琴川張氏小瑯嬛室主□鈔祕册印

琴川張氏小瑯嬛室主藏書　小琅嬛清閟張氏收藏　小琅嬛福地繕鈔珍藏　小琅嬛福地　小琅嬛福地　心蓮室　倚書閣　佛桑仙館　成此書費辛苦後之人其鑒諸

一種心勤是讀書　人生而静　一榻梅花鶴夢間　開瓊筵以坐花　飛羽觴而醉月　釣翁讀過　太宰之章　祕殿紬書　若蘅　叔芷女士　叔芷　芷楣借觀

## 114 徐蘇傳不分卷 

明天順刊本　二册　（07412。著録作「明永樂刻遞修本」，「二卷」）

題「南昌棲碧李庭貴編」，「李貞士廉校刊」，「王遜之增録」。所傳者二人，曰徐孺子，曰蘇雲卿。徐爲豫章高士，蘇本爲廣漢人，慕孺子之流風，結菴東湖，謝絶徵聘，李氏尊爲豫章先賢，謂可陶世範俗，故並録前人詩文，紀其生平事跡及致其欽仰者，彙爲是編。卷末有「南昌黎彦常、李瑛、張俊、李衢、徐瑠、丘讓捐貲鋟梓」牌記一方。又有「永樂甲辰正月上澣刊」一行。卷中疊有後人文字，蓋永樂原板而補刊於天順者。

## 115 經進皇宋中興四將傳四卷附种太尉傳韓世忠傳 

鈔本　六册　戴芷農舊藏　（07413）

晁氏《讀書志》、趙希弁《附志》：「《四將傳》四卷。右建炎中興名將劉錡、岳飛、李顯忠、魏勝之傳。史官章穎撰而上之。」是本書名卷數同。前有章穎《進書表》，卷中語涉宋帝均空格，蓋必傳自舊本。後附河汾散人趙起得君撰《种太尉傳》，又無撰人名氏《韓世忠傳》。前人以朱筆校過。卷四末有黄蕘圃跋，審係僞造，不録。

藏印　戴芷農收藏書畫印　戴氏芷農藏書畫印　臣植　培之

## 116　國朝名臣事略十五卷　鈔本　四册　黄蕘圃校，王西莊、貝簡香、潘文勤舊藏　(07414)

題「趙郡蘇天爵伯修輯」，前有歐陽玄、王理二序。目録後有「元統乙亥余志安刊於勤有書堂」一行。每半葉十三行，行二十四字。此爲山陰淡生堂祁氏依元鈔本，間有訛字。卷二脱二葉，卷九脱一葉，卷十一脱六葉。許有壬後跋亦闕。黄蕘圃據張訒菴所校元本訂正鈔補。

黄蕘圃跋　蘇天爵《名臣事略》一書，世多鈔本，其元板甚鮮。往年吴枚菴家有之，爲張訒菴所得。時予與訒菴未甚稔，謀諸師德堂主人，以鈔易刻，俾校元刻。因是訒菴有鈔校本，而予則有元刻矣。年來力絀，宋元板書，日就散逸。元刻歸琴川愛日精廬，余則鈔本亦無，故未再校。適見此淡生堂鈔本，復易諸友人所，而借訒菴手校元本，增補缺失，改正訛謬，於去冬十一月中手校一過。凡所增補，悉附于後，恐失真也。書之貴元刻而舊鈔之不可信，有如此者，校本之重，職是故耳。道光四年甲申二月，花朝後一日，老蕘識。

【黄蕘圃跋　道光癸未照校元刻本。每半葉十三行，行二十四字。此第一卷計脱一百五十七行，以元刻行款核之，爲六葉多一行，兹校補手録之。蕘夫自二十迄二十四畢工校補。校補十一卷後。

黄蕘圃跋　道光癸未照校元刻。每半葉十三行，行二十四字。此第九卷計脱二十六行，以元刻行款核之，適脱一葉。兹校補手録之。蕘夫。】

藏印　王鳴盛印　西莊居士　平原　士咢　貝墉所藏

## 117　唐忠臣録　明正統刊本　二册　(07415)

新安鄭瑄編集，姚江胡徵看詳，四明徐維超校正，上洋衛庸刊行。鄭氏分教河南歸德時，承郡守顧伯圭命，輯録是書，以傳唐臣張巡、許遠及其將貳南霽雲、雷萬春、賈賁、姚誾戰死守節之事。而歷朝崇祀之典禮，後人憑弔之文詞，亦附焉。前郴陽曹璉、高信，四明徐維超三序，鄭瑄自序，後正統十四年刊成《祭告文》。

## 118　皇明開國功臣略三十一卷續編一卷　明正德刊本　十二册　(07416)

編者定遠黄金。前正德丁卯黄珣序，弘治甲子作者自序。卷末刊成後序及黄清、黄宏二跋。正續二編，所録凡五百九十四人。

## 119 宋丞相崔清獻公全録十卷

明嘉靖刊本　四册　金元功舊藏　（07417）

宋崔與之撰。按與之字正子，廣州人，事蹟見《宋史》本傳。集凡十卷。卷一至三，言行録及行狀本傳；卷四至七，奏劄；卷八，遺文遺詩；卷九、十，宣賜除轉之詔敕及同時、後世題贈之詩文。卷首嘉靖甲午瓊山唐胄序，謂：「久得是録，至贛與吴誠、楊昱校之，付邵副憲煉梓以廣傳。」云云。但不記編纂何人。就卷末諸文攷之，蓋五世孫子燧重編於洪武之年，八世孫曉增輯於成化之世，當時迄未刊行。其後稿本展轉爲唐胄所得，遂假其手以傳。千頃堂、培林堂兩家書目均載此集，卷數正同。《四庫全書》列入傳記類存目。

## 120 歷代隱逸傳不分卷

錢叔寶鈔校本　五册　蔣香生、汪柳門舊藏　（07418。著録作「稿本」）

明錢叔寶手録，均輯自史籍。《史記》四人，《後漢書》十七人，《三國》七人，《晉書》三十七人，《宋書》十七人，《南齊書》十二人，《梁書》十三人，《南史》五人，《魏書》二人，《隋書》四人，《舊唐書》二十一人，《新唐書》九人，《五代史》四人，《宋史》四十三人，《南唐書》

八人，《遼史》三人，《金史》十二人，《元史》六人。卷首有萬曆四年四明沈明臣序，筆跡與前《資治通鑑綱目》後跋同，所鈐印記亦均合，蓋沈氏手書也。

錢叔寶跋　予閒居無事，掩關静坐。飽食之暇，檢閱史籍，手録三代而下至有元於隱逸之士，史爲其立傳者，得二百二十有三人，釐爲二帙，並述贊一首，藏諸篋笥，以便展覽，使人有敦薄俗振皇風之感焉。贊曰：易稱肥遯，史著超俗。養素全真，隱形邁躅。遠彼囂喧，蕭然榮辱。豐草長林，高巖邃谷。止競激貪，鏘金振玉。嘉靖丁巳冬十一月既望，錢穀叔寶於十左齋記。

董子元贊　叔寶高尚，謝世囂喧。游心圖史，抗節丘園。同氣相求，寤寐往哲。逸駕杳攀，遺芳可掇。上下千載，俯仰一編。德音宛在，清風灑然。嗟余小子，敬贊德美。彤管日新，景行行止。癸亥三月，雲陽董宜陽子元甫造。下鈐「紫岡居士」、「董氏子元」白文二方印「白沙翠竹江村」白文横方印。

光緒庚辰冬孟，王頌蔚觀於秦漢十印齋。下鈐「蒿隱過眼」白文方印。

葉鞠裳題　錢叔寶游文待詔門，晚葺敝廬，曰懸罄室，王元美賦詩，所謂「空梁頗受落月色，北窗静竢涼風眠」者也。聞有異書，雖病，必强起扶服請觀。雪鈔露纂，垂老不休。子允治，字功父，酷肖其翁。嘗謂東澗翁曰：「吾藏書多人間未有本。」約明日來，當作蔡邕之贈。既而竟不肯踐諾。功甫殁後，蕩爲雲烟。流落人間者，僅泰山一毫芒耳。幸而得之，雖殘鱗片羽，皆瑋寶也。況此五巨册，叔寶手跡自首至尾，一筆不苟，豈不重可寶邪！前有四明沈嘉則序，後有董宜陽贊。董字子元，自號紫岡山樵。上海諸生，與張之象、何柘湖、徐長谷齊名，世所稱雲間四賢也。香生太守聞余篤嗜古籍，伻來賣示，留五百經幢館十日。展卷摩挲，如與先民相對。先生所纂，尚有《續吴都文粹》、《南北史摭言》、《三刺史詩》，皆手鈔成帙。異日復出，吴酸窮眼，尚幸得寓目焉。光緒丙戌同郡後學葉昌熾。

藏印　錢氏叔寶　叔寶　中吴錢氏收藏印　十友齋　鳳藻　蔣香生鑒賞　樂安蔣香生收藏金石印　香生眼福　秦漢十印齋藏　吴下蔣郎　孟亭侯裔　許烈之印　子宜　紫仙審定真跡　伊臣過眼　三徑主人　子〻孫〻永寶用享　萬宜樓藏善本書印　溯者長壽　聽邠館鑒定

## 121　兔床日記不分卷　稿本　一册　(07419)

海甯吴騫記其乾隆庚子春與陳鱣同游武林。起二月十六日，終三月十二日。在杭州與鮑渌飲、盧抱經、奚鐵生、趙晉齋諸子往還游讌，暨評閲寶書、名畫、古器物之屬。有與仲魚唱和詩十七首。附録前人休甯白岳山紀述七篇，皆兔床手筆。按《拜經樓詩集》，起乾隆三十年乙酉。庚子爲乾隆四十五年。記中諸作，均未收入集中。

## 122 十七史詳節二百七十三卷 宋元遞刊本 一百册 盱眙吴氏舊藏 （07420。著録作「元刻本」）

《東萊先生增入正義音註史記詳節》二十卷

《參附羣書三劉互註或稱「諸儒校正」西漢詳節》三十卷

《諸儒校正東漢詳節》三十卷

《東萊先生標注三國志詳節》二十卷

《東萊校正晉書詳節》三十卷

《東萊先生校正或稱「點校」南史詳節》二十五卷

《東萊先生校正北史詳節》二十八卷

《東萊先生校正隋書詳節》二十卷

《諸儒校正唐書詳節》六十卷

《東萊校正五代史詳節》十卷

右《史記》半葉十三行，餘均十四行，行二十四字。闌上標題。左闌外書耳，記紀、志、表、傳篇名。是爲坊肆所刊，故《天禄琳琅》指爲刻印草草。其所稱東萊先生，亦書估託名增重之習。諸家藏目，或云宋刊，或稱元刻，惟宋諱「玄」、「匡」、「恒」、「貞」、「徵」、「桓」、「慎」、「惇」、「敦」等字多作闕筆，且字體鐫工，實有宋時風格。全書多至二百餘卷，雕板需時。殆經始於天水末年，而告成於易代之後也。

藏印　盱眙吳氏藏書　毗陵正學心傳　周氏子孫保之　檇李　傲骨

## 123 諸史提要十五卷　宋刊本　五册　朱文石、宋牧仲舊藏　(07421)

宋錢端禮撰。前有門生劉孝韙序，略謂：「參政錢公手鈔諸史紀、傳、志、表、序、贊、論評，與夫世家載記、附録所載名理警拔之談，刻琱藻繢之句。卓犖幻眇新奇可喜可愕之事，搜剔刪録，殆無遺恨。少日取以自娱，又思與鉛槧之徒共之。」云云。計《史記》一卷，前、後《漢書》各二卷，《三國志》一卷，《晉書》三卷，南、北《史》各一卷，《新唐書》三卷，《五代史》一卷。半葉九行，行十四字，小注雙行，行二十八字。版心題全書名，下記刻工姓名，有陳明、徐顏、徐亮、許中、施祥、王昌、洪新、毛昌、毛奇、陳俊、顧宥、朱貴、李昌、施詳、陳仁、李文、李才、洪悦諸人。字體凝重，有北宋槧本遺意。卷末有「迪功郎前監潭州南嶽廟李龜朋校正」,「從事郎前平江府吳縣尉主管學事徐似道校正」,「迪功郎紹興府府學教授胡紘校正」,凡三行。《四庫提要》定爲端禮參政時所刊。按《宋史·宰輔表》,端禮權參知政事在隆興二年十一月,翌月除參知政書,乾道元年八月罷。則是書當爲南宋孝宗初年刊本。

藏印 高陽郡圖書印 横經閣收藏圖籍印 文石朱象玄氏 華亭朱氏 忞仁 湘雲館 商丘宋犖書畫府印

## 124 漢雋十卷 明刊本 十冊 季滄葦、文登于氏舊藏 (07422)

卷首林鉞序、魏汝功後序均佚,惟延祐七年袁桷後序存。審其字體鐫工,刊板當在弘、正之間。

藏印 季印振宜 滄葦 文登于氏小謨觴館藏本 雲間陸氏□川圖書記

## 125 直説通略十卷 明成化刊本 四冊 孫淵如、袁漱六舊藏 (07423)

卷首成化庚子希古序,略謂元監察御史鄭鎮孫採摭司馬温公《資治通鑑》之文,衍以《直説》。適當胡元入處中華,語言不通,因諸舊史易以方言,俾知所考。並稱其言簡而能盡，事增而不贅，復推論「不知聖人教人辭達之旨，專以富麗爲工者，有言華而理蔽，辭贍而意不通之病」。是誠近日白話文之先導也。北京大學圖書館借往鈔補，旋以影鈔所藏續編三册相報，未及攜出，竟爲六丁攝去，殊深惋惜。

是書舊爲孫淵如所藏。今録其《平津館鑒藏書籍記》一則如左：

《直説通略》十卷，前有成化庚子希古序，下有「梅雪軒」「唐國圖書」兩木方印，《歷代帝王傳統圖》一卷「卷」字，疑衍《春秋戰國歸併圖》一，《東晋十六國歸併圖》一。據序，此書爲元監察御史鄭鎮孫撰，取司馬温公《資治通鑑》，衍以俗語，幾近於鄙詞小説。但《宋人語録》多以俗語解經，此書以俗語繹史，亦無不可。此本爲明唐藩所刊。核其時代，當爲莊王芝址，史稱其與弟芝垝、芝坻，並好古有令譽。希古或其字也。黑口版，每葉廿行，行十八字。

藏印　孫印星衍　丁未一甲進士　古潭州袁卧雪廬收藏

## 126　元史節要二卷　明洪武刊本　二册　宋蘭揮、盛伯羲舊藏　(07424)

題「臨江張美和編集」。卷首有劉季鵬題辭，略謂：「《元史》浩繁，人難徧觀，板藏内府，世不易得。美和倣曾先之所編《十八史》例，節其要略，以便學者。」云云。次美和自序，次元朝玉牒及世系歌，次元朝世譜。卷末附釋文及續增音釋，後綴識語，謂元人名氏皆如其音而無其字，特借華音相近之字用之，如「斛台」、「帶泰」、「巴八」、「拜伯」、「鐵木」、「帖睦」、「塔失」、「泰識」，彼此不一。又若「剌」字、「兒」字、「非」字、「里」字之類，皆舌而呼之，非華音所能盡釋也。半葉十七行，行二十八至三十字不等。

宋蘭揮跋　金華宋氏所編《元史》，篇帙灝衍，文繁卷富，不便於行囊卷帙。喜得張美和刪本，簡而要，約而該。書凡一册，舉元朝一百六十三年行事，犂然在目。至其鐫法紙色，明初本尤有古氣可愛。余宦游南北，肩輿行笈，挾之以隨。雍正辛亥歲，協理河防，駐轡清江，公退稍暇，溜覽青緗故物，逐日假之丹黃，點閱一過，三踰月而畢，遂援毫識數語于後。

元朝世譜後牌記　洪武丁丑孟夏建安書堂新刊

藏印　宋筠　蘭揮　黄門給事　巡察三晉　三晉提刑　聖清宗室盛昱伯羲之印

## 127－1　南唐書十八卷　錢叔寶鈔本　六册　毛子晉舊藏　（07425）

陸游撰。後附戚光《音釋》。卷首趙世延序。是書原爲元刻，王西室誤爲宋槧，嘗借自陸子虚家，手録一部。錢叔寶復借而傳録。每卷首行題「南唐書本紀幾、列傳幾」。錢遵王斥爲流俗鈔本。然陸勅先據遵王所藏校過之本，今在鐵琴銅劍樓，其訂正毛氏最初刊本譌脱各節，此均一無譌脱，僅卷首行款與《史》、《漢》體不合，亦不能不謂之善本矣。目録首葉有墨印木記云：「賣衣買書志亦迂，愛護不異隨侯珠；有假不還遭神誅，子孫鬻之何其愚。」又卷末王酉室跋後有篆書朱文大方印云：「趙文敏書卷末云，吾家業儒，辛勤置書，以遺子孫，其志何如，後人不讀，將至于鬻，頹其家聲，不如禽犢，苟歸他室，當念斯言，取非其有，无甯舍旃。」如二君者，愛書之心可謂至矣，然亦何所見之不達耶。古今來藏書之家，其能不出於鬻者有幾？能鬻得其人，受鬻者亦知愛護，藏書者之心可以慰矣。余爲涵芬樓收書數十萬册，精校名鈔，爲數非尠。珍重弆藏，未敢褻視。獨未能早爲綢繆，致前賢無限心血，一旦燬於强鄰之礮火，斯真無以對古人耳！

錢叔寶録王酉室跋　余嘗閲宋馬令《南唐書》，未及見陸放翁書也。聞陸子虚家藏宋刻本，借而讀之，夏日課農田舍，攜之篋笥，因手録一帙，計百五十有六葉。昉五月十三日，迄六月十三日，間嘗還家數日，置而不録，實二十日而告成。然余以始衰之歲，觸炎履畝，揮汗濡毫，形既仍勞，目亦時眩，或手隨意勸，或心以言馳，多致脱訛，難免塗竄，殊爲潦草，聊備覽觀云爾。嘉靖二十九年歲在庚戌夏六月十五日，王穀祥識於婁東别業適志軒。

錢叔寶跋　陸放翁《南唐書·本紀》三卷，《列傳》十五卷，乃酉室吏部王公手録本也。

嘉靖甲子上元，大病初起，静坐齋閤，屏謝人事，日無聊藉，遂借録一過。所恨目力昏眊，用意疏脱，塗抹太多，殊不成書。間閲馬令書，互有不同，抑不知胡恢所著，又何如耳？他日覓得善本，併録置齋中，用備參校，亦快事也。一書人物損益、褒貶、去取，史家自有法度，非穀所知，玆不敢贅云。録成，謹記歲月于後。是歲三月初七日，錢穀於榮木軒中書。

藏印　錢氏叔寶　吴興周氏　三徑主人　子子孫孫永寶用享　虞山毛晉　毛晉私印　子晉書印　子晉　汲古主人　汲古得修綆　希世之珍　審定真蹟　開卷一樂　書香千載　毛扆之印　斧季　泰州劉漢臣麓樵審藏善本

## 127–2　又一部　鈔本　二册　韓履卿、江建霞、汪柳門舊藏　(07426)

無戚光《音釋》，毛氏所刻最初印本，闕文至數百字者凡四見。此本《宋齊丘傳》十五行不脱，似猶差勝一籌。

藏印　韓履卿藏經籍金石書畫之印　元和江標建瑕之印信　江標經眼　師許室藏書　師許乙酉歲莫檢書記　蕭江書庫　山陰張氏收藏金石書畫印信　萬宜樓藏善本書印

## 128 南唐書箋注十八卷

稿本　四册　吳兔床校藏　（07427。著録作「拜經樓鈔本」）

周在浚撰，吳氏拜經樓鈔本。前有趙世延序，沈士龍、胡震亨題辭。箋注凡例十五條，後附戚光《音釋》、馬令《南唐書・建國譜》、吳非《三唐傳國編年圖》、楊維楨《正統辨》、李清《南唐書・年世總釋前論》、丘鍾仁《南唐承唐統論》、朱彝尊與蔣蘿村二札。按雪客著是書成，迄未開雕，竹垞向人稱道，從臾付梓，亦無應者。張文魚得之易州山中，有刊印之意。吳兔床借讀傳録，與朱允達參據各書，逐條校勘，筆之簡端，蓋欲補原稿所未逮，並冀文魚參考刊布，以償雪客、竹垞未竟之志。其友周耕厓復爲勘訂，加籤至數百條。迄於今日，又將百年。其書雖未刊行，而全稿卒未散失，且獲免於倭寇之厄，不可謂非幸之又幸矣。戚光《音釋》，闕《本紀》三卷。錢叔寶鈔本未失，可以録補。

周耕厓跋　歲壬寅，從兔牀借觀是書於王氏藜照書屋，隨葉黏籤。十年以來，奔馳南北，忽忽幾忘之矣。壬子春，因纂修《廣德州志》，意其注中事有涉廣德者，復借閲一過。重校舊籤，竟無新得以益之。二壬之間，白髮頻添，依然故我，可嘆也。歲暮攜歸，輒附數言於末。十二月一日，海昌周廣業識。下鈐「周印廣業」白文、「畊厓」朱文二方印。

吳兔床跋　大梁周雪客先生箋注《南唐書》，當時最有名。以未有刊本，故流傳絶少。

昔襄平蔣蘿村、梅中兄弟合刻馬、陸二書時，曾得此校閲，既以示朱竹垞檢討。竹垞極賞之，謂蘿村已刊馬、陸二書，是以不復從臾。攜過廣陵，曹荔帷先生見之，勸其弟燕客郡丞開雕，卒亦未果。迄今又七十餘載矣。吾友張君文魚從易州山中得此書，數千里懷之以歸，喜不自勝，亟謀付之棃棗。予間從借讀，觀其徵引之富，真竹垞所謂「具費苦心」者。第其間亥豕脱謬，尚所不免。因與朱君允達據余家所有之書逐條校勘。凡諸異同，筆之簡端，還以質諸文魚。至於箋中有繁者宜芟，複者宜去，互異者應别其是非，附傳者當標其出處。若此之類，皆私心所未安，而深有望於二、三同志之共訂者也。文魚博雅嗜古，汲汲以表章爲事，試更以芻蕘之言，斟酌盡當而刊焉。非特爲山陰陸氏之功臣，抑亦雪客先生之益友矣。庚子端陽後二日，海昌吴騫跋。

藏印　拜經樓　兔牀　紅藥山房收藏私印

## 129　吴越備史四卷　吴枚菴鈔校本　四册　郁泰峯舊藏　（07428）

題「武勝軍節度使掌書記范坰武勝軍節度使巡官林禹撰」。吴枚菴從維揚江氏借述古堂錢氏鈔本録出。《讀書敏求記》謂：「稱忠懿爲今元帥吴越國王。自乾祐戊申至端拱戊子，紀王事終始歷然。」此悉相合，别無補遺。又所指德洪刊本失載各事，此亦具存。是爲出自真本無疑。卷中於諸王名皆空格，武肅、忠獻嫌名「劉」字改「彭城」，「左」字改「上」，兼於「匡」字注「名犯太祖諱上一字」。錢竹汀謂：「恨未見遵王所藏，則此本洵足多矣。」

吴枚菴跋　右書凡四卷，係述古堂鈔本，最爲精善。今藏維揚江氏，予借得録之。原本無上跋，從《讀書敏求記》中録附卷尾，以資考核。書中凡「劉」姓悉易爲「彭城」，避武肅嫌諱也；又諱「佐」，凡官名「左」者，悉改爲「上」。書中所云「上右」，乃「左右」也。丙申嘉平五日，雪窗呵凍書。

又跋　按是書載《通考》者有二：《吴越備史》九卷，注「吴越掌書記范坰林禹撰」；又《吴越備史遺事》五卷，注「全州觀察使錢儼撰」，並引陳直齋言，謂《備史》亦儼所爲，託名林范者。儼，元瓘之子也。又明初刊本，武肅王二卷、文穆王、忠獻王、吴越國王各一卷，凡五卷。又補遺一卷，或云錢德洪，或云馬蓋臣撰。卷帙不同，未知孰是。識之以質博雅者。十一日雨牕，枚菴漫士吴翌鳳又書。

又跋　卷中凡低一格者，原本俱雙行分注。兹從馮本《三國志》裴松之注例，欲便觀覽，應不嫌其改易行第也。明年正月二十日，枚菴又書。

【今本《吴越備史》，武肅十九世孫德洪所刊。序稱：忠懿事止于戊辰，因命門人馬蓋臣續第六卷爲補遺。予暇日以家藏舊本校閱之，知其刻之非也。是書爲范坰、林禹所撰，稱忠懿爲「今元帥吴越國王」。自乾祐戊申至端拱戊子，紀王事終始歷然。新刻則於乾德四年後，序次紊亂，脱誤宏多，翻以開寶二年後事爲補遺。他如王因衣錦城被寇，命同玄先生閭丘方遠建下元金籙醮於東府龍瑞宫。其夕大雪，惟醮壇上星斗燦然，一黑虎蹲宫門外，罷醮而去。羅隱師事方遠，執弟子禮甚恭，及迎釋迦建浮圖以供之，其制度皆出王之心匠，諸事皆失載。其字句紕繆處又不知幾何也。蓋德洪當日所見乃零斷殘本，實非完書。以《家王故事》急付剞劂，未遑細心參攷耳。也是翁錢曾遵王。按此跋係吴梅菴過録。】

藏印　祕本　翌鳳鈔藏　吴枚菴校定本　枚菴漫士　古歡堂　泰峯

## 130　僞齊録二卷　鈔本　一册　鮑以文校藏　(07429)

陳振孫《書録解題》云，《逆臣劉豫傳》，楊堯弼等撰。《四庫》作《僞豫傳》，楊克弼撰。此題「楊堯弼」撰，與《書録解題》合。前後無序跋，不知所據何本。舊爲知不足齋所藏。卷末程慶餘手跋，謂：「硃墨校改數次，疑出鮑以翁手筆。」其實墨筆爲以文手校，硃筆則他人爲之也。

程慶餘跋　是書陳振孫《書録解題》：「《逆臣劉豫傳》一卷，楊堯弼、楊載等撰。」《四庫》著録於附存目，作「《僞豫傳》一卷，楊克弼撰」。據其自叙，稱「以豫逆臣不當稱僞齊，故削其國號而名稱之以示貶」云云。是原本標題作「劉豫」或「僞豫傳」，不作「僞齊」也。又稱傳中載：「豫，阜昌八年遣宣義郎楊克弼乞師大金，克弼他辭，乃改差韓元美。」是克弼亦嘗仕豫，豫廢後乃復歸宋耳。今此本無序。又傳中八年止載遣僞宣教郎户部員外郎韓元英，而無遣克弼之文。豈有闕佚耶？抑經後人删節耶？「克」、「堯」字形相近，他書未見，無從是正。所稱「韓元美」，書中亦俱作「元英」，疑「美」字誤也。此册係從舊本過録，已有硃墨校改數次，疑出鮑以翁手筆。余所藏本，乃從舊刊本影鈔者。向年曾經略校，其大致亦同此本，而文字較順，今適在行篋中，因破一日之暇，略爲校勘如右。其有義得兩通，仍兩存之。又前後《三朝北盟會編》見所引此書甚多，惜案頭無之，未及參校，姑以俟諸異日可耳。屠維作洛之歲，辜月既望，烏程程慶餘記于吴中藝海樓。

藏印

歙西長塘鮑氏知不足齋藏書印　老屋三間賜書萬卷　慶餘提正文字　慶餘經眼　心齋　六九主人

## 131　三輔黄圖六卷　元刊本　四册　(07430)

卷首有原序，次紹興癸未苗昌言題辭，稱是書爲撫州州學所刻，又謂「世無版刻,傳寫多謬,凡得數本,以相參校,其或未有證據,疑以傳疑,不敢斷以臆説」云云。昔毛斧季據南宋高宗時刊本以校明刻,其書首尾通爲一卷,與《隋志》合,不知即苗氏刊本否?是本前有苗氏題辭,亦引《唐藝文志》一卷之語,且摹刻行書,蓋即從紹興本出,惟已析爲六卷。半葉十一行,行二十一字,小字同。版心細黑口,雙魚尾。書名題「三輔圖」。

目録後木記　致和戊辰夏五 余氏勤有堂刊

## 132 元和郡縣圖志四十卷　鈔本　十六册　怡府、結一廬朱氏舊藏　(07431)

卷首李吉甫序。卷末程大昌、洪邁、張子顔跋。程跋稱「圖已不存,志有闕佚譌誤」。是在宋時已無完本。今卷十九、二十,卷二十二,卷三十三,卷三十五、三十六又盡亡逸,卷十八後半亦闕。諸家藏本悉同。每卷均題「圖志」,目録連屬正文。洪、張二跋語涉宋帝均提行,蓋猶從宋本出也。以武英殿、岱南閣孫氏刊本對校,互有異同,然大致與孫氏本相合。

藏印　怡府世寶　明善堂珍藏書畫印記　安樂堂藏書記　仁和朱復廬校藏書籍　子清真賞　復廬流覽所及　結一廬藏書印

## 133　九域志十卷

鈔本　五册　盧抱經校藏　（07432）

按卷首王存《進書表》，宋初原有《九域圖》。自天禧後歷年滋多，事有因革。至熙甯時，詔曾肇、李德芻重加删定，以存董其事。譔次既成，以舊名「圖」而無繪事，請改曰「志」。總二十三路：京府四，次府十，州二百四十二，軍二十七，監四，縣一千二百三十五。離爲十卷。晁公武《讀書志》有新、舊《九域志》之目。此無「古跡」一門，當爲舊志。是本不著所從出，惟「睦州」未改「嚴州」，其源當出於北宋刊本。盧抱經學士以鮑氏知不足齋、吴氏拜經樓舊藏校過。

盧抱經題記摘録：

乾隆乙巳五月八日，東里盧文弨閲。時擬刻《春秋繁露》。見卷一後。

乙巳四月十七日，孫淵如來晤，將往中州畢中丞署。言及《山海經》「肅慎國雒常樹」下「先入伐帝」，乃「聖人代立」之誤。《太平御覽》不誤。見卷三後。

丁未三月二十七日，因别鈔有「古蹟」之本，乃借之吴葵里者，復對閲一過。見卷五後。

乙巳五月十一日鈔畢。家人將回杭州，可以元本還知不足齋主人矣。東里盧文弨，時在鍾山書院。

乾隆五十九年九月朔，以馮集梧新刻本校對。其里數異同，姑從略。弓父又識。

丁未四月又鈔得有「古蹟」本。對校一過。二十四日弓父記。以上見卷十後。

藏印　盧　文弨　弓父　武林　抱經　抱經堂　白首尚
　　　文弨　之印　手校　盧氏　堂書　校定本　鈔　書

## 134　新定九域志十一卷　鈔本　四册　周有香校，孔葒谷舊藏　(07433)

此與前書相同，惟府、州、軍、監、縣後，均有「古蹟」一門，爲前書所未有。《四庫提要》謂即晁公武《讀書志》所云之新本，彝尊以爲民間流行之書。《四庫》著録，首卷「四京」及「京東」二路俱闕，而是本尚存。然與前書對校，互有訛奪。府、州、軍、監、縣下沿革，暨縣下所志鄉鎮、山水，均不如前書之詳。疑係坊刻刊落。惟「睦州」則亦未誤「嚴州」耳。分卷以「四京」爲卷首，與前書微有不同。周有香以朱筆校過，補正甚多。

周有香題　按宋《九域圖》，大中祥符六年修定，熙甯八年七月十一日辛丑，詔館閣校勘曾肇、光禄丞李德芻删定，以知制誥王存審其事。既以舊書不繪地形，難以稱「圖」，賜名《九域志》。凡壤地之離合，户版之登耗，名號之升降，鎮戍城堡之名，山澤虞衡之利，皆著於書。始四京，終化外羈縻州。總二十三路：京府四，次府十，次州十，州二百四十二，軍二十七，監四，縣一千一百二十五，與前書表略異。爲十卷。元豐三年閏九月，延和殿進呈。六年閏三月詔鐫，八年八月頒行。今是書卷帙無闕。前有卷首一卷，蓋完本也。於府、州、軍、監、縣，均添入「古蹟」，蓋即元豐刊本而益之者也。故晁公武有新、舊《九域志》之目。卷首、卷二兩卷，闕文數處，餘卷亦有脱訛。因無别本可校，惟據《宋・地里志》及《寰宇記》、《輿地廣記》參證，補闕文二十餘處，正訛五百餘字。其無可據者，以俟再考。又按是書頒行在元豐八年，卷一内載元祐元年復鄭州滎陽、滎澤、原武三鎮爲縣，或亦當時所補入歟。丙申十一月十六日甲午，有香周夢棠識於因居。

藏印　周夢棠印　有香　長毋相忘　孔繼涵印　葒谷　孔安樂印　新昌里印

## 135　新編方輿勝覽七十卷　宋刊本　二十四册　怡府舊藏　（07434。著録作「元刻本」）

題「建安祝穆和父編」。前有嘉熙己亥新安吕午及祝穆序，所紀僅浙西、浙東、福建、江東、江西、湖南、湖北、京西、廣東、廣西、淮東、淮西、成都府、夔州、潼川府、利州東、西，凡十七路。每篇先建置沿革，次事要，其子目爲郡名、風俗、形勝、土産、山川、學館、堂院、樓閣、亭榭、井泉、館驛、橋梁、佛寺、道觀、古跡、名宦、人物、題詠，終以四六。大抵供文士登臨撰述掇拾之用。原有咸淳二年《福建轉運使司禁止麻沙書坊翻板榜文》，可爲吾國版權嚆矢。又卷末有咸淳丁卯穆子洙跋，此均佚。半葉十四行，行二十三字。事要標題，以大字跨列兩行之中。版心黑口，雙魚尾。書名題「方幾」。左右雙闌，闌外有耳。《四庫提要》譏其名爲地志，實則類書。然自元以來，迄無印本，故藏書家每珍視之。

藏印　安樂堂藏書記　侍郎後人　城中靜處　八千卷樓所藏

## 136　聖朝混一方輿勝覽三卷　元刊本　十二册　汪閬源、郁泰峯舊藏　（07435。著録作「明初刻本」）

不著撰人名氏。無序跋。卷首有行書牌記，云：「唐虞三代以來之州域，北不逾幽并，南不越嶺徼，東至于海，西被于流沙。其間蠻夷戎狄之地，亦有未盡啓闢者。方今六合混一，文軌會同，有前古所未有之天下。皇乎盛哉！是編凡山川、人物、沿革本末，靡不具載。學士大夫，端坐窗几而欲周知天下，操弄翰墨而欲得助江山，不勞餘力，盡在目中，信乎其爲勝覽矣。」此等通套文字，宋元坊肆刻本往往有之。半葉十二行，行二十字。體例略仿祝穆《方輿勝覽》。元劉應、李新編《事文類聚》、《翰墨全書》，以此列入後乙集。錢竹汀謂爲流傳甚少。此尚是初印本，紙墨精湛。元《一統志》今已無存，得見是書，慰情聊勝。

藏印　汪印士鐘　閬源真賞　平陽汪氏藏書印　憲奎　秋浦　郁印松年　泰峯

## 137－1　吴郡圖經續記三卷　鈔本　一册　濮自崑、吴兔床校藏　(07436)

首元豐七年朱長文自序,末元祐元年常安民、七年林慮後序,元符庚辰祝安上鏤版後序,紹興四年孫佑重刊跋。後附蘇軾等薦長文劄子。卷上分封域、城邑、户口、坊市、物産、風俗、門名、學校、州宅、南園、倉務、海道、亭館、牧守、人物十五篇,卷中分橋梁、祠廟、宫觀、寺院、山水、六篇,卷下分治水、往迹、園第、冢墓、碑碣、事志、雜録七篇。卷上末葉有「淳熙改元三月琴川徐日新觀於中山書樓」一行,必自宋本傳録。卷内朱筆評點,稱義門先生爲先師,並依宋本校勘,頗多補正。吴兔床跋稱爲濮自崑手校,兔床復與陳仲魚有所攷訂。

吴兔床跋　《續吴郡圖經》世間傳本絶少,而此本係秀水濮自崑先生手校,尤爲可寶。余三十年前,嘗偕鮑渌飲遊吴中購得之,珍藏至今。每一展卷,覺古香襲人。後世其善視之。嘉慶辛酉,兔床騫記。

陳仲魚跋　嘉慶十一年秋,郭海陳鱣借校一過。時寓中吴别業。

【藏印　臣騫　吴兔牀書籍記、拜經樓吴氏藏書、同治甲子潘康保三十一歲後所得】

## 137－2　又一部　鈔本　一册　顧可潛校，黄蕘圃、顧千里舊藏　（07439）

嘉靖時錢罄室借杉瀆橋沈辨之本鈔藏，又借崑山葉子寅宋刻本校對差字。至萬曆二年，郡理龍宗武據以繡梓。是本即從龍刊影寫。雍正十二年顧可潛於崑山徐氏購得葉文莊所藏宋刻本，用以覆校。

黄蕘圃跋　此鈔本《吴郡圖經續記》，末有錢罄室跋語，當是錢本影寫者。余得諸華陽橋顧氏，即朱筆可潛氏之後也。後又從伊家得宋刻本，爲葉文莊舊藏，而錢罄室補欠。圖章筆跡，古色朗然。前人所言，悉得其實證。是可喜也。嘉慶己未因題瞿安槎安槎即卷中鈐「中溶借觀」印者。《訪吴郡橋梁宋元石刻圖》而繙閲及此，爰再誌之。

顧澗薲跋　嘉慶癸亥八月，以舊鈔本《演繁露》易得此於黄蕘圃氏。廿七日燈下記。

藏印　荆蠻顧霖　可潛　丕烈私印　蕘圃　澗薲　思適齋　顧澗蘋藏書　中溶借觀

## 138　嘉禾志三十二卷　鈔本　六册　吴枚菴、黄蕘圃校藏　（07440）

卷首至元戊子郭晦、唐天麟二序。全書經吴、黄二氏校過。黄氏校勘尤詳，有通葉【卷二十二《東塔置田度僧記》脱一葉□】用朱筆重録者。【惟卷二十五《平易堂記》文字誤入《傳胎書院記》，吴、黄二氏俱未校出。】原書訛奪滋多，得茲名校，差可習誦。

黄蕘圃跋　《嘉禾志》向蓄袁氏貞節堂鈔本，而借嘉定錢少詹家藏鈔本手校一過。袁氏亦從錢本鈔出，訛謬更甚，行款亦多改移。今吴枚菴家書中【出】，有此鈔本，雖非絶精，然與錢本多同，間有一、二似勝錢本。爰以臨寫錢本覆勘。卷中紅筆爲枚菴所校。余續校者，于紅筆多用名以别之。時嘉慶癸亥冬至後九日，蕘翁記。

藏印　士禮居藏　曉滄經眼

## 139－1　水經注四十卷　明嘉靖刊本　十册　惠定宇校藏　(07441)

明黄省曾刊本。惠定宇全部點校，正訛補闕，其有異同者，註明「宋本作某」，僅數見。其他僅註「一本作某」，不詳其所自出。卷十六「穀水又東過河南縣北東南入于洛」注，卷三十六「温水東北入于鬱」注，中有數語，訛誤特甚。惠氏均未句讀，並於書眉記明，可見前人爲學之慎。原書卷九、卷十三第十五、六葉，彼此錯簡，亦已訂正。

藏印　惠棟之印　定宇　紅豆齋收藏　純楠之印　楚良　慶善字叔美印　尚友齋藏書

## 139－2 又一部 明嘉靖重鈔《大典》本 存前半部 四册(04069—04072)

右《永樂大典》收入「賄」韻「水」字中之《水經注》，起卷之一萬一千一百二十七，迄卷之一萬一千一百四十一，凡十五卷，分裝八册。全書俱存，一無欠闕。前八卷今存於涵芬樓，後七卷爲高陽李氏所得。余嘗通段，併印入《續古逸叢書》。《四庫》本即從此出，亦即今聚珍本之底本。惟聚珍本列舉水名，以小從大；此則編次從同，諸水均蟬聯而下。經注區別，彼此亦多不相合。《提要》稱原書已佚五卷，後人分析以足原數，而此則僅分十五卷。每卷起迄與聚珍本相合者衹有六卷，餘皆任意割截，蓋依《大典》全書之體裁，以篇帙之厚薄而定。意原本當不如是。《四庫》著録，尚有趙一清之《水經注釋》。趙氏稱寧波全祖望自言得自先世舊聞，謂道元注中有注，雙行夾寫，今混作大字，幾不可辨。因從其説辨驗文義，離析其注中之注，以大字、細字分別書之，使語不相雜而文仍相屬，此爲讀是書之一至要鍵鑰。《提要》於此頗有微詞，疑爲不可盡信。今見是本，衹有經注字分大小，並無所謂「注中之注」。館臣親覩是書，且定爲出自宋槧善本，自可直捷指明，據此以正趙説之訛，何必隱約其詞，使後之人紛紜聚訟，讀者亦莫之適從，殊不可解。

## 140 邦畿水利集説四卷附九十九淀考一卷 稿本　二册　陳碩甫舊藏

（07442。著録作「鈔本」）

元和沈聯芳蕺山編輯。前有道光三年沈欽裴序，嘉慶八年聯芳自序，略謂：「備員畿輔，捧檄所過，往往臨流探討，入境諮諏，或執一二耆老以窮究其原委，筆之於書。畿南數大川，游歷幾徧，其中今昔情形之不同，一方利害之所係，日聚月積，萃集成帙。凡前人已創之議論，或議而未行，或行而未竟，以及輿論之可採，臆見之偶得，悉載於編，以備採擇。」云云。綜其要旨，凡分六端：一、浚減河以洩運河；二、别溝洫以殺水勢；三、擴泊淀以瀦水；四、浚子牙正、支二河；五、疏永定河之下流；六、治文安之水以利農田。作者親身攷察，本其閲歷之所得，著爲是書，與徒託空言者不同。陳碩甫得此稿於京師宣武門外書肆，欲刊行而未果，近爲涵芬樓所得。戰禍將作前數日，適葉君揆初假去，獲免於厄。意者天或留爲治邦畿水利者之用歟。

汪喜孫跋　昔趙先生一清、戴先生震同撰《直隸河渠志》，後有妄人竊取以獻於朝，遂得官。于後王先生念孫，熟于北河水利，嘗爲河圖，以示其孫。喜孫讀之，嘆先生經世之學未竟其用，嫉惡如風，遂爲忌者所中，一蹶而不可振也。沈君是書貫串直隸水道形勝宣泄之法，可備采擇，見諸施行。世之高牙大纛，虛耗河餉，賊害生民者，三復此册，當亦泚然汗下哉。道光二年十二月，汪喜孫跋。

仁和後學龔自珍敬讀數過。時道光壬午閏三月。在自序後。

藏印　曾在三百堂陳氏處

## 141　洛陽伽藍記五卷　明刊本　二册　（07443）

題「魏府軍府司馬楊衒之撰」。前有楊氏自序，版心有「如隱堂」三字。《愛日精廬藏書續志》謂是書以如隱堂本爲最善。察其版刻，當在明代嘉、隆之際。原闕卷二第四、第九、第十八等葉，均鈔補。昔毛斧季獲見是刻，即已言之，世間藏本，無不皆然。蓋殘佚久矣。

## 142　長安志二十卷　明嘉靖刊本　三册　李南澗、盛伯羲舊藏　（07444）

司馬温公序宋敏求《河南志》稱：「唐韋述爲《兩京記》，敏求演之爲河南、長安《志》。凡其廢興、遷徙及宫室、城郭、坊市、第舍、縣鎮、鄉里、山川、津梁、亭驛、廟寺、陵墓之名數，與古先之遺迹，人物之俊秀，守令之良能，花卉之殊尤，無不備載。考諸韋《記》，其詳不啻十餘倍」云云。李文藻録此記於卷首。是爲嘉靖十一年汝南李經刻於西安之本。黄蕘圃謂有武功康海序，此已失去。而《四庫》本已佚之趙彦若序，則此猶幸存。全書分爲上、中、下三編：《列傳》一至四爲上，卷五至十四爲中一百，卷十五至二十爲下二百。其「一百」、「二百」字，殊不可解。至葉次總排長號，卷一起自第七十四，則以前必爲李好文之《長安志圖》，即《四庫提要》所稱「强合爲一，世次紊越」者也。此雖編録失宜，然失之究非完璧。舊爲盛意園所藏，廿年前傳沅叔同年爲涵芬樓購得。余有舊跋，今録於後：

昔吴枚菴聞書賈朱繡城云，海鹽張氏有宋刻本。余家藏書久散，僅存六世祖青在公《清綺齋書目》一帙，不載其名。今不知此書尚在人間否？是本刊印不精，故竹垞指爲「字畫麁惡」，然黄俞邰跋陶爾成所藏同式之本，稱爲「流傳甚少」，則亦尚可藏弆矣。青氈不守，想像徒勞，獲覩是編，如逢故物。今以庋之涵芬樓中，其或能保存於勿替乎。壬子秋日。

藏印　大雲山房　李印文藻　李生　字曰南澗香艸居士

## 143　北户録三卷　明鈔本　一册　汪訒菴、黄蕘圃舊藏　（07445）

題「萬年縣尉段公路纂」，「登仕郎前京兆府參軍崔龜圖註」。《格致叢書》刊本僅二卷，《古今説海》、《學海類編》更併爲一卷。此分三卷，猶爲原編次第。《四庫提要》稱「註文頗爲典贍，鼂圖不題其姓，似爲公路之族」。此本却未脱「崔」字。毛氏汲古閣影寫宋本，目後有「臨安府太廟前尹家書籍鋪刊行」一行。歸安陸氏據以重刊。「鼂圖」確爲崔姓，是可知此由宋本出矣。版心每葉有「文始堂」三字，兼以朱墨兩筆校過。按荀悦《申鑒》，明有文始堂本，爲黄省曾所刊。是此亦必出於黄氏之手。

藏印 開萬樓藏書印　平江黄氏圖書

## 144　岳陽風土記不分卷　明鈔本　一册　天一閣舊藏　（07446）

題「宋宣德郎監岳州在城酒税務范致明撰」。前有范寅秩、劉谷竪二跋，後有嘉靖陸埘跋。是書出自天一閣，檢其書目。有藍絲闌緜紙鈔本，當即指此。

## 145　幽蘭居士東京夢華録十卷　影元鈔本　二册　毛子晉舊藏

卷首作者孟元老紹興丁卯自序，末有淳熙丁未浚儀趙師俠介之後序。半葉十四行，行二十二字。昔黄蕘圃曾見元刻，謂書中惟「祖宗」二字空格，餘字不避宋諱，當是元刻中之上駟。今此本正同。卷一有「汲古主人」及「子晉」印記，頗似毛氏舊鈔。蕘圃謂毛刻未盡善，且失去介之後序，豈樵寫在梓行後耶？

余友鄧孝先藏道光壬辰常茂徠邦崖鈔本。常氏跋云：「艮嶽爲一時巨觀，且以萃天下之名勝，獨缺而不書。謝樸園序指爲爲宣和諱。以余觀之，諱誠是矣，而爲宣和諱則非。何則？花石之進，爲太守朱勔。艮嶽之築，專其事者爲户部侍郎孟揆。揆非異人，即元老也。元老其字而揆其名者也。推元老之意，亦知其負罪與朱勔等，必爲天下後世所共指責，故隱其名而著其字。」孝先謂：「揆字元老，無他書爲之左證。而前人讀書細心處不可掩」云云。爰録其説，以廣舊聞。

## 146－1 中吴紀聞六卷

明弘治刊本　二册　（07447）

前龔明之序，後至正二十五年武甯盧熊記。卷六《吴江詞》以下八則，有目無文。昔人僅見盧記，故多認爲元刻。然記實云「校正增補，記其大略」，並未有刊行之語。鐵琴銅劍樓所藏一部，印本稍後，行款悉同。卷首有弘治七年知崑山縣事慈溪楊子器序，謂：「公武所記，在元至正二十五年，上泝宋之淳熙元年所序，凡歷二百二十餘年。元運訖於至正三十二年，及於皇明，通計三百六十餘年，未有刻而傳者。乃重加校勘，命邑義民嚴春刻而傳之。」云云。是可爲盧氏確未刊行之證。今此序不存，殆爲市估毀去，冒爲元刻也。後列毛、陸兩校本，均指爲舊本，蓋亦未見楊序之故。《四庫提要》乃謂「盧熊訪求校正，至明末毛晉始授諸梓」，則並此本亦未之見。是雖明刻，要可珍已。

**146－2　又一部**　若墅堂刊本　一册　毛斧季、陸勅先校藏　（07448）

前後序目跋文，均據汲古閣本鈔補。全書卷節均同。卷六《石湖》等八條亦缺。以毛斧季所校核之，似刊刻尚在汲古之前。斧季所據，有原本、舊本、别本，均不言其所自出。丹黄二色，爲斧季手筆。今以楊氏弘治刊本對勘，其所謂原本，並非楊刻。所謂舊本，則與楊刻同，惟訛誤較多。陸氏實親見楊刻者，故凡遇斧季臆改之字，均以墨筆訂正之。

藏印　西河季子之印　汲古閣

**146－3　又一部**　汲古閣刊本　一册　毛斧季、陸勅先校藏　（07449。著録作「四册」）

此爲汲古閣刊成最初印本，版心上下尚作墨丁。全書據刻本、别本及范、盧二志、《吴中舊事》書中所舉各人本集校過。原本訛奪，一一訂正。其鐫版偶誤或未刻者，均記明或註「修」字，蓋爲指示手民而作。卷四末有「著作王先生」一條，爲楊刻所無。毛氏及校者，均未言補自何書。楊刻龔序用寫本上木，序中「其皆新、舊《圖經》及《吴地志》所不載者」句，又卷一丁「晉公拜老郁先生」條「吴人至今以爲美談」句，兩「吴」字均作「矣」。此本一改作「夫」，一校改作「矣」，殊欠審慎。校改諸字，有筆意端凝者，當爲斧季手筆。卷末有「戊子穀日刻本校一過，覿菴」朱字一行，或勅先當日亦與於參閲之列歟。

## 147 夢粱録不分卷　明鈔本　一册　天一閣舊藏　（07450）

卷首書名下題「此南峯楊循吉删本」八字。按《天一閣書目》史部「《夢粱録》紅絲闌鈔本，宋錢塘吴自牧撰。原書二十卷，此明人楊循吉删本也」云云，即指是書。

## 148 武林舊事六卷　明正德刊本　六册　何夢華舊藏　（07451）

題「四水潛夫輯」，實宋周公謹撰也。湖州有苕水、餘不水、前溪水、北流水，合而入於雪溪。公謹生於湖州，故以是名。此爲明正德戊寅宋廷佐刊本，書凡六卷。作者自序。廷佐及留志淑跋均佚。黄蕘圃嘗勘錢述古鈔本，謂《祭掃》條之「淚妝」、《禁中納涼》條之「御笐」諸字，均未泯滅，足徵舊本之善。此本正同。鮑以文刊入《知不足齋叢書》，前六卷用以參校，所指異同之字亦一一脗合。雖非足本，要爲昔賢所引重也。

藏印　何印　元錫

## 149　虞鄉雜志不分卷　毛子晉稿本　一册　（07452。著録作「汲古閣鈔本」）

卷首有毛晉潛在小引：「余家隱湖之曲，每遇風日晴美，□□山水佳處，搜□古蹟，間有所得，或展卷之際，事涉吾鄉，並誌一編，存諸研北，時代先後，略無詮次，若邇來沿革，多載新志，至於人物之盛，詩文之富，備傳梨棗，非草莽臣所敢紀録。」云云。每條均標所引書名，並於書眉用朱筆分註考古、水利、建置、職官、兵寇、可師、可鑒、技術、鬼神、仙釋、紀異、佚事等目。版心有「汲古閣」三字，書法老到。每越數條，其筆墨粗細、濃淡，輒有變易。是必隨手摘録之作。塗改删補，朱墨齊下，當爲潛在手稿無疑。其同邑張海鵬梓刻《借月山房彙鈔》，中有是書，析爲三卷，頗有異同。故友丁芝孫嘗借録一過，刊入《虞山叢刻》，謂視刊本詳略互見，文同者五十五則，文異者十三則，刊本所無者一百十三則，而刊本爲此本所無者，亦一百十則。且謂此爲潛在初稿，故未分卷，增減至百條以下，後來必別有定本，爲張氏所據以付刊云。

## 150　宣和奉使高麗圖經四十卷　鈔本　二册　孔葒谷舊藏　（07453）

卷首序題「奉議郎充奉使高麗國信所提轄人船禮物賜緋魚袋臣徐兢撰」。序後有其姪蒧《刻書識語》，末附徐公行狀。卷中「慎」字注「今上御名」，「構」字注「太上御名」。是必從宋本出，惟闕文脱字不一而足。卷四十《儒學》節，「雞林之人引領嘆慕至」以下脱若干行。海鹽鄭氏、長塘鮑氏刊本同。《愛日精廬藏書志》有舊鈔本。毛斧季據宋本校補，得二百五十三字。毛氏又言宋本借自宋中丞，亦缺三葉，無從是正。所缺爲卷二之第四葉，卷八之第五、六葉。天禄琳琅宋本頃已印行。是本《儒學》節所缺爲卷四十之第五葉，正二百五十三字。毛氏言宋中丞本所缺三葉，天禄本亦係鈔配，而是本俱存，且卷八之第五葉凡缺五字，兩本亦一一脗合。是則此所從出，與天禄據以鈔配之本，必爲別一宋槧，或由展轉傳録，故致多所訛奪耳。

藏印　孔繼涵印　葒谷　石瓶菴

## 151　麟臺故事　影宋鈔本　存三卷　一册　錢叔寶、王漁洋、惠定宇、陳仲尊舊藏　（07454）

題「紹興元年七月朝請郎試祕書少監程俱記」。《四庫提要》稱原書五卷，凡十二篇。

篇名散見于《永樂大典》者，祇存其九，曰《沿革》，曰《省舍》，曰《儲藏》，曰《修纂》，曰《職掌》，曰《選任》，曰《官聯》，曰《恩聯》，曰《禄廪》。是本僅存三卷，凡六篇，除《官聯》、《選任》、《修纂》外，有《書籍》、《校讎》、《國史》，爲《四庫》本所無。意必可補其闕矣，而庸知不然。武英殿聚珍本與是本篇次不符，即篇名相同，而所收各條屬於他篇者，亦比比皆是。如《沿革》篇内，闌入原書《官聯》第一、第六條；《儲藏》篇内，闌入《書籍》第五至八、第十二條；《修纂》篇内，闌入《書籍》第十九條，《校讎》第二、第五、第八、第十、第十二條，《國史》第九條；《職掌》篇内，闌入《官聯》第五、第七至九、第十二條；《選任》篇内，闌入《國史》第七條。惟《官聯》篇未見他類。然是本《官聯》篇凡十二條，第二條聚珍本未録；《選任》篇凡十三條，第五、六條未録；《修纂》篇凡十五條，第四、第九、第十一至十四條未録。以此推之，其他六篇，必多遺佚。且所録各條有不完者，有分合錯亂者，顛倒訛奪，不勝枚舉。然《大典》編輯無緒，纂修《四庫》諸臣，裒輯叢殘，憑空排比，得此已非易易，固不能執是本以相責也。是本遇宋諱「玄」、「鉉」、「桓」、「完」、「勾」、「購」、「慎」等字多闕末筆，必自宋本傳録。然有可疑者：卷首進書申省原狀，何以特闕「書凡十有二篇」六字？「五卷」何以作「三卷」？《南宋館閣録》踵是書編纂，其篇目亦以《沿革》、《省舍》、《儲藏》居前，而是本何以卷一即爲《官聯》、《選任》，次第亦嫌未合？意者影寫之時，原書僅存三卷，狀文已被剜改，卷第亦且移動，寫官依樣描畫，故致有此舛誤。若如黄復翁言爲影寫者所爲，則何不並將「書凡十有二篇」六字改爲「書凡六篇」，反盡泯其痕迹乎？是可見此六字原書久作空白矣。原書每卷之「上」、「中」、「下」字，黄氏指爲書估所填，細辨誠信。

錢叔寶題　隆慶元年八月十日，蘇州府前杜氏書鋪收。

黄蕘圃跋　是書爲影宋舊鈔，惜止三卷，蓋未全本也。然實世間希有之書。與聚珍本不同，命篇、叙次多異。初書賈攜來，手校一過，乃知其佳。旋因議價未諧，復攜去，後知歸於西畇艸堂，遂倩余友胡葦洲轉假。影録一册，積想頓慰。還書之日，敬誌數語，以拜嘉惠。是書陳《録》云五卷，爲書十有二篇。今劄云三卷，就不全本影寫時，改五爲三也。於每卷填「上」、「中」、「下」字，欲泯不全之迹爲之耳。「隆慶」云云一行，的係叔寶手蹟，尤可寶貴。書之可珍者在真本。此種是已，毋以不全忽之。嘉慶甲戌六月十有一日，復翁。下鈐「丕烈」白文二小方印。

藏印　錢穀　叔寶　中吴錢氏收藏印　池北書庫收藏　惠棟之印　定宇　紅豆山房校藏善本　祕本　陳墫私印　中尊　仲尊攷定　仲遵攷藏　仲遵　墫印　陳氏家藏　西畇艸堂　西畇艸堂攷藏　文登于氏小謨觴館藏本　戴氏芷農藏書畫印　戴芷農收藏書畫印

## 152 牧民忠告二卷經進風憲忠告一卷廟堂忠告一卷

元刊本　二册

錢牧齋、郭蘭石舊藏　（07455）

前一種題「齊東野人張養浩著」。卷上拜命、上任、聽訟、御下、宣化凡三十七條；卷下慎獄、救荒、事長、受代、居閑亦三十七條。前後無序跋。後二種題「資善大夫陝西諸道行御史臺御史中丞臣張養浩著」。《風憲》分自律、示教、詢訪、按行、審録、薦舉、糾彈、奏對、臨難、全節凡十條。前有至正乙未秋林泉生序。《廟堂》分修身、用賢、重民、遠慮、調變、任怨、分謗、應變、獻納、退休亦十條。目録後各有養浩子引至正元年十一月《進書跋》。全書半葉八行，行十七字。第一種鎸刻在前，故字體槧工均不同。

郭蘭石跋　右張文忠《三事忠告》。其言明且清，信能體而行之。雖一命之士，於物必有所濟也。《牧民忠告》近有刻爲單行本者，《風憲》、《廟堂》二篇則自元以來未有重刻本也。絳雲樓焚，而此巋然如魯靈光，意固當有神物護持乎。辛卯五月望，莆田郭尚先記。

藏印　絳雲樓藏書印　香谷馬氏珍藏之印　郭印尚先　司經局洗馬章

## 153 通典 宋刊本　存三卷　一册　（07456。著録作「宋刻宋元遞修本」，「二册」）

存卷第七十八不全、第七十九、第八十。半葉十五行，行大字二十五、六，小字三十五、六、七不等。版心無書名，僅署「第幾册」及卷數。上記字數，下記刻工姓名。此三卷内有顧澄、余敏、高異、曹榮、王寶、張明、李倍、宋琚、徐儀諸人。宋諱避至「桓」字。

## 154－1 五代會要三十卷 鈔本　八册　孫潛夫鈔校【知聖道齋重過定本】（07457）

是爲孫潛夫假葉林宗鈔本傳録之本。首總目。卷一書名下題「推忠協謀佐理功臣光禄大夫守司空兼門下侍郎同中書門下平章事修國史上柱國太原郡開國公食邑一千户食實封四百户臣王溥纂」。每卷皆列子目。惟卷二以下不再題溥名。卷末有「校勘官前將仕郎試祕書省校書郎守秦州天水縣令宋璋」二行。是書慶曆六年文彦博初刊於蜀，洎乾道七年，施元之得舊版於江陰，爲之覆刻。各有一跋，附録於後。儀顧堂陸氏有影宋鈔本五十卷，「五」當爲「三」字之譌。所指各節，是本均與相合。全書用朱筆校勘，想即出潛夫手。

孫潛夫跋　丁未年，假葉林宗所鈔本寫出，爲日□□□，用紙四百零一番。九月九日早晨卒業記此。莜園孫潛。

何義門跋　康熙己卯從金陵書肆市歸，辛巳春日工人郁生爲余重裝。因記其後。濠梁何焯。下鈐「冢宰之屬」白文方印。

藏印　孫潛之印　潛夫　南昌彭氏　知聖道齋藏書　遇讀者善　臨川李氏　豪上

## 154－2　又一部　鈔本　四册　貴仲符鈔藏　（07458）

是爲貴徵所鈔。卷末有跋，謂：「從吴山尊學士鈔本傳録，山尊本亦録自聚珍本。」云云。然卷末校勘宋璋題名及文、施二跋，聚珍本不載，而是本有之，則吴氏亦不專據聚珍本也。後跋所指卷七《王朴奏論樂律》，卷二十《關内道洛南縣》注，原書確有譌奪。貴氏據歐、薛二《史》爲之訂正，誠非貿焉從事。然古書面目未免變亂，倘別撰校記附載於後，使讀者一展卷而知孰爲原文，孰爲增補，豈不更善？按貴徵，爲江蘇揚州府儀徵縣人，乾隆五十四年己酉科進士，官至吏部郎中。

貴仲符跋　右宋王溥《五代會要》三十卷，見祇有武英殿聚珍版印本，傳録甚少。此本從吴山尊學士鈔本傳鈔，山尊本亦鈔自聚珍版本者，錯誤處多，至不能成句讀。今悉以歐、薛《五代史》參互考證，如王朴之奏論、歷法、樂律，增減至數十百字，乃克成文；又如

《州縣分道》「改置關内道洛南縣」條下，所言並非洛南縣建置，薛氏亦同此誤。以歐《五代史·職方志》考之，始知洛南故屬華州，於周□□年□月割隸商州。因將此云云添入「洛南縣」條下。其「洛南縣」下，原注「後唐同光三年六月河中府奏韓城郃陽澄城僞梁割屬當府」云云，知係言河中府韓城縣、郃陽縣、澄城縣建置，乃更爲添河中府韓城縣、郃陽縣、澄城縣之目，始爲完善。其餘類此者多不可紀，俱悉爲竄正，仍有不能盡者。當時文案吏胥語多不可解，亦無從考核，然亦差稱善本矣。嘉慶十八年癸酉五月始寫，七月寫成。仲符貴徵記。

【藏印　貴徵仲符、貴徵仲符信印、仲符貴徵、貴徵、貴徵之印、貴徵印、貴徵信印、貴徵私印、徵、臣徵、臣徵印、仲符、仲符印信、仲符藏書之印、己酉進士、御試第一、二千石曹尚書印、循陔樂志之軒、前江後山之堂、戴筐仙吏、校勘石經、致楣、楣、乙卯進士】

## 155 建炎以來朝野雜記甲集二十卷乙集二十卷　鈔本　六册　孔葒谷校

藏　(07459)

宋李心傳撰。二集各有自序。卷首有《宣取高宗孝宗光宗繫年要録劄子》、《繳進奏狀指揮公牒》，凡四通。目録後有《刊書小序》，略謂：「是書乃《三朝繫年要録》之張本。」又謂：「宣取指揮史院文牒，具著于右。」使引用者知是書之所載，皆已經進之事，不復致疑。末有「是書蜀都辛氏刊行已久，今依元本摹刻，以廣其傳，但其間有事涉忌諱者，不敢不隱。奉鑒」云云二行。卷中語涉宋帝，均空格。是本出自宋刻，有錢塘吴氏誌語可證。知不足齋鮑氏復從是本傳録，孔氏又鈔自鮑本，並將吴、鮑校語一一過録，且有增益，加以校訂。然展轉迻寫，訛奪滋甚。孔氏漏校之字，亦時有所見。尚須别覓善本補校也。

孔繼涵跋　右甲、乙二集四十卷，乾隆三十八年浙江巡撫三寶進鮑士恭家鈔本。校勘精當，因倶謄鈔。内有明萬曆間趙琦美清常。校，康熙辛丑蔣繡谷深字樹存校。本書抄自鮑氏，鮑氏抄自吴，尺鳧。不知孔氏何以致誤。乾隆丁亥鮑廷博倚文。校。乾隆四十一年丙申九月廿六日甲午，補孟孔繼涵記。

藏印　孔繼涵印　葒谷　新昌里印　得失寸心知　孔印憲逵　柳泉

## 156－1　東漢會要四十卷

宋刊本　存二十八卷　六册　晉府舊藏　（07460）

題「奉議郎武學博士臣徐天麟上進」。卷首寶慶丙戌古栝葉時序，次寶慶二年天麟自序，次目録，次進書表。半葉十一行，行二十字。版心上記字數，下記刻工姓名。有劉生、陳明、胡明、余嵩、吴元、吴圭、陳元、劉洪、華文、劉如、莊奉、余武、翁正、丁和、劉右、劉永、共文、余秀、吴文、葉文、占朋、蔡云、范歸、俞克、余永、徐志、何潤、丘永、蔡中、余卯、劉向、李仁、占奉、江孫、官正、蔡全、陳巳、余云諸人。此爲本書第一刻本，蝶裝猶是舊製，惟第九至十五卷、第二十六至三十卷已佚。其第四至八五卷，用同版黄紙印本補配。《四庫》著録據范氏天一閣傳鈔宋本，第三十七、三十八兩卷全闕，第三十六、三十九兩卷各佚其半。此均不闕。

藏印　敬德堂圖書印　子子孫孫永寶用

**156－2　又一部**　影宋鈔本　十六册　毛子晉舊藏　（07461）

此爲汲古閣毛氏影宋精鈔。行款與前書同，完善無缺。

藏印　宋本　毛晉之印　毛氏子晉　汲古主人　汲古得修綆　希世之珍

**157　熬波圖説二卷**　鈔本　二册　（07462）

題「元陳椿撰」。《四庫》著録：「惟書名作《熬波圖》，僅一卷。」此則增「説」字，析爲二卷耳。前録《四庫提要》及作者自序。全書凡四十七圖，圖各有説，説後有詩。自「各團竈坐」至「篠灰取匀」爲上卷；自「篩水晒灰」至「起運散鹽」爲下卷。圖繪極精。第七、第九、第十、第十三、第十五圖均闕，與《四庫》同。至第三十八圖下即接第四十圖，遞推至四十八，疑筆誤也。

## 158 左司筆記三卷

吴西齋手稿 三册 （07463）

是爲太倉吴暻西齋手稿。按西齋爲梅村先生令子，康熙二十七年戊辰科進士，官至給事中。是書見《四庫存目》，謂其官户部時所撰。分疆域、户口、田地、正賦、漕運、錢法、鹽課、茶馬、關税、雜税、物産、三庫、十倉、常平、官俸、兵食、經費、設官、廨署、雜識二十門。是本祇存疆域、户口、田地附屯田三卷。增補删削，朱墨紛挐，當是未定之稿。卷目亦僅此三門，其他十七卷目均未載。意者當時分别屬稿，故致離析，因而散佚歟。

吴氏原序 户部蓋古司徒之官，國家疆域之廣狹，人民之衆寡，錢穀之出入，政事之損益，莫不薈萃簿書，職斯要矣。漢蕭何收秦圖籍，知天下阨塞，得萬世之本計；唐李吉甫撰《元和國計簿》十卷，總郡邑户口財賦之入，較吏禄兵廩之數，而朝廷典章，綱領具舉。其後宋田況、明鄭曉、席書之徒，咸有纘述，而文多未著于世。暻生長承平，得睹聖天子聰明文武，富有四海。其間寬租薄賦，愛養黎元之意，朝夕憂勤，萬幾無斁，而且疆土廣闢，聲教遠播，東南不賓之國，西北不毛之地，獻賝職貢，載在天府。暻官版曹者，蓋五載于茲。思欲周知一代之制度，而浮湛回翔，竊以曠乃官守是懼，迺涉獵前史，稽綜今典，輒采唐杜佑《通典》、宋馬端臨《文獻通考》二書遺意，區分條目，釐爲二十卷。暻少孤自立，學殖疏略。不能以文章傳于後世。編集羣言，用資掌故，間續己説，而實採古今賢士大夫之議論爲多。始于康熙庚辰，迄于癸未，凡四年而書成，名之曰《左司筆記》。後之君子，其或有所採擇，而毋譏其固陋焉。

張子和跋　西齋先生係梅村先生喆嗣，學問淹博，克繼清芬。此書乃官户曹時所輯，共二十卷。今存三卷。雖殘鱗片甲，而經國大業，不朽盛事，已略見一斑。因輯而藏之書庫。他日倘能獲見全豹，則更幸矣。子和氏誌。

藏印　張　燮　惠父寓目

## 159　昭德先生郡齋讀書志二十卷　鈔本　四册　汪閬源、李薌沚、黄蕘圃校，袁壽階舊藏　（07464）

此爲五硯樓舊藏。汪閬源以吴枚菴本校，李薌沚以瞿木夫鈔本及馬氏《經籍考》校，黄蕘圃又據以上各本覆校。朱墨燦然，並皆精審。汪氏所刊，即以此爲底本。

顧千里題　此衢本《郡齋讀書志》，五硯主人所得。予從之借鈔，凡錯簡十數，一一正之矣。雖史部書目類缺一葉，別集類下《劉筠集》以後，缺者約二、三十葉，無從補全也。

嘉慶乙丑九月，澗薲居士記。

李薌沚跋　富孫少喜覽蓺文簿録，史志外以鼂氏《讀書志》、陳氏《書録解題》爲最善。蓋每書之下，論其大恉，而一書之本末具見。《讀書志》向有三衢、袁州兩本，故《宋史·蓺文志》目録傳記類複見，一作四卷，一作二十卷。《直齋書録》、馬氏《經籍攷》竝偁《讀書志》二十卷。是爲衢本，馬氏所采皆據此。今世行者唯海昌陳氏所刊。袁州本先止四卷，較衢本幾缺其半。此蓋鼂氏初稿，趙希弁校以鐫梓。後希弁得衢本，見其部帙增多，復爲《後志》二卷，然仍有脱漏，并論説多所删削，非鼂氏之本真矣。且經轉寫，譌繆奪落，不可悉舉，嘗以未見衢本爲憾。頃寓吴門，獲與汪閬源觀察交。觀察好古嗜書，儲臧日富，兹以顧君澗薲所鈔衢本屬校。烏馬陶陰，錯脱處至不可讀。兼書目、別集兩類，奪去一百餘種。錢詹事《養新録》言瞿君中溶購得鈔白衢本，以惜無好事刊行之。此書近歸黄蕘圃主事處，復叚得讎勘。其書目類無缺葉。別集類《劉中山刀筆集》以下，所闕正同。瞿君以袁州本細爲校注，末有錢詹事跋語。富孫爰參攷互證，其所譌脱，皆爲諟正沾益之，並取袁州本洎《經籍攷》以增補其闕失，始得成爲完書。是書世鮮足本，顧君以爲無從補全。瞿君欲據袁本補足，而今迺復還鼂氏之舊。倘得付諸剞劂，以公同好，流布海内，實有厚幸焉。嘉慶己卯春二月，嘉興李富孫跋。下鈐「富孫」、「薌沚」二白文方印。

黄蕘圃録錢竹汀跋　此書有衢、袁二本。世所傳趙希弁校本，即袁刻，蓋子止初稿，又雜以趙氏書，益非其舊。吾壻所藏，乃真衢本，與《文獻通攷》所引多合，安得好事梓而行之，以還晁氏面目邪。乾隆乙卯十二月既望，竹汀叟錢大昕，時年六十有九。

藏印　袁印廷檮　五硯主人　蘇州袁氏五硯樓藏金石圖書　汪士鐘讀書　汪士鐘印　三十五峯園主人

## 160 絳雲樓書目二卷　鈔本　二册　吴枚菴過校，汪季青、張白華舊藏　(07465)

前後有曹倦圃序跋。吴枚菴據陳少章校本過録，徧記著者履貫及原書大要、卷數，間加考訂。朱書細楷，極爲精整。

吴枚菴跋　此册爲張子白華所藏，予嘗借閲。癸巳秋日，得陳丈少章閲本，愛其博洽，爰鈔録如右。張子疑予有藏匿不返之意，索取甚急，幾至面赤不顧，因録置别本，亟將此册還之。張子博雅多聞，獨于書斤斤護惜。古人所謂讀書種子習氣未除，然即此知張子能謹守勿替者矣。丙申秋七月二十四日燈下，枚菴漫士吴翌鳳記。

癸巳九月二十日雨牕校畢。枚菴。在卷末。

余嗣見鐵琴銅劍樓藏本，亦枚菴所校，一切無異。瞿君鳳起語余，所見尚不止此。孰爲真蹟，未敢定也。

【藏印　古香樓、吴翌鳳枚庵氏珍藏、枚庵、翌鳳評閲、枚庵流覽所及、愛讀奇書手自鈔、翰墨緣、好古敏求流覽所及】

## 161　虞山錢遵王述古堂藏書目録題詞不分卷　錢遵王手稿　一册　丁禹生舊藏　（07466）

錢遵王《讀書敏求記》先後有三刻本，書凡六百二十種。此稿尚未有「敏求記」之名，所收僅二百七十九種，既無卷第，亦未分類，惟謄寫工整，前後一律，粉墨塗改，朱筆圈點，均極審慎，是爲遵王手定原稿無疑。吴兔床曾於浙江書局獲見鈔本，謂「旁注『中』字，知尚有上、下二本。」又云：「《敏求記》有六百餘種，此一本已有二百八十三種」云云。然此本全體無旁注「中」字，且種數不符，疑吴氏所見，爲他人傳録之本。黄蕘圃自稱藏有題詞，有人疑即兔床所指之上、下二本。然嚴厚民曾據以校補刻本，與此册無涉，且今亦不存。海内藏書家於後人傳鈔校訂之本均極珍視，况此爲遵王手定原稿乎。固不得以其殘闕而輕之也。

莫郘亭題　此錢遵王《讀書敏求記》未編類初稿也。其減改字意，悉與元鈔同。蓋是遵王手蹟。中載諸經本有十許條，溢出阮刻《敏求記》之外，亟可寶愛。同治乙丑五月既望，郘亭借校題。

丁禹生跋　《東都事略》現歸於余。《毛詩要義》此云係鈔本，余所得宜稼堂宋刻本，巍然爲海内之冠，惜當時牧齋、滄葦、遵王、子晉諸藏家不及見也。同治九年三月初十日，禹生讀。

藏印　丁日昌字静持號禹笙　禹笙　禹笙流□所及　我是識字耕田夫　賢者而後樂此

## 162 讀書敏求記四卷　雙桂草堂刊本　四册　陳仲魚、黄蕘圃校藏　（07467）

前乾隆十年東里沈尚傑序，雍正四年吴興趙孟升原序，長城王豫序，後上海曹一士跋。陳仲魚手校一過，並迻録吴尺鳧、朱映漘、吴兔床、鮑以文諸家校筆，暨趙谷林跋一則，尺鳧父子跋九則，映漘跋二則，兔床跋三則。卷中補書二十一種，則録自黄蕘圃所藏原本。卷末續增數種，則録自兔床所鈔之《述古堂書目》殘本。校勘之勤，可謂至矣。卷三《淮南鴻烈解》、《高誘注戰國策》、《鐵圍山叢談》、《産科備要》諸書，蕘圃復就所見，親筆補校。又有作「榮按」、「楷案」者，不知爲何許人，要皆於是書各有心得者也。蠅頭細書，爛然五色。名賢遺跡，洵可珍已。

陳仲魚題　記中所列諸書，厥後流傳人間，儘有尋常行本，而自詡爲希世之珍者，何耶？淳安方文輈先生嘗序此書，頗多詆毀，故不刻。按遵王平生最爲蒙叟所暱。蒙叟卒，嗣子幼弱，遵王利其所有，率羣不逞凌而欲奪之，致柳如是被逼自縊。則其人概可知矣。

又跋　庚子二月，從拜經樓本校閱一過，復從知不足齋本補録王立甫序一篇。鱣識。

又跋　辛丑十月，客作武原，遇吴興書賈，以舊鈔本相示，因再用紫筆校之。河莊陳鱣。

嘉慶七年，歲在壬戌，客吴，從黄蕘圃借原本重校一過，並補録數條。鱣記。

又跋　《述古堂書目》殘本，同里吴槎客先生從書局見之，録出十餘條，並跋於後。余復傳鈔。時乾隆卅八年，朝廷方開四庫館，浙東采進遺書進獻，設局省垣，此事迄今已卅四年矣。嘉慶十二年秋九月，余重訂《讀書敏求記》，因附此數紙于後。回憶向者横河舟次，連舫話舊，燒燭檢書，其好古之篤，吾二人有同心也。研朱記之，亦感慨係之。郭海陳鱣。

藏印　陳鱣　仲魚　簡莊執文　簡莊所录　仲魚過目　仲魚手校　三十乘書屋　精校善本得者珍之　枝秀　攤卷軒

## 163－1 寶刻叢編二十卷

鈔本　六册　潘秋谷校，戴松門、顧竹泉舊藏　（07468）

題「錢塘陳思纂次」。卷首紹定二年鶴山翁序，五年孔山居士序，又辛卯陳伯玉序，又失名序，中有闕文。是本爲戴光曾從汪季青藏本傳録。卷五末葉有元人題識「至正庚寅冬得于武林河下之書鋪，歸置于竹江舊隱之凝清齋。俞子中父誌」二行。又「至順改元夏五月收此書本保居敬記」一行。卷中語涉宋室，均空格。宋諱亦間有闕筆者，疑當出自宋刻。《四庫提要》謂：「鈔本流傳，第四卷《京東北路》，第九卷《京兆府下》，十一卷《秦鳳路、河東路》，十二卷《淮南東路西路》，十六卷《荆湖南路北路》，十七卷《成都路》並已闕佚。十五卷《江南東路》『饒州』以下至《江南西路》，亦佚其半。」而是本却有不同。第四卷《京西北路》。《四庫提要》作《京東北路》，疑誤。尚存西京、河南洛陽、壽安、福昌、伊陽、清河六縣；第九卷《京兆府下》，存醴泉縣；第十二卷《淮南東路》，存海州。而第一卷《京東東路》之沂州，第二卷《京東西路》之徐州、拱州、曹州、鄆州、濟州、單州、濮州，第三卷《京西南路》之金州、房州、均州、鄭州、唐州、光化軍，第六卷《河北東路》之恩州、清州，反皆佚去。假得常熟瞿氏所藏鈔本，並以列後之韓履卿校鈔本對勘，均屬相同。余嘗至浙江圖書館借庫本一校，亦正如是。本書與

《提要》不合，殊不可解。全書經潘秋谷詳校訂正。所據除韓本外，尚有大瓢山人本，先後爲趙霞門、貝簡香、徐紫珊、徐子晉、沈均初收藏者，亦歸涵芬樓，不幸竟及於難。

戴松門題　四明抱經樓盧氏所藏古香樓汪季青先生舊鈔本，嘉慶元年五月託天一閣主人范肖傳覓傭書鈔此部，計六册，約七百頁。内多訛字脱字，應細校。松門客甬上記。

又題　原本有殘缺。此本照原缺有空白，當再覓善本校補。

潘秋谷題　《寶刻叢編》未見刻本。丁卯夏五，得是書於肆中，爲戴松門所藏。錯誤甚多，未獲校補。鐵沙沈均初同年見之，出所藏二本假校。一爲大瓢山人本，後有趙霞門彤題跋，行款與此悉同。當是一本鈔出者，而字畫小誤更甚；一爲韓履卿崇鈔校本，多《四庫全書提要》二頁、小長蘆跋一頁，較此本每行少二字，脱誤及前後錯誤處，悉已更正。其中亦間有空缺數行，然已釐然可觀。未知據何本鈔録也。因以紅墨照校一過，錯亂太甚者爲重鈔數頁，複者割去之。雖未可遽爲善本，較原書已不啻霄壤矣。康保記。

藏印　戴印松門　光曾山人　從好齋　潘印秋谷　康保　潘秋谷校金石刻之記　購此書甚不易

## 163－2 又一部 鈔本 十二册 韓履卿校藏 （07469）

是本闕佚，與前書同。惟無錯簡，卷五末葉亦無兩元人題識。其筆墨比前書爲近。雖同出一源，然所據之本，必經昔人訂正者矣。韓履卿用朱筆校過，惟亦未指明所據何本。按履卿名崇，蘇州元和縣人，爲桂舲司寇崶之弟，生平嗜尚金石之學，輯有《江左石刻文編》。

韓履卿跋 庚子六月三日校畢。連旬梅雨，無客到門。閉户展卷，寂歷人外。真別有一天也。履卿手記。

【藏印 韓履卿藏經籍金石書畫之印、韓崇之印、臣崇、崇印、履卿、味芝、鐘聽樓藏】

## 164 金薤琳琅二十卷 明嘉靖刊本 五册 （07470）

題「太僕少卿吴郡都穆」。前後無序跋。書中諸碑跋文，即南濠文略所載者，采録碑志，皆據家藏舊拓，爲後來所難得。如《魯峻碑陰》，可正《隸續》之誤。《姚辯墓志》，後人繙本流傳，妄補闕蝕，至文義不相聯屬，此録雖亦殘泐，猶存其舊。是書後經補版甚多，此尚是初印本。

## 165　金石苑未分卷　劉燕庭稿本　六十三册　（07472）

山東諸城劉燕庭方伯手輯，大興徐星伯先生爲之校訂。得之旅肆中，云自衢州某舊家散出者。凡六十一册，原爲未定之稿。繼復得仁和胡次瑶孝廉所輯目録二册，編次亦不盡同。因倩臨桂況君夔笙重爲整理，汰其重出及未完者，編爲五種，凡一百二十一卷。故人王君静菴跋之，今録於左：

諸城劉燕庭方伯《金石苑》稿本，共六十一册，今在上海涵芬樓。内《長安獲古編》一册，《昭陵復古録》三册，《洛陽存古録》十七册，《鼓山題名》、《烏石山題名》各二册，《雜碑》二十三册。寫録之式與其行款頗不畫一，間録前人或同時諸家跋語，方伯亦或自跋其後。大興徐星伯先生通閲全稿，所加校籤甚多，其餘爲跋尾草稿。皆跋《三巴舂古志》者。目録九册。其目録存造象、題名、經幢、墓誌、雜碑五種，又有《嘉蔭簃金石目》、《金石補編目》、《洛陽存古録目》，凡八種。嗣涵芬樓又得仁和胡次瑶孝廉所編《金石苑序目》手稿二册。其子目亦凡八種：一、《長安獲古編》，二、《劉氏古泉苑》，三、《泥封印古録》，四、《嘉蔭簃苑古彙編》，五、《洛陽存古録》，六、《造象觀古録》，七、《昭陵復古録》，八、《三巴舂古志》，頗與原目相出入。方伯之爲此書，孝廉實佐之。孝廉序《嘉蔭簃苑古彙編目》

云：「壬子之秋，余爲方伯編《金石苑》目次，得十種。方伯謂余曰：『余尚有六種，葺而未成，其體例標目已定矣。』」序中復列舉六種之目，曰《東武懷古録》，曰《造象觀古録》，曰《寶甓翫古録》，曰《捫槃説古録》，曰《要言汲古録》，曰《奇觚抉古録》。余合原目及胡目觀之，知方伯此書兼用以地分類及以物分類二法。其以地分類者，若《長安獲古編》，若《昭陵復古録》，若《洛陽存古録》，若《三巴孴古志》，而未成之《東武懷古録》與焉。其以物分類者，若《劉氏古泉苑》，若《泥封印古録》，而未成之《造象觀古録》、《寶甓翫古録》與焉。其爲此二類所不能收者，爲數至夥頤，則編爲《嘉蔭簃蒐古彙編》。此《金石苑》之編纂大略也。然方伯所録金石文字，至爲浩博。中間蓋欲删王氏《金石萃編》所已收者，而存其所未見者，於是有《金石補編》之目。其《嘉蔭簃金石目》又當爲最初之總目。此皆編纂時所旁出而與本書無與者也。考方伯之卒，在咸豐癸丑春日，壬子秋之目當爲其最後所定。其時《金石苑》已得十種。胡目所載八種，除《造象觀古録》爲後六種之一外，僅得七種，餘三種則未見其名。案劉氏原目以物分類者，本有墓誌、題名、造象、石幢、雜碑五目。雜碑之目與胡編之《蒐古彙編目》大同。造象一種，胡氏後編爲《造象觀古録》，然則已定十種中不知名之三種，當爲原目之墓誌、題名、石幢無疑。今稿中有鼓山、烏石山諸題名，自爲一帙。劉氏已刊者，又有蒼玉洞題名，是其證也。推其命名之例，亦當云「墓誌□古録」、

「題名□古録」、「經幢□古録」。而今已不可考矣。近者上虞羅叔言參事欲編刊所藏金石拓本，而病其繁重，乃先後爲以時分類、以地分類、以器物分類之書，各若干種。復以無可歸類之小品，别爲一書。而全書之成，殊匪可豫期。方伯之書，亦視此矣。此書各種，惟《三巴舂古志》已刊行，《長安獲古編》金文一部，板曩在京師，丹徒劉氏得之，爲補刊器名印行。其餘各種。惟存此稿本。而稿本中亦惟《昭陵復古録》碑二十六通皆全，餘並有闕佚，顧尚可得十之五、六。臨桂況夔笙太守據此稿，編次爲《昭陵復古録》十卷，《洛陽存古録》三十二卷，《烏石山題名》三卷，《鼓山題名》六卷，《嘉蔭簃莬古彙編》七十卷。其造象、經幢、墓誌、雜碑題名，闕佚頗多，並入《彙編》中，雖與原目不能盡合，然前後二目具存，可以見當時莬討之勤且富矣。胡氏名琨，字美中，又字次瑶，仁和人，道光甲辰舉人，候選訓導，殉咸豐庚申之難。余藏胡氏致勞季言手札，述校《説文繫傳》事，語甚精確。其編次金石，亦皆有法。學問淹雅，當時無赫赫名，今更罕知其姓氏矣。咸豐後第一庚申十二月廿七日立春，海甯王國維。

## 166　蒼潤軒碑跋紀一卷續紀一卷　鈔本　一册　魏稼孫校藏　(07473)

明秣陵盛時泰撰。時泰，上元人。所著碑版以金陵六朝諸蹟爲多。前後有作者自序。魏稼孫先後借杭州丁松生、祥符周季貺藏本並據他書參校。

魏稼孫跋　憶丙寅春，得是書舊鈔本于吴門，即借八千卷樓此本點校數葉。既入閩，復借祥符周氏瑞瓜堂所得舊本參互校之。人事作輟，逡巡至今。去歲將録副本寄子與淩君。苦三本皆多訛奪，無可適從，輒發篋屏他務十日，逐字互校一過。時正周歷海濱，無書可辨明疑字。臘尾來會城，始據他書稍加訂正，覓友寫出二本。一寄淩君，一以自存。因將此本寄還插架。塗抹艸艸，罪過罪過。盛君此書，于漢唐著名之碑，無大發明。宋元各種，則頗有近時不經見及前人跋尾所未及者，足資采擇。明時著録金石之書，如《菉竹碑目》、《寒山時地攷》，近已收入叢書。是書皆手跋所見之碑，視上二書更爲親切，惜未有墨之於板者。並書此以俟。光緒己卯七月十一日，魏錫曾記。計去杭十四年矣。

藏印　錫曾校讀　稼孫　西泠釣徒

## 167 史通二十卷　明刊本　十册　徐承禮校藏　（07474）

此爲徐承禮以明郭孔延本過録周季貺所臨馮已蒼、何義門、盧抱經諸家校筆及陳仲魚校訂《通釋》之本。彙集衆長，可稱美善。

徐承禮跋　《史通》之通行本以浦二田《通釋》爲佳，惟頗臆改舊文，讀者病之。友人周季貺太守有迻臨海甯向山閣陳氏校本《通釋》，致爲精審。先何義門得馮已蒼校影宋鈔本，爲之增校。盧抱經復得何本，臨於北平王氏本，亦有所增。陳仲魚假抱經所藏本，以校《通釋》，後從盧得所校《通釋》，合而訂之，即周本所從出也。余心好之，而家無是編，未得傳臨。物色有年，僅獲明郭孔延本，而訛文奪句，較浦氏殆爲過之。亟假周本，用硃筆臨校一過，乃可卒讀。其浦本與此异，並浦所臆改者，陳校既不著宋本云何，今亦無從是正，則注於旁以墨筆别之。仲魚跋語一則，亦鈔附卷末。其校語曰「何」者，義門焯也；曰「馮」者，已蒼舒也；曰「盧」者，抱經文弨也；曰「陳」者，仲魚鱣也；「周」，即季貺也。夫是書自明世已罕覯善本，此所臨者皆諸名人之校訂，幾還劉氏舊觀，讀者可無遺憾矣。安得有毛斧季其人者刊布之，以嘉惠藝林乎。吁，可慨也。光緒乙亥秋，夜燈下校畢記之。

又跋　陳氏校語已迻寫《通釋》本上，並勘改校語中之譌字一、二，蓋周本迺其姬人所臨，魯亥頗多，今略勘正，較此爲精審矣。《通釋》爲校本，此爲讀本，距初迻校時已十九年矣。行年五十，學業無成，每一展卷，愧恨無已。甲午中和節又記。

録陳仲魚校《通釋》跋　少喜讀《史通》，苦無善本。既得浦二田《通釋》，以爲精審，絶勝諸刻，惟厭其多綴評語，近於村學究習氣耳。復從同郡盧弓父學士假得校本，蓋從何義門以朱文游家藏影宋寫本細校，而弓父學士首臨于北平黄氏刊本者，歎其盡善。又假學士所校《通釋》本，合而訂之，始知《通釋》妄改、妄删處，正復不少。嗟乎，讀書難而校書更難。微學士之功，幾何不爲其所欺耶。至唐時書今已大半失傳，《通釋》有未詳者，亦固其所。學士已補攷出數條，間有鄙見，亦附載諸書眉。其猶有未知者，俟續考焉。乾隆四十九年春日，陳鱣記。

## 168 四明尊堯集四卷序一卷　明刊本　四册　（07475）

宋陳瓘撰。《四庫》及《天禄琳琅》著録，均十一卷。瓘自序取《安石日録》編類其語，釐爲八門，合二門爲一卷，並序一卷，共五卷。此雖明刊，猶是原書編第。前有後至元己卯林興祖序，進書表，了翁自序。卷一、二首葉，均題「後學孫壻蕭甫重刊，裔孫載興校正」。卷末了翁後叙，男正綱跋，又後至元丁丑文綢重刊跋，僅存十三行，次葉即接責沈文，前後不貫，其間蓋有闕葉。友人傅沅叔近得元本，亦與此同，蓋遺佚久矣。沅叔以校光緒甲申江右翠竹書室新刊十一卷本，如卷一《前序》脱十五字，卷二《聖訓門》「京師人優饒」條脱十四字，卷三《論道門》「汨陳五行」條脱十九字，又《總論》脱十九字，卷五《理財門》「理財爲先」條脱二十一字，卷六《總論》脱二十一字，卷十《後叙》脱二十一字，此均未脱。可證其出自元本。沅叔疑此爲天順七年癸未十二世孫紀文刊於臨川者，然無紀文之名，且校正者爲裔孫載興。察其版刻，似已届弘、正之間。但正綱、文綱兩跋巋然並存，則猶勝於天順本一籌也。

藏印　劉印惇福　抑齋審定　乳谿漁隱　亦陋室珍藏

## 169　東萊先生音註唐鑑二十四卷　宋刊本　四册　（07476。著録作「宋刻元修本」）

原書范序稱十二卷，後呂東萊爲作註，析爲二十四卷。卷首范祖禹序、《進書表》、《上太皇太后表》、《唐歷代傳世圖》、《歷代紀元圖》。每卷首行題「書名卷之幾」，次行題「承議郎行祕書省著作佐郎騎都尉賜緋魚袋臣范祖禹撰」，三行題「朝奉郎行祕書省著作佐郎兼國史院編修官兼權禮部郎官臣呂祖謙註。」半葉十一行，行大字十九，小字二十二至二十五不等。宋諱「玄」、「溵」、「匡」、「貞」、「徵」、「勗」、「桓」、「峘」、「完」、「慎」字闕筆。左右雙闌，闌外有耳。版心雙魚尾，題「唐監幾」、「唐幾」、「監幾」，上記字數，下記刻工姓名，然只一字，且不多見。惟卷四末葉有「恩州郄安刊」五字一行。按《宋史》，恩州在唐爲貝州，慶曆八年改名，至刊書時已屬於金，在今河北省清河縣境。

藏印　寶應劉氏嶽雲字佛卿　寶應劉啓瑞祕笈之記　寶應劉氏藏書　食舊德齋藏書

## 170 唐書直筆新例四卷 影宋鈔本 一册 沈寶硯校藏 （07477）

《直齋書録解題》云修書官温陵吕夏卿撰，《紀》、《傳》、《志》各一卷。摘舊史繁闕，又爲《新例須知》附於後，是本分卷相合。半葉十四行，行二十五字。宋諱「玄」、「敬」、「警」、「儆」、「殷」、「弘」、「匡」、「貞」等字闕筆，蓋從宋本影寫。此與下列《新唐書糾謬》，友人傅沅叔定爲均沈寶硯所校。卷末《新例須知》，校筆尤詳細。後人復取他本重勘，多所點竄。如「敬宗」之作「恭宗」，「武惠妃貞順」之作「正順」，「獨孤貴妃貞懿」之作「正懿」，「李茂貞」之作「茂正」，「裴佶」之作「侊」，「貞觀」之作「正觀」，「貞元」之作「正元」，均一一爲之改正，則未免自作聰明矣。

## 171 新唐書糾謬 影宋鈔本 存十五卷 二册 沈寶硯校藏 （07478）

《直齋書録解題》云：「朝請大夫知蜀州成都吴縝廷珍撰。」《郡齋讀書志》謂：「初名《糾謬》，其後改云《辨證》，實一書也。」序言修書之時其失有八，類其繆誤，爲二十門。昔人多譏其懷挾私意，濫肆詆訶。錢竹汀亦取《非非國語》之例，就其所糾未當者而復糾之，即沈寶硯所校亦有所辨正。此據宋刻影寫，前後有縝序、進書表、紹興戊午長樂吴元美後序。半葉十四行，行二十五字。宋諱「玄」、「舷」、「朗」、「敬」、「警」、「驚」、「弘」、「殷」、「匡」、「恒」、「貞」、「徵」、「勗」、「構」、「遘」等字闕筆。卷七至十一佚。

## 172－1 致堂讀史管見三十卷

宋刊本　三十册　季滄葦、徐健菴舊藏　（07479）

宋胡寅撰。是書成於紹興乙亥，閲二十七年爲淳熙壬寅，其子大正刊於温陵。是爲最初刊本，凡八十卷。又閲三十六年爲嘉定戊寅，其孫德輿併爲三十卷，刊於衡陽，有猶子大壯序，與晁氏《讀書志》合。又閲三十六年爲寶祐甲寅，劉震孫重刊於宛陵。姚牧菴重刊是書序，所謂歸於興文署之宣本是也。是本前有猶子大壯衡陽刊版序，末有震孫重雕後跋。全書兩版羼合，前後殊不一律。卷一、二，卷三之半，卷四，卷七、八，卷十一、十二，爲衡陽刻本，其餘各卷，則以宛陵覆本爲配。刻工姓名，上文所舉八卷爲曾大中、曾大有、周世先、楊諒、楊應辰、楊辰、劉文、吴才、余有等。餘二十二卷爲尤逵、王鼎、楊思成、文生、危文、思中、必成、曹仪、劉拱、趙清茂、劉元吉、程成、吴宣甫、劉君叟、王杞、鍾季升、王桂、王宜忠、曹久仲、康季、尤溼、陳綉等。彼此無一同者，可爲確證也。半葉均十二行，行二十三字。版心上記字數，下記刻工姓名。書名署「管見」二字者多，其署全名加「讀史」二字者，僅最前四卷。宛陵覆本，版口微短，餘無差異。宋諱「玄」、「朗」、「匡」、「貞」、「楨」、「徵」、「讓」、「樹」、「澍」、「煦」、「桓」、「慎」、「惇」、「敦」字均避。書刊於甯、理二宗之世，而廟諱避至光宗爲止，殆鐫刻時失於追補歟。

藏印　季振宜藏書　崑山徐氏家藏　乾學　健菴

## 172－2 又一部　版本同前　存五卷　五册（07480。著録作「元刻本」）

版刻與前宛陵覆本同，存卷二十六至三十。

藏印　瑞軒

## 173 新刊點校諸儒論唐三宗史編句解　元刊本　存六卷　二册（07481）

是書不見著録，又闕首三卷，故不詳撰人名氏。「三宗」謂唐太宗、玄宗、憲宗。計太宗四卷，玄宗三卷，憲宗二卷。就正史紀傳摘取大要，編年排次。每句有注，語多膚淺。所謂諸儒論斷，見存六卷内，僅見范祖禹、林之奇二人，殆供當時色目人初學之用者歟。半葉十二行，行二十三字。書眉摘要標題。闌外有耳，記篇名。

## 174 史糾 鈔本 存五卷 三册 （07482）

題「婁上朱明鎬昭芑氏著」。卷一論《三國志》。卷二《宋書》。卷三南齊、梁、陳《書》，卷五北齊、北周、隋《書》，此二卷皆分上、中、下。卷六《南史》。以此推之，卷四當屬《魏書》，卷六以下首爲《北史》。《四庫提要》謂：「是編考訂諸史書法之謬，及其事迹之牴牾，上起《三國》，下迄《元史》。」《浙江採集遺書總録》叙述相同，然無卷數。《四庫》則稱爲六卷。又云明鎬字豐芑，與此亦有不同。盧抱經所見又分爲上、下二卷，且以《書史異同》、《新舊唐書異同》併入，間涉《遼》、《金》，不及《元史》。蓋展轉傳録，或所據均非足本也。抱經謂：「其書駮史筆之違失，考事詞之紛歧，文采斐然，條理秩然，讀之頗快人意。」云云。是本多有遺佚，殊可惋惜。

藏印 艮園藏書 落華老屋

# 子部

**175　新序十卷**　明覆宋本　四册　顧千里臨校，貝簡香舊藏　(07483)

首目録，後接曾鞏上書序。書中沿避宋諱，構字作「太上御名」。每卷均題「陽朔元年二月癸卯護左都水使者光禄大夫臣劉向上。」顧千里臨何義門校本。

顧千里題　此康熙庚寅義門何氏用陽山顧大有舊藏宋槧校。乾隆乙卯傳録。澗薲記，時子孟陬九日也。

藏印　陳印廷壽　東吴貝墉見香氏印信　臣墉之印　定□居士　平江貝氏文苑　千墨葊藏

**176－1　説苑二十卷**　宋咸淳刊本　八册　吴兔床舊藏　(07484。著録作「明刻本」)

卷首曾鞏序，次劉向上書表並目録。每卷首行書名，次行低一字，題「鴻嘉四年三月己亥護左都水使者光禄大夫臣劉向上。」三行低四字，題篇名。半葉九行，行十八字。左右雙闌，版心闊黑口，雙魚尾，間記字數及刻工姓名，有王郁、劉通、李晁、小王、劉潭、克中、李義、李思義、李四、李二、李周、王玘、蔣景、蔣景春、原三諸人。亦有僅記一字者，爲孝、住、牛、耿、張、信、苗、馬、袁、八、宜、武、史、高、常、范、趙、崔、王等字。卷末有「鄉貢進士直學胡達之眎役，迪功郎改差充鎮江府府學教授徐沂。迪功郎特差充鎮江府府學教授李士揔命工重□」三行。末行上有「咸淳乙丑九月」六字。鐫工麤拙，間有訛字。此拜經主人所以定爲宋本乙歟。卷第十四佚。

孫頤谷跋　海昌吴兔床先生以宋本《説苑》見示，乃咸淳乙丑所刻。予取以校叢書程氏榮刻本。其《立節篇》云：「比干殺身以成其忠，尾生殺身以成其信，伯夷、叔齊殺身以成其廉。」程本脱「尾生」句，則與下文舉忠、舉信、舉廉之語不應。又《復恩篇》「蘧伯玉得罪於衞君」一則，程本所無，此舊刻之可寶也。然予尚有疑者。晁氏《郡齋讀書志》敘《説苑》篇目，避宋孝宗諱，易「敬慎」爲「法誡」。而此本不易。且李善《文選註》及《太平御覽》諸書所引《説苑》，間出今二十五篇之外。王厚齋，南宋人也。撰《困學紀聞》，引「晉靈公造九層臺荀息上書求見」云云，此書亦無之，則是書之闕佚者多矣。校勘既竣，因還其書而録所疑於後。甲辰二月，仁和孫志祖跋。

吴兔床跋　甲辰春，偕丁小疋學博過頤谷侍御齋。予以宋版《説苑》眎侍御，旋爲予作跋。屈指今十載矣。癸丑夏，復展閲此書，並録其跋於卷後。因識。此書爲吾鄉陳茂才以岡舊藏，予用善價購之。兒壽照甚愛之。丁未春，計偕入都，攜之行笈，舟車往返，未嘗暫離。不意旋染目眚，廢書者四五年。展閲此書，慨焉竊歎。

黄蕘圃跋　此咸淳乙丑九月重刊本《説苑》，拜經樓藏書也。余友海甯陳君仲魚知余新得宋刻廿二行廿字本，較諸本爲勝。因取是本相示。余校讀一過，與向所見顧抱沖本相同，而字之正誤，彼此互异。當是版有原與修之别，印有初與後之殊也。其妙處，卷四《立節篇》，有「尾生殺身以成其信」一句；卷六《復恩篇》，多「木門子高」一條，自明天順本以下皆無之，則信稱善本矣。惟是卷六「陽貨得罪」條「非桃李也」四字，余本爲然，與紹弓盧學士《羣書拾補》引《御覽》合，此猶失之。其他與余本异者，亦復彼善于此。此真宋本之乙耶。内缺第十四卷，向未標出，惟抱沖本可補。抱沖本亦缺八至十三，此本可補。惜抱沖已作古人，拜經又居他邑，彼此鈔補爲難耳。丁卯小春望日讀畢。復翁黄丕烈。下鈐「蕘圃」二字朱文方印。

又跋　道光辛巳春，余得小讀書堆本，因仍向拜經樓借此宋本鈔補八至十三卷。中有脱葉，在卷十第十一葉、第十二葉。其卷十二之第十一葉，原錯簡在卷第十，第十一葉之部次。特爲更正。第十卷所失兩葉，無可補矣。向日郡中蔣氏有二部，皆咸淳本，已轉徙他所，莫由蹤跡也。重陽後六日，復見心翁識。下鈐「黄丕烈」三字白文、「蕘夫」二字朱文、「復見心翁」四字白文三方印。

藏印　宋本　乙　吴氏兔牀書畫印　吴兔牀書籍印　拜經樓吴氏藏書　拜經樓吴氏藏書印　臨安志百卷人家　祝枏印信　靚士　黄素亭藏書　海寧陳鱣觀　蕘圃藉讀

## 176－2　又一部　明鈔本　十册　胡果泉、文登于氏舊藏　（07485）

首曾鞏序，次目録，次劉向《上書表》。半葉九行，行十五字。朱絲闌紙，書法挺秀，與明内府所刊諸書極相似。音句均以朱圈識之，疑當時用爲讀本。卷四《立節篇》「尾生殺身以成其信」句，卷六《復恩篇》「木門子高」一條，及「陽貨得罪」條「非桃李也」四字，黄蕘圃謂明天順本以下皆闕。此均未奪，想由宋本傳録。惟劉向《表》後有「嘉靖四年己巳季冬月貴州提學副使餘姚王守仁書」二行，顯係僞造。按嘉靖四年爲乙酉非己巳，明官制有提督學道，無提學副使。陽明於嘉靖初年封新建伯，兼南京兵部尚書，其後數年，辭官居越，久已不在貴州。妄人作僞，殊可憎也。

藏印　鄱陽胡氏果泉藏書　文登于氏小謨觴館藏本

## 177 纂圖互註揚子法言十卷　宋刊本　四册　晉府、文徵仲、祁曠翁、朱竹垞、翁覃溪、黄蕘圃、張芙川舊藏（07486。著録作「宋刻元修本」）

卷首宋咸序，《進書表》，司馬温公序，篇目，《渾儀圖》，《五聲十二律圖》。卷一題「晉李軌、唐柳宗元註」，「聖宋宋咸吴祕司馬光重添註」。半葉十一行，行二十或二十一字不等，小注雙行，行二十五字。孫、邵二跋以「徵」、「廓」二字闕筆，證爲宋槧。其他宋諱如「匡」、「恒」、「貞」、「桓」、「慎」字，亦偶有闕筆者。自是宋槧無疑。惟卷六、卷八、卷九、卷十中有八葉用元刻補配，要不可諱。是本流傳尚多，所難得者初印若是耳。

序後木記　本宅今將　監本九經四子纂圖互註附入重言重意精加校正竝無訛謬膳作大字刊行務令學者得以參考互相發明誠爲益之大也建安　謹咨

道光丙戌六月，孫原湘借讀一過。在卷二後。

道光丙戌六月，孫原湘從味經書屋借讀。在卷十後。各鈐「孫印原湘」白文方印道光庚寅清明後二日，白下女士方若蘅叔芷氏借讀在卷十後。下鈐「勤襄公五女」白文方印、「叔芷」朱文長方印、「若蘅」白文方印、「畹芳」朱文方印。

孫心青跋　此《纂圖互註揚子法言》十卷，逼真宋槧。張生芙川得之黄氏士禮居者也。元刊本即照宋翻刻，不加詳審，往往亂真。按宋本《聲律圖》「徵」字闕末筆，蓋避仁宗嫌諱也，元刻改足。「聖宋」之「宋」字作兩點，亦與宋鍥迥異。此可爲宋、元兩刻之顯證。至其點畫間之斜整工拙，此又辨别於微茫者矣。卷首序有「晉府書畫」之印，末有「敬德堂圖書印」。前明晉藩，儲蓄極富，即此印久爲收藏家所重。蕘翁於是書珍若拱璧，芙川以重價購之。惜蕘翁旋歸道山，未乞其一跋。道光丙戌六月，過味經書屋，芙川屬爲記之如此。心青孫原湘下鈐「心青居士」朱文方印。

邵充有跋　宋刊《纂圖互註法言》歷爲鑒家所珍。觀序中「廓」字闕筆，知爲甯宗以後槧本。其云音點大字句解者，乃别本補入。夾線外無篇目卷數，可證也。世之收藏家每以單邊黑口爲宋、元之辨。以予所見宋刻，則雙邊爲多。若此書明是南宋本，而板心黑口與元刊無異。知後人規則，鮮有剏前代所未爲者。覽者勿以罕見而致疑怪可耳。道光戊子仲春吉月，充有邵淵耀識於一業居。下鈐「淵耀」白文二方印、「一業居」朱文方印。

陳芝楣跋　右宋刻《揚子法言》四此字誤卷。紙理縝密，墨光照人。宋時巾箱本。小瑯嬛主人定爲南渡後建州刻，信然。向見泰州宫氏所藏宋槧本元虞道園點勘者，大略相似，而字法尤瘦勁。此豈後拓耶？錢氏《讀書敏求記》多述宋板子書，而《太元》、《法言》均未著録。非以投閣之故存軒輊，亦以精本難得，偶爾缺如，故是卷足貴耳。道光己丑二月十日，陳鑾跋於迎鴻小舫。上鈐「一筆書」朱文長印，下鈐「鑾」字朱文方印、「陳芝楣」白文方印。

王者香跋　經史而外，子書多矣。韓文公直接孔孟真傳，作《原道》，唯荀與揚著于篇，雖猶病其擇焉不精，語焉不詳。要其涵泳聖涯，覼縷道妙，良足寶貴。小瑯嬛清閟珍藏《纂圖互注宋刊本揚子法言》世所罕有。道光己丑冬日借觀，因識。者香王誦莪。上鈐「歐白閣」白文長方印，下鈐「誦莪」白文、朱文連珠方印，「者香女士」朱文長方印。

藏印

晉府書畫之印　敬德堂圖書印　子子孫孫永寶用　徵仲　衡山　文嘉　文嘉　文休承氏　肇錫余以嘉名　停云　玉蘭堂書畫記　山陰祁氏　朱彝尊　朱十彝尊錫鬯　彝

尊　彝尊　錫鬯　竹垞　翁印方綱　方綱　覃谿　辛未翰林　蕘翁　求古居　虞山張蓉鏡鑒定宋刻善本　張蓉鏡藏書記　臣蓉鏡印　蓉鏡私印　蓉鏡　蓉鏡　蓉鏡收藏

張伯元別字芙川　芙川張蓉鏡心賞　虞山張氏　清河世家　小琅嬛清閟張氏收藏　小琅嬛福地張氏藏　琴川張氏小瑯嬛室主藏書　小琅嬛福地　姚印婉真　芙初女史　儂以荷花生日生　心蓮室　禮

蓮室　鏡清閣　游心太古　守學好古　足吾所好玩而老焉　在處有神物護持　愛山堂收藏書畫印　宋本　真宋刊　宋刊奇書　楊氏硯芬

寸陰是惜　思初室　寶鍥　性珠　翰林御史　葉鳳毛書畫之章　子子孫孫永寶　南屏詩室　聽雪煮茶亭子　太宰之章

## 178　揚子法言

世德堂刊本　存卷六至十　一册　沈寶硯校，朱文游、黃蕘圃舊藏　（07487）

沈寶硯據鈔宋本校，存卷六至十，凡五卷。取秦氏覆本對勘，所校正者一一符合。蓋所據之鈔宋本即從治平監本出，故校正者僅爲李注及音義所有之字。其於宋、吴、司馬諸家之注，間引他書。或參己見，爲之評隲而已。秦氏云：「《集注》十三卷本，杳難再遘。」吾輩又生百年後，安得復見之乎？沈校精整絶倫，其用墨筆者，出他人手，不足重也。舊爲江陰繆氏所藏，見《藝風堂藏書續記》。

沈寶硯跋　絳雲樓舊藏李註《揚子法言》，序篇在末卷，未淆本書次序，後轉入泰興季氏，又歸傳是樓。

黃蕘圃跋　此校本《揚子法言》李注十三卷，沈寶硯先生筆也。舊藏滋蘭堂朱氏。余於己酉冬曾假歸手録一本，而急還之，蓋文游年老愛書，即欲售去，仍復不輕與人，故借録而未議交易。後每從旁人探問消息，聞已爲桐鄉人買去，心甚怏怏。今兹冬仲，五柳居主人陶蘊輝購書於滋蘭堂，是書尚在，重復歸余。余喜甚，以爲寒暑六更，再逢故物，書緣未了，當作如是觀。乾隆乙卯冬至後六日，吳郡棘人黄丕烈題于養恬書屋之北牕。

顧千里跋　右所據乃司馬温公所謂李祠部注本及音義最爲精詳者。今李注補正善矣，而音義頗多不能别識，於此恨何校之不密也。賈人錢景開言：「桐鄉金德輿曾以宋槧大字《揚子》進呈。」未知即此所據與否？己未六月，顧廣圻借讀并記。

藏印　汪印士鐘　三十五峯園主人　駿昌　雅庭　畏我友朋

## 179　近思録十四卷　明正德刊本　四册　金孝章校，張文通舊藏　（07488。著録作「崇禎刻本」）

金俊明字孝章，蘇州明末諸生，隱居讀書。是編用朱墨筆通體評點，遇精要處别加標識，眉批側注，到底不懈。張雋字文通，吳江人，積書甚富，因南潯莊廷鑨史案株連，與潘檉章、吳炎諸人同死於杭州。是書爲其所藏，閲之猶有餘慨。

藏印　金印俊明　孝章　金侃之印　張雋之印　一字文通　長洲林鎮　别字夏菴　深柳讀書堂

## 180　近思録集解十四卷　宋刊本　八册　高瑞南、汪柳門、江建霞舊藏　（07489。著録作「元刻明修本」）

建安葉采集解。前録周子、程子、張子所著書十四種，次淳熙乙未朱子自序，次淳熙三年吕祖謙序，次淳祐十二年葉采進書表。采尚有自序，已佚。半葉八行，行十八字。版心闊黑口，間記字數及刻工姓名。姓名全者，僅有翁生、沅大二人，餘僅著周、錢、有、良、李、大、口、沈八字。宋諱惟「恒」、「貞」、「惇」等字。偶見闕筆。

藏印　高氏鑒定宋刻版書　妙賞樓藏　尚有五嶽真形圖印章　萬宜樓藏善本書記　三夢菴　建霞　師鄦乙酉歲莫檢書記　師鄦者好

## 181　晦翁先生語録大綱領十卷附録三卷　宋刊本　四册　朱叔英、曹楝亭舊藏　（07490。著録作「三册」）

前後無序跋。目録第一葉爲曹楝亭鈔補，題「門人十三家所録」。十三家者，即卷中所紀廖德明、余大雅、李閎祖、葉賀孫、潘時舉、董銖、金去僞、萬人傑、楊道夫、徐富、林夔孫、沈僩、陳文蔚諸人。宋諱避甯宗嫌名，當係輯成後第一刊本。半葉十一行，行十九字。

左右雙闌，版心雙魚尾，細黑口，書名署「語幾」。卷首第二葉有朱叔英藏印。按叔英名良育，明正德間吴縣貢生。黄蕘圃《百宋一廛賦》注：「殘本迂齋先生標注《崇古文訣》有一印，文曰『吴郡西崦朱尗榮書畫印。』」按叔榮即叔英，吴郡明初藏書家也。

藏印　吴郡西崦朱尗英書畫記　吴郡朱叔英西崦艸堂印　尗英　叔英　棟亭曹氏藏書　袁氏丞美

## 182 慈溪黄氏日鈔　宋刊本　存卷二十七二十八　一册　（07491）

存卷二十七《讀〈禮記〉十四》，《緇衣》至《儒行》；卷二十八原文作「二十七」，疑誤。《讀〈禮記〉十五》、《大學》。半葉十行，行二十字。版心題「讀禮記幾」。雙魚尾，上記字數，下記刻工姓名。在此二卷内有丁茂、昌之、吴洪、任奎等。餘則或姓或名，僅記一字。左右雙闌，闌外記篇名。全書句讀，經文用圈，注用點，注引書及經文字用括弧，緊要處用墨擲或聯點，讀音加圈發。宋諱「恒」、「偵」、「慎」等字均闕筆。張氏《適園藏書志》有《黄氏經日鈔》三十卷，目録後有「紹定二年菊月積德堂校正刊」牌子，所記行款，此均相同。

## 183 霍渭厓家訓不分卷　鈔本　一册　毛子晉舊藏　（07492）

卷首霍韜自叙二篇，稍有殘缺。卷末有其孫育跋，知是書刊於嘉靖己丑。自叙後爲

《家訓提綱》，次《合爨圖》。《家訓》凡十四章：一、田圃，二、倉廂，三、貨殖，四、賦役，五、衣布，六、酒醋，七、膳食，八、冠婚，九、喪祭，十、器用，十一、子姪，十二、蒙規，十三、十四、彙訓。次附録，凡三章：一、祠堂事例，二、社學事例，三、四峰書院。規律謹嚴，純爲我國古代宗族遺制。昔順德羅雲山編刻《渭厓文集》，載家訓十四條，皆分録前言往行可爲法戒者，與此全不相同。倫以諒撰韜傳，稱所著有《詩經解》、《象山學辨》、《程朱訓釋》、《霍氏家乘》、《渭厓集》、《西漢筆評》、《四庫存目》類舉渭厓所著有《明良集》、《渭厓文集》，然皆不及此。是傳本之罕可知。汲古閣毛氏仿宋本款式摹寫，精整絶倫。

藏印　毛晉私印　毛晉之印　毛晉　毛氏子晉　子晉　汲古閣　汲古主人　毛扆之印　斧季

## 184　直説素書不分卷　明刊本　二册　（07493）

卷首元至正十四年甲子廣陵寡學王氏序，卷末附音釋。王序自稱侍鎮南王於廣陵，幸值賢王崇儒設學，朝夕之間，會府佐官僚講議，得遇是書。精思熟慮，推詳事理，演以直言，上陳賢王，以助遵訓之意。按元世祖第九子脱歡封鎮南王，出鎮揚州，後至元間襲封者，爲其曾孫孛羅不花。雖其時蒙古入主中國已六十餘年，學問之事，未必有得。王氏職居疏附，故爲此淺顯之言，用資啓沃之助。惟原書既出僞託，王説僅作敷陳，得流傳至數百年，亦幸事也。卷末有「聚寶門外徐氏刊行」八字。《千頃堂書目》兵家類有王氏《素書直説》一卷，當即指此。【此□即《武經七書》之一種。】

**185－1　管子二十四卷**　明萬曆刊本　三册　陳碩甫校，譚復堂、戴子高舊藏　（07494）

唐司空房玄齡註。首萬曆壬午趙用賢刊書序，次文評，次凡例，次目録，次劉向校上序。卷末有「吴郡顧櫰書、顧時中、章掖、顧植、劉廷惠、何承德、章扞、顧賢、何承業、吴丙初、顧文、邑人吕廉仝刻」，凡七行。陳碩甫借汪閬源所藏宋本校過，稱所據爲北宋本。然卷一末有「瞿源蔡潛道宅墨寶堂新雕印」，卷二十四末有「瞿源蔡潛道宅板行紹興壬申孟春朔題」兩牌記。是南宋，非北宋，陳氏蓋偶誤也。是本序稱得秦汝立家古善本。凡例第四條又稱按宋本校定更正。故陳氏謂胎於善本，其誤希少，校以宋本，益臻完善。楊忱序、張嵲《讀〈管子〉跋》，均陳氏影寫補完。

陳碩甫跋　北宋《管子》向藏黄蕘翁家。舊缺自十三卷之十九卷，影鈔補足。蕘翁殁，其書盡歸汪君閬源家。己丑九月，王懷祖先生屬鈔，乃向汪氏借録。奂對勘之餘，作《辨誤》一卷。與《雜志》複者削之，得六十餘則，因自過録於明刻劉績本。明刻錯誤極多，乃知宋本之足貴。今爲蘭鄰先生之屬，録於此本。其誤希少，蓋此本亦胎於善本者矣。

甲午三月，陳奐校記。【卷末】

癸亥之夏，于福州市上買此書，爲譚中義所攫去。丙寅正月，在杭州復取得之。子高記。【書衣】

同治丁卯初春，郘亭眲叟莫友芝借讀過。【卷末】

光緒己卯十月，譚獻傳校一本寄瑞安孫仲容。

藏印　陳氏碩甫　杭州譚獻　中儀父　譚獻　仲儀　謫麐堂　复堂藏書　子高

## 185－2　又一部　明成化刊本　十二册　王惕甫舊藏　（07495）

唐司空房玄齡注，蘆泉劉績補註。《四庫提要》：「績字用熙，號蘆泉，江夏人。宏治庚戌進士，官至鎮江府知府。」《皕宋樓藏書志》有此，稱成化刊本。王鐵夫題謂「黄蕘圃稱爲元板」，當是筆誤。昔人以朱筆校過，所校與宋本合。

王鐵夫題　云臺先生至杭，停泊胥江，過漚波舫，因出《管子》一書相贈。後同年黄蕘圃見之，云是元板，市中不可多得，紋三十兩不爲價重。因重裝之。鐵夫記。

藏印　惕甫　王履約印

## 186 韓非子二十卷 影宋鈔本　四册　黄蕘圃校，錢遵王、季滄葦、汪秀峯、顧千里、汪閬源舊藏　（07496）

是書來歷詳見顧、黄二氏跋文。半葉十三行，行二十四字，小注雙行，行二十八字。序後有「乾道改元中元日黄三八郎印」一行。蕘圃獲見真宋本後，就其相違異者校以朱筆標於上方，以正其訛舛。復影寫六葉，附於卷末，以存其真相。名鈔名校，可謂二難併已。

顧千里記　第十卷第七葉原缺，趙文毅本有，當是趙移《道藏》本以補全耳。驗其字數於廿六行，行廿四字爲不足。是宋本此一葉，其文未必便如此。移補者非也。嘗謂宋本書雖無字處亦好，豈不信然。澗蘋記。

【此即吴山尊鼒刊祖本。】

又跋　此《韓非子》爲錢氏述古堂影宋鈔本，曾藏泰興季氏，見於二家書目者也。今裝池尚仍錢氏之舊，首葉有季氏藏書鈐記，可證其確然矣。近日從新安汪啓淑秀峰家所謂開萬樓者賣出，遂於杭郡轉入予手。緣力不能蓄，復爲蕘圃黄君損卅白金取去。豈物固各有主耶！抑物惟好而有力者始能聚耶！於其歸之也，率題數語，以志緣起，並質其理於黄君也。若夫此本之勝俗本，有不可以道理計者。即趙文毅本，雖從此本而出，然頗出意見改竄，亦失其真，非得見此本，無由剖斷其是非，不僅僅因名鈔而足重，則黄君知之甚審，不待予贅言。予故不覼縷云。嘉慶壬戌中元前三日，澗蘋顧廣圻書於城南之思適齋。

黄蕘圃跋　余性喜讀未見書，而朋友中與余賞奇析疑者，惟顧子千里爲最相得。歲丙辰，千里借窗讀書，兼任讎校，故余所好之書，亦唯千里知之爲最深。每遇奇祕本爲余所未見者，千里必代購以歸。余四、五年來，插架中可備甲編之物，正不乏也。歲辛酉，余四赴計偕，賓主之歡遂散。然翰墨因緣，我兩人無一日去懷。千里就浙撫阮芸臺聘，入校經之局，每歸爲余言曰：「近日喜講古書者，竟無其人。蘇、杭兩處古書之多，與講古書人之多，杭遠不如蘇。此種話可爲知者道，難與俗人言也。」今夏六月，千里自杭歸，于余面前略言近所得書，如元刊《吕氏春秋》、舊鈔《嚴氏詩緝》、明刻《書史會要》。余亦以爲書皆好，明日遂以歸余，易白金十二兩而去。問此外可有好者。千里曰：「無矣。」余亦信杭之果無好書。越一日，遇千里于金閶書肆，聚談半日而别。將别去，復佇立于道，密語余曰：「有一書銘心絶品。此書必當歸子，亦惟子乃能識此書。然鈔本須得刻本價。」問其名，始云爲影宋鈔《韓非子》，藏爲錢遵王、季滄葦兩家，需直白金四十兩。余急欲覩其書。千里曰：「此書爲汪啓淑家所散，而他姓得之，託余求售于子。故索重直。」余聞之喜甚，蓋子書中惟《管》、《韓》爲最少。余所收子書，皆宋刻爲多，惟《管》、《韓》尚缺。《管子》猶見殘宋本，若《韓非子》并未聞世有宋本。今得影鈔者，豈不大快乎。琳頭買書金盡，措諸友人所，始以卅金購之。全書之得見，遷延至數日，蓋千里亦愛不忍釋手矣。千里跋云「力不能蓄」。余非真能蓄者，特以所好在是，必多方致之，較千里爲更愛爾。取校趙本，覺誤字特多，正惟誤字，思之正是一適。惟千里爲能收之于杭，亦惟余爲能收之于蘇。乃信世之識古書者，我兩人殆有同心焉。今而後，子書甲編中，又當添置一席矣。收書之日爲中元日，以黄三八郎刻者，仍爲江夏所儲。天壤間翰墨因緣，巧合如是，抑何奇耶！并著之以誌幸事。時嘉慶壬戌之秋七月既望，黄丕烈書于王洗馬巷之士禮居。

又跋　余既收得影宋鈔本《韓非子》，自謂所遇之厚，無過於是。方擬手校同異于趙本，以備徵信之用，適錢唐何夢華過訪士禮居，見案頭有此書，亦詑爲奇絶。越一日作札告余曰：「頃與張古餘司馬談及，知《韓非子》宋刻乃在渠處，豈非奇之又奇乎！」余聞之喜甚，即往謁古餘。古餘未晤，蓋古餘與余久神交而未曾謀面者也。適西賓夏方米與之熟，方米以他事往候，請觀其書。歸爲余言其真。余即屬方米往假，果以是書來，一見稱快。始信余本之真從宋本出也。然非一本。張本缺第十四卷第二葉，余本却有。余本缺第十卷第七葉，張本有之。則余本非從張本出矣。顧又有疑焉者。余本爲述古堂所鈔，後歸延令季氏，此可憑兩家書目信之。乃余本中間有與張本絶不相謀者。一行一字，動見差誤。如謂鈔時僞爲，則十卷七葉何以聽其空白，以傳信于後乎？或者所影鈔之本，有修板鈔補之病，遂據以傳録，故訛舛如是乎？此外板心細數及刊刻字數，影鈔者或缺或不同，大約脱略及誤書耳。至于字之筆畫，稍有異同，此影鈔者莫辨其形似，致有此失也。今悉以朱筆手校于上，以別紙影鈔宋刻之真者附于末，庶不改影鈔之舊，并可存宋刻之真。倘天壤間又有影鈔之原本出，則錢氏之影鈔者亦不任咎矣。世之古書何限，安能執一以求合耶？我輩生遵王、滄葦之後，而所見翻勝二君，此幸之至者也。張本爲李書年觀察物，古餘借校，故在郡中。觀察爲河南夏邑人，今官江蘇糧儲道。聞其宦于京師，欲以卅金求售于孫伯淵。伯淵未之買，并爲言此書之可寶。今將子孫世守矣。古餘之借，難之又難。而余之見，幸之又幸。因并描其藏書諸家圖書，以誌源流。首列「張敦仁讀過」一印，此書得見之由也。每册圖書，未能悉摹，兹但取其一，次其先後，每印所在，遵天禄琳琅例，注出某卷某葉，日後得見宋刻，欲定余手校所據本者，可按此知之。爰損舊裝，續補于後。他日千里歸，索觀此本，定詑余喜未見書之性，又出渠上矣。特未識後之讀書者能諒余區區愛書之心，而不以余爲多事否也？八月六日甲辰，蕘翁識。

又跋　續用張古餘司馬所借李書年觀察宋刻本影鈔補全，惟第六行第四字「日」，趙本作「曰」。餘無異也。蕘翁記。

九月廿日，重觀於讀未見書齋。廣圻記。以上均見卷末

藏印　季振宜藏書　開萬樓藏書印　廣圻審定　顧印廣圻　澗蘋　思適齋　癡絶　黄印丕烈　丕烈　蕘圃手校　蕘圃　蕘翁　蕘夫　士禮居　士禮居藏　汪印士鐘　閬原甫　長洲汪駿昌藏　雅庭　琴樂

## 187 農桑撮要不分卷

元至順刊本　二册　項子京舊藏　（07497。著録作「明刻本」）

卷首魯明善序，次魯氏幕僚張㮚序。《四庫》著録，采自《永樂大典》，書名「農桑」下增「衣食」二字，且析爲二卷。近人張氏、錢氏傳録閣本，刊入《墨海金壺》、《珠叢別録》。取以對勘，不逮是本遠甚。卷首失去總目，正月闕種柳一節，二月闕種穀楮、種棗、種皂莢、種麻子四節，三月闕種紫草、種百合二節。又養蠶法下，闕生蟻、下蟻、涼暖總論、飼養總論、分擡總論、初飼蠶法、頭眠飼法、停眠飼法、大眠飼法九節，四月闕收蜜蜂一節，六月闕種蔓菁、鉏芋、飯不餕三節，七月闕刈藍、種蕎麥、伐竹木三節，卷末闕通俗直説全節。又六月之種胡蘿蔔、種晚瓜誤入於七月。其他譌字尤指不勝屈，蓋《大典》展轉傳鈔，故致有此舛誤。《提要》又以延祐甲寅爲是書初版，至順元年爲覆刻，似亦未合。按張序僅言延祐甲寅，明善出監壽郡，並未言即於是年刊行。序中復言謀諸同列，訪諸耆艾，攷種蓺斂

藏之節，集歲時伏臘之需。是從容考訂，必須假以歲月，斷非倉猝成書，可以即時付梓。且作者不於初版撰序，而反於覆刻追補，似無此理。館臣蓋未之深考也。此爲元刊元印本，半葉十行，行二十二字。張序首句「皇元」云云，剜作「皇宋」，則出於書估作僞，誼合更正。

藏印　青宫之寶　項子京圖書記

**188　救荒本草二卷**　明嘉靖刊本　十二册　（07498）

《四庫》著録據《明史》定爲周王橚撰，所收爲嘉靖乙卯陸東刊本。此爲嘉靖四年覆永樂本，先於陸本三十年。前有永樂丙戌周府左長史卞同及嘉靖乙酉大梁李濂序，惜均殘損。書分上、下卷，每卷又分爲前、後二子卷。上卷草部二百四十五種，下卷木部一百種、米穀部二十種、果部二十三種、菜部四十六種。每種先圖後説，並詳述救飢之法。其見於舊《本草》者，並注「治病見《本草》某條。」

**189　新刊黄帝内經素問二十四卷**　宋刊本　十六册　（07499。著録作「元刻本」）

卷首啓玄子王冰序，次林億、孫奇、高保衡等校正序，後列三人銜名，次目録。後有

「讀書堂刊」四字不全牌記。此或坊版已鬻他人，而時代亦有移易，故剜改也。每卷首行書名，次行題「啓玄子次註，林億、孫奇、高保衡等奉勅校正，孫兆重改誤。」書與明顧從德覆宋刻重廣補註本同。第二十一卷《刺法論》、《本病論》二篇亦闕。本卷篇目原注：「此二篇亡在王註之前，今世有《素問亡篇》，仍託名王冰爲註，辭理鄙陋，無足取者」云云。此亦照録，宜不復采收矣。而全書卷末，乃仍刊此已亡之二論。劉温舒爲太醫學官時，得此《亡篇》，究不知其何所自來。坊賈無識，取以補亡，而不知適自彰其矛盾也。半葉十行，行十八字，大小字同。版心細黑口。書名署「問幾」，上記字數。

藏印　應麟　裕陽之印　東吴文獻世家

**190－1　補註釋文黄帝内經素問**　元刊本　存前十卷　十册　（07500。著録作「明刻本」，「十一册」）

題「隋全元起訓解」，「唐王冰次註」，「宋林億等奉勅校正」，「孫兆改誤」，「劉温舒運氣圖式」，「鰲峰熊宗立句讀重刊」。前有高保衡、孫奇、林億三人校正序，次啓玄子王冰序。序後有「將仕郎守殿中丞孫兆重改誤」一行。正文卷一、二、三、四及卷十，書名上均增「新刊」二字。半葉十三行，小注雙行，行均二十三字。諸家藏本均稱總目前有「本堂求到元豐孫校正家藏善本重加訂正分爲十二卷以便檢閲」云云木刻印記，此却無之。又目録後有墨孟子題「元本二十四卷今併爲一十二卷刊行」，陰面有木記，題「至元己卯菖節古林書堂新刊」二行，此均剜去，痕迹甚顯。卷十一、十二，暨附刊《素問》入式、運氣、論奥三卷，均佚。

## 190－2　又一部　版本同前　存五卷　六册　（07501。著録作「明刻本」）

存者卷七至十、卷十二，僅五卷。

## 191　新刊王氏脈經十卷　元刊本　四册　黄蕘圃舊藏　（07502）

卷首王叔和序，次目録。首行題「新刊王氏脈經」，次行題「朝散大夫守光禄卿直祕閣判登聞檢院上護軍臣林億類次」，猶是進呈舊式。惟校定原序已佚。半葉十二行，行二十四字，小注雙行，字數同。按是書《四庫》未收，僅於醫書類存目《圖注脈訣》下附載其名。至阮文達得影宋鈔本，始録以進呈。宋本舊爲海源閣所藏，今不知飄流何所。愛日精廬藏影元鈔本，目録前有「天曆庚午歲廣勤葉氏刊」木記，與此本同，今亦不可復見。金山錢熙祚刊入《守山閣叢書》，不言出自何本，但言「彙集諸書重爲校正」，勘訂極精審。《楹書隅録》謂，錢跋稱與今本不同者，核與所藏宋本俱合。此爲元槧，亦均不誤。錢跋文卷八「趺陽脈當伏，今反數，本自有熱，消渴小便數，今反不利，此欲作水。今《金匱要略》『消渴』誤作『消穀』」云云，此本却作「消穀」。然有小注曰「一作『消渴』」，則亦不得謂之爲誤也。錢氏據他醫書訂正各條，如卷二第一篇第十五條，「苦短氣咳逆喉中寒」，注「按《千金方》『寒』作『塞』」，此正作「塞」。卷四第二篇第四十四條，「浮而數中水冬不治愈」，注「按《千金方》，『浮』作『沈』」，此正作「沈」。第五篇第二條，「不及周身二百節疑」，注「『疑』字本注誤入正文」，此原不誤。卷五第五篇第四十條，「爲腸澼下血血溫身熱者死」，注「按此『血』字原脱，今依《素問》四十八補。」此原不脱。卷七第十六篇第一條，「久則譫語甚者至巇」，注「按原本此二字誤作『多蔡』，今依《傷寒論》改」，此正作「至巇」。其他訛字，雖沿襲者亦尚不少，然觀此數條，固已勝於錢氏從出之本多多矣。

序後木記

天地以生物爲心故古之聖賢著書立論教人以醫而濟人之生也得其書而自祕者豈天地聖賢之心乎夫治病莫重於明脈脈法無出於王氏脈經之爲精密本堂所藏不欲自祕先以針灸資生經梓行矣今復刻脈經與衆共之庶以傳當世濟人之道且無負古人著書之意云
時天曆庚午仲夏建安葉日增誌于廣勤書堂

藏印 黃印丕烈 蕘圃 士禮居

## 192 素問入式運氣論奧三卷 元刊本 一册 蔣重光舊藏 （07503）

卷首元符己卯太醫學司業劉温舒自序，略謂：「黄帝論疾苦，成《素問》。其道奥妙，不易窮研。其間氣運，最爲補寫之要。黄帝與岐伯鬼臾區問對，分糅篇章，卒無入法。稍難施用。」又謂：「棲心聖典，積有歲月，究源附説，解惑分圖。括上古運氣之祕文，撮斯書陰陽之精論。粲然明白，箋名奥義」云云。序後有「書堂重刻」四字牌記，未著誰氏之名。半葉十四行，行二十四字。黑口雙闌，版心雙魚尾。書名署「素問運氣」。

按《廉石居藏書記》，是書後附《黄帝内經素問遺篇》，即《刺法》、《本病》二論。是本無之，蓋亡佚矣。

藏印 吳越王孫 重光 子宣

## 193 經史證類大觀本草附本草衍義 金刊本 存十一卷 九册 （07504。著録作「元刻本」）

《證類本草》，題「唐慎微纂」。存目録，卷一、二、三、五、十一、十二。《衍義》即寇宗奭編本，存卷十六至二十。半葉十二行，行二十一字。鐵琴銅劍樓瞿氏有金本。卷首艾晟序後有墨圖記云：「《經史證類大全本草》三十一卷，附《本草衍義》二十卷。貞祐二年嵩州福昌縣夏氏書籍鋪印行。」是本圖記已佚，然實同出一版，則亦金本也。艾序「慎微」作「謹微」。初見處有小注「元從心從真避御名今易」十字。此爲金人刊本，不應避宋諱，意必書賈就宋本覆刻，悉沿其舊。惟金宣宗貞祐二年，當南宋甯宗嘉定七年。維時書法，用筆不應如是圓轉豐潤，豈南北風尚固有區别乎？記此待攷。

## 194 本草衍義二十卷　宋慶元刊本　四册　周松靄舊藏　(07505)

題「通直郎差充收買藥材所辨驗藥材寇宗奭編」。書凡二十卷。前三卷《序例》；後十七卷《論藥物》。每卷目録連正文。半葉十一行，行二十一字。左右雙闌，版心雙魚尾，上記字數，書名題「衍義幾」，下記刻工姓名，多已損蝕。其存者有鄧煒、高興世、范明遠、蔡万、陳明、劉應、江漢、任興、徐□、宋瑞、彭六、張仲、彭雲、蕭受、蔡泰、馮壽諸人。其僅記一字者有光、圭、允、林、余、辛、信、田、永、晉、周、元、云等字。寇氏《叙例》謂：「諱避而易名者，原之以存其名。」故於「山藥」下明載：「上一字犯英廟諱，下一字『蕷』。唐代宗名豫，改下一字爲『藥』，今人遂呼爲『山藥』」云云。又「胤」字下註：「犯廟諱，今改爲『嗣』。」

「玄」字下註：「犯聖祖諱，今改爲『元』。」遇「京師」、「京都」、「朝廷」等字，均空格，蓋宋代官書款式也。卷末有「右《證類本草》，計版一千六百二十有二。歲月婁更，版字漫滤者十之七八，觀者難之。鳩工刊補，今復成全書矣。時慶元乙卯秋八月癸丑識。」凡四行。本書不及二百版。上文所舉版數，蓋與《證類本草》同刊而綜計之也。後又有銜名如下：「儒林郎江南西路轉運司主管帳司段杲、奉議郎充江南西路轉運司幹辦公事賜緋魚袋徐宇、承議郎充江南西路轉運司幹辦公事賜緋魚袋曾□、朝奉郎充江南西路轉運司主□□□賜緋魚袋徐洿、朝奉郎權江南西路轉運判官吴獵」，凡五行。每葉紙背均有「京兆方塘文房」六字正楷朱印一行。前五卷影配。原刻極精。尚闕卷十三，待補。

藏印　周松靄藏書　松靄　芚兮　子孫世昌　某華春書屋

## 195　類編圖經集註衍義本草　元刊本　存六卷　三册　(07506)

是書見日本人撰《經籍訪古志》。本書四十二卷，序例五卷，目録一卷。目録後有「建安余彦國刊於勵賢堂」木記，即《類要圖註本草》而妄改題目者。題「元世醫普明真濟大師賜紫僧慧昌校正」。按《類要圖註本草》，爲宋桃溪儒醫劉信甫及許洪校正，亦節録唐氏《證類》附以寇氏《衍義》而成。是本僅存卷十八至二十三。半葉十行，行十九字，小注同。

附圖視《證類大觀本草》爲多，然繪畫稍見粗率。

## 196　三因極一病證方論十八卷　宋刊本　十册　（07507。著録作「元刻本」）

題「青田鶴溪陳言無擇編」。前有編者自序，半葉十三行，行二十三字。細黑口，左右雙闌。雖無板刻年代，然決爲宋刊無疑。《四庫提要》謂第二卷中「太醫集業」一條，有「五經二十一史」之語，疑明代傳録此書者妄改。今此本作「五經三史」，並無「二十一史」之語，是知明刻誤也。昔黄蕘圃偶見題「宋板太醫集業」書名，識爲明文淵閣陸氏佳趣堂所藏，甚悔失之交臂，及顧千里尋覓互勘，始知爲是書殘本割裂而成，然已不可復覩。今何幸得此罕祕之籍，使黄、顧二子見之，不知如何稱快也。

## 197　新刊仁齋傷寒類書活人總括七卷　元刊本　三册　怡府舊藏　（07508）

題「三山名醫仁齋楊士瀛登父撰」，次「建安儒醫翠峯詹宏中洪道校定」。《四庫》著録，與《仁齋直指》並列，爲嘉靖庚戌朱崇正刊本。《直指》有景定甲子士瀛自序。序稱：「余始撰《活人總括》、《嬰兒指要》，俗皆以爲沽名。」云云。其自序《嬰兒指要》，爲景定庚申歲。是此書之撰，必在庚申前，先於《直指》若干年。兩書本自别行，《四庫》館臣以其卷帙較少，附《直指》後，未免顛倒。《提要》稱《活人證治賦》後，有《司天在泉圖》、《五運六氣圖》、《脈法指掌圖》，目録中註一「附」字。今按是本均無之，蓋爲朱氏附遺也。諸家所藏，皆明嘉靖本。此爲元刊。半葉十四行，小字雙行，行二十四字。板心書名署「仁括」二字。

藏印　明善堂覽書畫印記　安樂堂藏書記

## 198 新刊仁齋直指方論醫學真經不分卷　元刊本　一册　劉泖生舊藏　(07509)

此亦楊士瀛撰次，詹宏中校定。行款與前書同。前有景定壬戌登父自序。首《察脈總括》，次《脈訣》，次《七表脈》，次《八裏脈》，次《九道脈》，附《雜證脈》、《察脈總括》内有《脈病逆順論》，然未刊入，但註「見直指方一卷内」，是必與《直指》同時板行，故從省略。明嘉靖本亦有朱崇正《附遺》。《四庫》著録僅有《直指》及《活人總括》而無是書，蓋所見非全本也。儀顧堂陸氏跋明刊本，謂：「雜證脈狀及藥象，爲朱崇正所附。」不知《九道脈》下，原附有《雜證脈》，朱氏以己作羼入正文，無從辨析。陸氏僅見明本，故致誤耳。

藏印　金陵世家　劉印泖生　履芬

## 199 濟生拔萃方 元延祐刊本　存十三卷　十册　晉府舊藏　（07510）

是書見於《曝書亭集》者六卷，見於日本《經籍訪古志》者十八卷，同引延祐二年杜思敬序，必爲一書，然均未全。《千頃堂書目》與《皕宋樓藏書志》，皆十九卷，後者且列舉所輯書名：卷一《鍼經節要》，卷二《潔古雲岐鍼法》，卷三《鍼經摘英》，卷四《雲岐子脈法》，卷五《潔古珍珠囊》，卷六《醫學發明》，卷七《脾胃論》，卷八《潔古家珍》，卷九《此事難知》，卷十《醫壘元戎》，卷十一《陰證略例》，卷十一、直疑「三」字之誤。《傷寒保命集類要》，卷十四《瘫論萃英》，卷十五《保嬰集》，卷十六《蘭室祕藏》，卷十七《活法圓機》，卷十八《衞生寶鑑》，卷十九《雜方》。名稱雖微有不同，然《皕宋志》摘鈔省略，或繕録偶誤，實無差異。書名小題在上，大題在下。半葉十二行，行二十四字。所有卷數悉被書估剜削，以泯不全之迹，然尚有餘痕可尋。與《皕宋志》所舉，固無殊也。此計闕卷一、二、八、十四至十六。

藏印　晉府書畫之印　敬德堂圖書印　春暉艸堂圖籍

## 200　新刊袖珍方四卷　明洪武刊本　十六册　（07511）

前後無序跋，亦無撰人名氏。首總目，以仁、義、禮、智爲序；次分目，又以文、行、忠、信爲序。半葉十六行，行二十六字。高標準尺十二寸五分弱，廣十九寸七分。行密字小，鐫刻未精，時見譌字。《千頃堂書目》有李恒《袖珍方》四卷，注稱「恒字伯常，合肥人，洪武初周府良醫，奉憲王命集。」又《天禄琳琅》後編，有《袖珍方大全》四卷，建陽麻沙版式，不著撰人名氏。序稱「周王纂輯，命序梗概。」作者自署名佑而無姓。序後有宗立《校讎付梓識語》。又丁氏《善本書室藏書志》有《新刊袖珍方大全》四卷，弘治乙丑集賢堂刊本，其後序爲典寶臣瞿佑所撰。卷末亦有正統十年熊宗立識語。又引周、王二序，謂：「暇日集録經驗諸方，始成一書，名之曰《袖珍》。命工刊梓，以廣其傳。」又謂：「嘗集保生、餘録、普濟等方，編輯多譌。至洪武庚午寓居滇陽，得家傳應效者，令本府良醫編類，録諸小版。分爲四卷。方計三千七十七，門八十一，名曰《袖珍》。」云云。是本卷數版式均同。李恒既爲周府良醫，與周、王之序亦合，當爲其手集無疑。至書名增「大全」二字，必後來建陽書肆所爲。此則猶洪武原名初版耳。

## 201 六經天文編二卷 元刊本 四册 （07512）

編者宋浚儀王應麟伯厚甫。半葉十行，行二十字。版心間記字數及刻工姓名。是爲《玉海》附刊之本。前後無序跋，紙墨甚舊，猶是至元六年王厚孫所刊。與《四庫》著録者同。

## 202 譯天文書四卷 明洪武刊本 四册 （07513）

此西域人所撰曆書，原爲回回文，明初西域海達兒等奉敕譯漢。卷首有原序及吴伯宗序。按《明史·曆志》，洪武元年置回回司天監，詔徵元回回司天監黑的兒當即海達兒，譯音偶異。等共十四人至京議曆法。十五年九月，詔翰林李翀、吴伯宗譯回回曆書。所言悉與序合。全書分四類：第一、總説題目，凡二十三門；第二、斷説世事吉凶，凡十二門；第三、説人命運并流年，凡二十門；第四、説一切選擇，凡三門。半葉八行，行十八字。卷首吴序，署洪武十六年，當即是時所刊。明《文淵閣書目》陰陽類，有天文書二部，均注二册闕，疑即此書。《四庫》未收，阮文達亦未進呈。今録譯序及吴序於左：

譯原序　天理無象，其生人也恩厚無窮。人之感恩而報天也，心亦罔極。然而大道在天地間，茫昧無聞，必有聰明睿知聖人者出，心得神會斯道之妙，立教於當世，後之賢人接踵相承，又得上古聖人所傳之妙，以垂教于來世也。聖人馬合麻及後賢輩出，有功於大道者，昭然可考。逮闊識牙耳大賢者生，闡揚至理，作爲此書，極其精妙。後人信守尊崇，縱有明智，不能加規而過矩也。

吴伯宗序　皇上奉天明命，撫臨華夷，車書大同，人文宣朗。爰自洪武初，大將軍平元都，收其圖籍、經傳、子史凡若干萬卷，悉上進京師，藏之書府。萬幾之暇，即召儒臣進講，以資治道。其間西域書數百册，言殊字異，無能知者。十五年秋九月癸亥，上御奉天門，召翰林臣李翀、臣吴伯宗而諭之曰：「天道幽微，垂象以示人。人君體天行道，乃成治功。古之帝王，仰觀天文，俯察地理，以修人事，育萬物，由是文籍以興，彝倫攸叙。邇來西域陰陽家推測天象，至爲精密有驗。其緯度之法，又中國書之所未備。此其有關於天人甚大，宜譯其書以時披閲，庶幾觀象可以省躬修德，思患預防，順天心。立民命焉。」遂召欽天監靈臺郎臣海達兒、臣阿答兀丁、回回大師臣馬沙亦黑、臣馬哈麻等，咸至于廷，出所藏書，擇其言天文、陰陽、曆象者，次第譯之。且命之曰：「爾西域人素習本音，兼通華語，其口以授儒。爾儒繹其義，緝成文焉，惟直述毋藻繪毋忽。」臣等奉命惟謹，開局於右順門之右，相與切摩，達厥本指，不敢有毫髮增損。越明年二月，天文書譯既，繕寫以進。

有旨命臣伯宗爲序。臣聞伏羲畫八卦，唐堯欽曆象，大舜齊七政，神禹叙九疇，歷代相傳，載籍益備。其言天地之變化，陰陽之闔闢，日月星辰之運行，寒暑晝夜之代序，與夫人事吉凶，物理消長，微妙弘衍矣。今觀西域天文書，與中國所傳殊途同歸，則知至理精微之妙，充塞宇宙，豈以華夷而有間乎？恭維皇上心與天通，學稽古訓，一言一動，森若神明在上。凡禮樂刑政，陽舒陰斂，皆法天而行。期於七曜順度，雨暘時若，以致隆平之治。皇上敬天勤民，即伏羲、堯、舜、禹之用心也。經傳所載天人感應之理，存于方寸，審矣。今又譯成此書，常留睿覽，兢兢戒慎，純亦不已，若是其至哉。是書遠出夷裔，在元世百有餘年，晦而弗顯。今遇聖明，表而爲中國之用，備一家之言，何其幸也。聖心廓焉大公，一視無間，超軼前代遠矣。刻而列之，與中國聖賢之書並傳並用，豈惟有補於當今，抑亦有功於萬世云。洪武十六年五月辛亥，翰林檢討臣吴伯宗謹序。

## 203 夏侯陽算經三卷　影宋鈔本　一册　汪閬源舊藏　（07514）

卷首作者自序，目録連正文。卷上六門，曰明察除法，曰辯度量衡，曰言斛法不同，曰課租庸調，曰論步數不等，曰變米穀。卷中五門，曰求地税，曰分禄料，曰計給糧，曰定脚價，曰稱輕重。卷下一門，曰説諸分。半葉九行，行十八字。版心僅數葉上記字數，下記刻工姓名。有蕭子、魏信及一俞字者三人而已。卷末有祕書省銜名趙彦若等六人。又元豐七年進呈，銜名司馬光等九人。

藏印　汪印士鐘　三十五峯園主人　侍直清暇

**204　九章算法比類大全十卷**　明弘治刊本　八册　(07515)

題「錢唐南湖後學吴敬信民編集」。首景泰庚午臨川聶大年序，次敬自序。敬自稱：「留心算術，獲《九章全書》，古注混淆，布算簡略，因採輯舊聞，分章詳註，補其遺闕，芟其紕繆。前增乘、除、開方起例之法，中添詳註、比類、歌詩之術，後續鎖集、演段、還源之方。積功十年，纔克脱稿。金臺王均見而重之，爰集好雅，命工鋟梓，以廣其傳。」云云。著者之子若孫重編印行。弘治戊申，同邑項麒爲之撰序。

**205　太玄説玄五篇**　鈔本　一册　顧千里校藏　(07516)

題「唐宰相王涯字廣津纂」，後附釋文，據萬玉堂刊本影鈔。

顧千里跋　此從萬玉堂翻宋刻影出。其中舛錯，參看經文便可見。安得佳本校定之。然比諸嘉靖甲申郝梁所刊固已勝也。壬申八月，思適居士漫記。

藏印　顧印　廣圻

## 206 大定新編四卷　明刊本　四册　毛子晉、黄蕘圃舊藏　(07517)

前後無序跋。《讀書敏求記》有是書，不著撰人名氏。但《大定新編便覽》下，注「野崖楊向春輯」；《大定續編纂要》下，注「亦野崖所輯」。《傳是樓書目》亦有楊向春《大定新篇》二卷，又續二卷。按向春字體元，號野崖，普洱人，著《皇極經世心易發微》，見《四庫全書》子部術數類存目，蓋深於占卜之術者。是書當爲楊氏所撰無疑。《敏求記》釋「大定」二字之義，謂：「以年月日時，錯綜布算，成千百十零，加入奇偶數而分元會運世。年符元，月符會，日符運，時符世。看上下生尅何如，以定其吉凶」云云。

黄蕘圃跋　《大定新編》四卷，《大定新編便覽》一卷，《大定續編纂要》一卷，詳載於《讀書敏求記》中，蓋六壬書也。《汲古閣祕本書目》亦載此三書，而其下注云：「緜紙舊鈔，則刻本罕覯矣。」郡中故家有《大定新編》四卷，始見其目，後讀其書，雖語言文字全然未曉，而奇書得未曾有，遂手之不置。問其直，索三十餅金。余畏而却退，置弗問焉。久之，無過而問者。余許以四餅金，物主允易，而欲余贈以家刻書，其議始成。成議之日，癸酉中秋日也。越日，秋暑甚潮濕。吴諺所云「木犀蒸」，此其是已。復翁識。

藏印 毛氏子晉 黄印丕烈 蕘圃

## 207 靈棋經 明成化刊本 存下册 一册 黄蕘圃舊藏 (07518)

舊題「漢東方朔撰」。晁公武《郡齋讀書志》分二卷，《四庫》著録同。時本亦以《苦節卦》前後分卷，此獨不分，惟《從心卦》前已佚。卷末一葉及劉基跋，均蕘圃手自寫補，並題書衣曰「成化己丑毛贊刻本」。

黄蕘圃跋 《靈棋經》世多鈔本。去年偶過胥門經義齋書坊，見有刻本。破爛闕失，又經俗工裝潢。遂向主人索得，重爲裝池。前後缺葉，用孫本及經義齋别本補入。原書鈔補，本不工整，故余隨手鈔補，潦草之至。因此刻尚是成化己丑本，故珍之。孫本出成化丁亥，較此尚前二年，然已爲弘治壬子翻刻，而又從翻本傳録者，故仍以此爲舊本也。經義别本不過尋常鈔本，無所稽考，而李跋則反有之。兹所補者即據是本云。乙丑六月廿四日，蕘翁揮汗書。

## 208 易林二卷 鈔本 四册 吴養恬校，屠伯洪舊藏 （07519）

是書姜恩於嘉靖四年刊行。嘉靖十三年，長安馬驎又從而覆刻。先是陸敕先借得瞿曇谷校本，過於姜恩本上，其後陸本歸於黄蕘圃。吴氏又從蕘圃借得之，臨入此本。原本訛誤極多，校筆極爲矜慎。

吴養恬跋　濮川濮氏序《敏求記》云："聚書而能討源流，析異同，斯難矣。"誠哉是言也。是以舊鈔校本，古今同貴。余友言黄蕘圃家藏有校宋本《易林》兩册，心竊艷之。託假再四，始荷允許。閲之，係陸敕先前輩手筆。敕先嘗受蒙叟錢氏校對之聘。錢氏祕册，半出敕先手定，其爲人作嫁者多。此書乃從其從兄借而校訂，珍之行笈，其所寶可知。今將二百載，復見於世。奇書種子不致湮没者，必有神力護持。余校閲□□與時本不同者，千有餘處。字句差謬者，幾及萬言。是書之可寶，奚啻隋珠和璧。蓋余自弱齡，即好太乙、奇壬、韜鈐、讖緯之學，故於祕異靡不極力購覓。每逢世之罕見僅聞者，必得之而後已。兹因校畢，並録敕先暨蕘翁跋語於首尾，以誌無力刊刻公諸海内爲恨耳。時丙寅春莫之吉，養恬吴晉德並書。

藏印

吴晉德字則明自號養恬主人維七十五甲子之乙巳歲降生浙西織里　養恬　養恬手校　養恬□申珍藏　孫□□字惠溥號鐵泉　忠烈公之子孫　伯洪屠鐘　義門小史　夢廬借觀　竹泉珍祕圖籍　謏聞齋

## 209　易林註十六卷　影元鈔本　十六册　（07520）

卷首東萊費直序，唐會昌景寅靈越五雲谿王俞《周易變卦筮叙》。半葉八行，行十五字。卦名及所之之卦均頂格。卦辭低一格，註低二格。其不註者則曰「無註」，或曰「未詳」。註無撰人名氏。按卷二「訟之乾」、「比之既濟」，卷五「隨之解」，卷十一「益之旅」，註均引《韻府羣玉》，則撰者當爲元人。是註不見著録，惟勅先校本跋尾謂：「瞿曇谷云宋本本有全注，未及舉録，有奇書不傳之嘅。」黄蕘圃亦深以未見爲憾。今觀是本，註詞既甚膚淺，且徵引皆習見之書。甚有同屬一事，前後數見者。如《博物志》「太公爲灌壇令，夢東海神女」，先見於卷十四《豐之比》，復見於同卷《豐之大過》。《史記》「孔子在陳蔡之間絶糧」，先見於卷十四《巽之否》，復見於同卷《巽之大畜》。前後密邇，殊嫌煩沓。又卷十三《震之解》「固冰⿰氵牙寒」，註「⿰氵牙」當作「沍」；《艮之訟》「執政乖牙」，註「牙」當作「互」。此則尤爲無謂矣。勅先謂宋本爲牧齋家藏。錢、陸淵博，精於鑒賞，且曇谷又稱宋本爲全注，度必别爲一書。此則元時坊肆勦襲之作，專供流俗之用者耳。

**210　新雕注疏珞琭子三命消息賦三卷新雕李燕陰陽三命一卷**　宋刊本　一函　唐子畏、徐健菴、黄蕘圃舊藏　（07521。著録作「金刻本」，「一册」）

卷首嘉祐四年李仝序。《消息賦》每卷書名均跨行大字，次行題「宜春李仝注東方明疏。」按錢曾《讀書敏求記》《註解珞琭子三命消息賦》二卷，注解者王廷光、李仝、釋曇瑩、徐子平四家。《四庫》輯《永樂大典》本，又僅題曇瑩之名，而兼采王、李二氏之注，皆與此不同。黄蕘圃謂：「此足以補正晁、焦二《志》之脱誤，洵爲人間祕笈。」前三卷，半葉十二行，行二十字，小注雙行，行二十九字。後一卷十四行，行三十二字。惟版心磨滅殆盡，無從知其款式矣。

黄蕘圃跋　道光紀元，歲在辛巳，四月，王廢基書攤高姓攜一書來，爲《新雕注疏珞琭子三命消息賦》，書僅三十三葉。索直餅金亦如之，且不可留，但一展卷而已。估人既去，檢諸家藏書目。晁氏《讀書志》載《珞琭子疏》五卷，焦竑《經籍志》載東方明原誤「朔」。《珞琭子疏》十卷，徐氏《含經堂書目》載王廷光《珞琭子三命消息賦》三卷，錢氏《讀書敏求記》載《註解珞琭子三命消息賦》二卷，方知此書雖星命之學，歷來著録若是，況宋刻豈易得之耶！爰復往跡之。幸以價昂，未有收者，遂勉購之。其爲卷三，可證錢《記》二卷之誤。標題「李仝注東方明疏」，可補晁《志》脱註人姓名及東方明之失，並正焦《志》「朔」字之誤、「十」字之誤。至于後附《李燕推陰陽》一卷，此與晁《志》五卷之説合，而其書則從未有聞也。不意余年來羣書散佚之後，而仍復見此祕册，雖欲罷，不能矣。我生何幸，而於翰墨因緣猶若是之深也耶！破涕爲笑，不覺書魔之故智復萌已。四月中旬迄七月下旬，意興都無，無暇作跋記其顛末。入中秋月，神采稍旺，因書此數語誌之。至於儲藏家，勝朝登學圃堂，國朝入傳是樓，墨跡圖章，尤足引重。至今日之出自誰何，吾不得而知之。八月哉生明，蕘夫記。

又跋 《消息賦》載諸《三命通會》中，就行世本勘之，賦文大同而小異。即有一、二可補之字，不敢據以寫入。雖云「珞琭子註，育吾子解，註解不分。」無一語與此同者，想皆明人爲之耳。蕘夫。

吴郡唐寅子畏桃花塢學圃堂藏書。墨筆行書，在卷首目録前。

吴郡唐寅子畏甫藏。墨筆篆書，在《消息賦》卷下末書名前。

藏印 乾學 徐健菴 黄丕烈 黄印丕烈 蕘夫 復翁 士禮居藏 士禮居 見獨 華亭 徵印 鏡汀 廖見亭讀一過 子青鑒藏

## 211　法書要録十卷　汲古閣刊本　六册　何義門校，馬笏齋舊藏　（07522）

何義門據宋槧陳思《書苑菁華》及鈔本《墨池編》，又吴方山所藏舊鈔本，校《津逮祕書》本。原本凌亂脱漏，多者至數十百字。單詞隻句，訛奪尤甚，幾於無葉無之。義門全書點勘，一筆不苟。不見此校，固不知近刻之難信，尤不知舊本之可珍也。

何義門跋　他卷衹校一過，唯此《賦》再校。焯記。在卷六《述書賦》後

又跋　康熙丙戌冬十一月，從書畫譜局中借得内府宋槧陳思《書苑菁華》，適心友在都下，就所載者略校一過。焯記。

又跋　適復得萬曆以前舊鈔本，乃吴岫方山所藏。因手校一過，其中改正非止一、二處，且知陳思所編《書苑菁華》雖出宋槧，終是市人，不得爲善本也。第十卷錯謬尤甚，復脱去數帖，亦有本不可通曉者，因以譚公度所藏《墨池編》鈔本參校之。朱伯原謂：「所録書語，類多脱誤不倫，未得善本盡爲刊正，亦闕疑之義。」則此書在宋東都時已難讀，況去之又五百餘年耶。伯原又云：「彦遠之跡，存於山谷之碑陰，筆畫疎慢，能藏而不能學，乃好事之大弊。」又云：「彦遠博學有文辭，乾符中至大理卿。」因再附著，以貽他年之讀者。越明年丁亥上元節假，焯又記於語古小齋。

藏印　孫氏爾準　平叔校本　馬玉堂　笏齋　武原馬氏藏書

## 212　金壺記三卷　明鈔本　一册　毛子晉、席玉照舊藏　（07523）

宋僧適之撰。其書雜宋古今書家典實，擷其菁華，每事二字，專備論書者臨文之用，略似類書體裁，而以時代先後爲序。雖分上、中、下三卷，亦隨意剖析，並無定義。《四庫》列入子部藝術類存目，《提要》譏其蕪雜，未爲苛論。

藏印　毛晉　毛晉之印　毛氏子晉　毛扆之印　斧季　虞山席鑑玉照氏收藏　席鑑之印　席氏玉照　楊灝之印　鹽梁

## 213　法書考八卷　鈔本　一册　吴西齋、胡篴江舊藏　（07524）

是書久未刊行。《四庫》著録，亦不言采自何本。傅沅叔同年取校曹楝亭刻本，極爲推許。今録其跋於左：

《法書考》八卷，元盛熙明著。舊寫本，字跡精雅。十一行二十字。有「西齋居士」朱文印、「延陵郙吴晹字元朗」白文印、「小重山館藏」朱文長印。今歸上海涵芬樓所藏。曹棟亭任兩淮鹽政時，於揚州詩局刊書十一種，寫刻精湛，爲世所重。其書多屬孤本祕笈，向未刊行者。然披覽之餘，奪譌迭見，惜無別本可資參證。余發憤從事校讎，頻歲以來，十獲八九。獨《法書考》訪求舊本，苦不可得。今春南游，觀書涵芬樓，獲覩此册，重其爲梅村祭酒令子所藏，當有佳勝。因從張菊生前輩假得攜歸，亟取詩局本一校。開卷首葉，「書譜小引傳於後者」句下，即脱「皆可歷數至於謬當虛名庸亦有之其餘泯滅無聞者」凡二十一字。其評論上、中、下三品，吴本横排爲表式三格，刊本改爲直行順下。諸人評論，吴本作小字注人名下，刊本改爲大字別行。次序偶有淩亂，脱誤尤難悉舉。卷一勘畢，已改訂三百餘字。欣喜過望，因欲奮筆終篇。及校至卷二以下，則荆棘横生，榛蕪滿目，正訛補逸，腕脱不休。卒至閣筆輟校而後已。然後歎刊是書者，其鹵莽滅裂，殆非意想所及。讀者舍取吴本重鈔外，固别無捄正之良策也。兹舉其錯簡、脱文、删節三端，粗述於左。其小小差違，不暇及焉。

卷七《宗學章》，「姜堯章説追蹤鍾王」句下，錯簡。

又「孫過庭説但求平正」句下，錯簡。

又《臨摹章》，「姜堯章説易於成就」句下，錯簡。

卷八《印譜類》，軍曲侯丞章注引《嬾真録》，「今印文榜額有之」句下，錯簡。

又押署跋尾類，「當時鑒識人押署跋尾」句下，錯簡。

又印法類，「别爲一類摹印屈曲」句下，錯簡。

卷二十體書斷，小篆下八分、隸書、章草、行書、飛白、艸書，凡六類，皆脱失。僅存草書後「姜堯章説」二十行。

卷二删節者二條。

卷三删節者八條。

卷四删節者二十二條。

卷五删節者六條。

卷六删節者五條。

辛未六月朔日晨起，坐水廊校畢記。

藏印　西齋居士　延陵郁吴曝字元朗　小重山館藏

## 214　書法鉤玄　明刊本　存卷三、四　一册　毛子晉、黄蕘圃舊藏　（07525）

元蘇霖撰。《四庫》入子部藝術類存目。《提要》稱其「略具梗概，未爲該備」。是本每卷結起，並不分葉。葉號亦聯接而下，凡八十四葉。前二卷佚。

黄蕘圃跋　癸亥夏，從醋坊橋書攤得此《書法鉤玄》殘刻本。初不知爲何書，因首尾俱有毛氏父子圖書，且屬舊刻，故以百餘錢易之。後翻至第五十三葉，見有「書法鉤玄卷之三」、「書法鉤玄卷之四」排卷結起二行，乃知是書之名，並悟第三十葉首行題「朱方蘇霖子啓編纂」者，其標卷亦連在上卷尾也。余藏有《書法鉤玄》舊鈔本，爲徐氏鐵硯齋鈔本，與《字學新書》合裝者。檢序目，差得子啓時代並分卷之全，惜原文多摘録，不能得全書之面目，而此三、四卷却是全文。則此本之可寶，勿以得半而輕視之也可。夏至前一日，坐士禮居中，飯畢閲此。黄丕烈書。

藏印　毛晉　毛扆之印　斧季

## 215 庚子銷夏記八卷　校鈔本　四册　丁小雅、蔣寅昉、周荇農舊藏　（07526）

何義門校孫退谷《庚子銷夏記》久聞於世。丁小雅假得之，屬其友程易疇迻録一過，復乞余秋室、翁覃谿、桂未谷爲之詳校。

程易疇記　《庚子銷夏記》鈔本，義門先生以朱書標録其上。丁君小雅從其友人處假來，又覓得舊鈔本，令瑶田爲套録一過，竟日而畢。其七卷末附《元得故宋書目》，乃刻本所無者。笥河先生以爲應列本書之末。今小雅是本原有之，繫八卷下，正與朱氏説合。是本與何本異同處及何氏所改注者，並詳卷中。歙程瑶田記。

程易疇録何義門跋　北海於翰墨未足爲精鑒，而一時天府流落人間，及士大夫所藏，往往在焉，可以備考證，資譚笑，此八卷固不可少也。《大觀太清樓帖》今在華亭司農公文房。不閲此，亦安知當年得之之難如此，而其子孫不善守爲可喟息耶。康熙癸巳，何焯識。

朱笥河跋　乾隆己亥秋八月卅日，將有八閩之行。曲阜桂君馥未谷持此本索跋尾。余曾校此一過。有與刻本絶異而絶勝者不一端。惜匆匆戒行李，未能也，竢他日再跋之。其附《元得故宋書目》一卷，孫氏之旨存焉。應列本書之末。刻本缺然，此尤可寶也。是日大興朱筠記。

余秋室跋　退谷《庚子銷夏記》八卷，予廿年前曾校寫一本。友人鮑以文氏假以付梓，藝林流傳者頗廣。此鈔本爲曲阜桂君未谷所藏。己亥十月，未谷出以見示。因取二本互勘。其第三卷尚有董思翁《夏木垂陰圖》一則，爲此本所無。其他字句異同，亦各有優劣。上方丹筆，則義門題識也。未谷博雅好古，精心篆籒，曾仿吾子行作續三十五舉，蓋亦趙德父、薛尚功一輩人也。秋室余集識。

又跋　丁孝廉小雅得此舊鈔本，屬孝廉程君録義門題語於上。庚子夏仲，孝廉復以見眎，因爲校之。隨手點定若干字，皆顯然訛謬者。古人所謂如掃落葉者，信然也。附識數語歸之。時立秋後五日，淫雨傾注，頗懷杜陵老屋之警。秋室居士。下鈐「余集之印」白文方印。

翁覃谿題　乾隆庚子秋七月望後一日，北平翁方綱爲小疋兄校看一遍。其末卷以王秋澗集校。下鈐「祕閣校理」、「石墨書樓」二朱文方印。

桂未谷跋　余所藏義門點本，中有元破臨安所得故宋書畫目。甲午夏，曾取王惲《秋澗集》中《玉堂嘉話》對勘一過。後見此本，乃翁學士爲丁孝廉小雅校者。視余所校多出數字，蓋王《集》傳寫異耳。曩於五柳居書坊見王《集》雕本，爲有力者奪去，未及借校，今猶耿耿難釋也。退翁書成後百二十年，乾隆庚子十月六日，桂馥跋。

江成嘉跋　小雅嘗以墨度義門勘本見遺，今復以是册見示。日内快覩趙子固落水蘭亭，退谷、義門知我今日之樂否？乾隆辛丑閏五月，江德量記。

周荇農跋　此書爲海昌蔣寅昉大理所藏，輟愛贈予，且先之以吴仲圭《竹譜卷》。此墨池中異寶也。徐什襲之，以無忘良友之惠。同治二年夏中伏日燈下，長沙周壽昌荇翁識於武昌客舍。下鈐「壽昌」白文方印、「荇農」朱文方印。

## 216 南宋院畫録八卷 鈔本 四册 鮑以文校藏 (07527)

錢塘厲鶚太鴻輯。同治紀元,同邑丁竹舟松生兄弟據羅鏡泉校本,刊於邗上。卷末有知不足齋題記二則。取以對勘,乃知此實爲其所自出。是本悉依原稿迻録,中有數則注明原本所删,鮑氏復爲補入。引書次第先後,時見淩亂。又有與原文相違,或裁節未當者,鮑氏均爲之訂正。附録樊榭題詠,原本所收極少,多由鮑氏蒐采,標明本集某卷某葉,以校丁刻,幾盡符合。間有數則,稍失鮑氏之旨,或鮑指出訛誤之字,而刊本仍沿舊文者,非鈔胥誤寫,即校刊時偶未經意耳。鮑氏於序後盧記增補書目數種,所引以《好古堂書畫記》爲多,嗣復加注「非樊榭所見書無庸補入」。並將所引一一抹去。卷一、二及卷八,每葉中縫均記字數,蓋當時有版行之意,將以是爲底本也。卷中朱墨燦然。鮑氏手筆,什居八九。非覩真跡,幾不知鮑氏有功於是書之多。

鮑以文跋 乾隆癸未十一月十四日鐙下勘,是日長至。朱筆,在卷四末。

樊榭先生鈔撮古書,往往以意删削。如此書中所引《六研齋筆記》、《寶繪録》之類是已。重鈔清本,必須覓元書對過,不可草草。朱筆,在卷八末。

【乾隆癸未秋從樊西榭山房稿本清出。黑筆。】

藏印　知不足齋　鮑氏正本　奇書無價　皆大歡喜

## 217 餘事集不分卷　鈔本　馬寒中、潘秋谷舊藏　（07437。著録作「一册」）

編纂者虞山馮行賢補之。首題跋十四則，均論書法，次隨筆書訣，次隸字訣，次篆刻訣，似爲未成之稿。附裝《吴郡圖經續記》之後。經人點校，頗加評騭。審諦與校過《圖經》，同出一人之手。按行賢爲鈍吟之子，弱冠能詩，舉博學鴻詞。工書，精篆刻。《常昭邑志》載《餘事集》八卷。詢之虞山舊友，覓以見示，爲古今體詩，與此無涉。後附陳繹曾《翰林要訣》【不全】，姜宸英《湛園題跋》【與《昭代叢書》本不同】。

藏印　紅藥山房收藏私印　潘印康保　秋谷　秋谷藏書

## 218 琴史六卷　影宋鈔本　二册　（07528）

宋朱長文伯原撰。半葉十七行，行十七字。目録連正文。卷中遇「太宗」、「仁宗」、「皇宋」、「本朝」、「朝廷」、「天子」、「帝」、「上」等字，或提行或空格。「匡」字注「太祖御諱」，「貞」字注「仁廟嫌諱」，「慎」字注「孝宗諱」，「惇」字注「光宗諱」。是必從宋本傳録。陸存齋嘗以影宋足本校曹楝亭刊本，跋稱《趙元傳》「爲幽州」下，缺「宜録」二字；《盧藏用傳》「斥之也」下，宋本有「以黔州長史」五字。是本均不誤。但「宜録」作「宜禄」。惟《房琯傳》之後半，《李勉傳》之前半，及《張鎬傳》，陸本俱存，此已佚。

## 219 墨子十五卷 明嘉靖覆宋本 六册 孫淵如、袁漱六、盛伯羲舊藏 （07529）

每半葉八行，行十七字。卷十三第五葉有「匡」字，注「太祖廟諱」，猶存宋槧遺蹟。黄蕘圃有言：「昔顧抱沖訪書海鹽張氏，曾得明藍印本歸，其從弟千里歎爲絶佳」云云。祖庭手澤，零落殆盡，覩此追憶，爲之泫然。

藏印　孫忠愍侯祠堂藏書記　古潭州袁卧雪廬收藏　宗室盛昱收藏圖書印

【嘉靖癸丑吴興陸穩叙、唐堯臣後序、鄒均佚，從鐵琴銅劍樓瞿氏摹補。】

## 220 淮南鴻烈解二十一卷 影鈔宋本 四册 劉泖生鈔藏 （07530）

宋槧原書，藏黄蕘圃百宋一廛中，後歸汪閬源。陳碩甫借得影寫，卷首有題詞「此爲江山劉泖生傳録之本」。半葉十二行，行二十一至二十五字，小注雙行，行二十五、六字。

敘連正文。每卷題「太尉祭酒臣許慎記上」。宋諱避至「貞」字。

劉泖生録陳碩甫題　此北宋本，舊藏黄蕘圃百宋一廛，後歸同邑汪閬源家。高郵王懷祖先生屬余借録，寄至都中，遂倩金君友梅景鈔一部，藏之於三百書舍。顧澗蘋景鈔。預大其賈四十金者，即此本也。道光四年三月，陳奐識。

劉泖生跋　同治辛未借本録始，越壬申二月望日竟。江山劉履芬記于吴門書局。

**221　淮南鴻烈解二十八卷**　明刊本　十六册　（07531）

題「太尉祭酒許慎記上」，「蕃王元賓校梓」。前有原序。版心雙魚尾，上署書名。隔一字以「禮」、「樂」、「射」、「御」、「書」、「數」編次。一至六，禮，七至十二，樂，十三至十六，射，十七至二十，御，二十一至二十四，書，二十五至二十八，數。下記字數，黑地白字。以正統《道藏》本對勘，文字多同。以校陳氏景鈔北宋本及王念孫《讀書雜志》各條，亦往往有相合者。是在明刻中可稱上乘矣。

**222　淮南鴻烈解二十一卷**　明萬曆刊本　四册　何義門評，潘秋谷舊藏　（07532）

題「漢河東高誘注」，「明姑蘇張象賢、新安汪一鸞訂。」全部句讀，並加圈點。篇首各有一總評，其評注散見者亦多。卷末跋稱：「《淮南》一書，苦無善本可校，以意改正數字。」云云，爲何義門手筆。

藏印　金　麗農精舍藏書　潘秋谷圖書記　青芝山館

## 223　淮南子二十一卷　莊逵吉刊本　八册　陳碩甫校，譚復堂舊藏　（07533）

陳碩甫據顧澗蘋影鈔北宋本校勘一過，極精細，並於卷耑註云：「宋本每葉廿四行，每行廿二字，行中字形不齊等。今校著葉行眉目，每半葉用┗，全葉用┗，並記葉數。」

陳碩甫跋　北宋《淮南書》二十一卷，此最善本也。舊臧蘇州黄主政士禮居，後歸山塘汪氏。高郵王尚書借鈔屬校，字多漫漶，讎對頗不易易。奂與汪道不相謀者也，其書不能稽覽，未及過録，嘗自恨惜。顧澗蘋翁曾有影鈔本，稱其精核。胡君雨塘以四十白金换得之，即士禮居舊藏本也。今向雨塘借校，重睹至寶，又爲蘭鄰先生札屬，代校一過。其不同處，悉書於字側，而并著行款如宋。孰得孰失，必有能辨之者矣。道光十四年三月，長洲陳奂。計五十日校畢，識此。

趙撝叔跋　同治九年，太歲在庚午，中秋之月，叚中義兄藏本校録一過。記之。趙之謙。下鈐「之謙」二字朱文聯珠方印。

陶孝遬跋　同治癸酉，秋仲之月，借中義同年臧本，手鏟卒業，用志時日。陶方琦。

下鈐「孝遬讀書記」朱文長方印

孫仲頌跋　光緒元年十又二月，借中義同年臧本迻録。瑞安孫詒讓記。

藏印　陳氏　碩甫　譚獻　復堂所藏　復堂平生真賞　珍藏五典三墳　莫爲功名始讀書　臣糾　畏厽

## 224　化書六卷　宋刊本　二册　（07534）

題「吴相宋齊丘述」。《四庫提要》謂爲譚峭景升所撰。前後無序跋。書凡六篇：《道化》第一，《術化》第二，《德化》第三，《仁化》第四，《食化》第五，《儉化》第六。半葉八行，行十六字。左右雙闌，版心單魚尾。書名題「化幾」。下記刻工姓名，均單字，多剥蝕不可辨。

藏印　董俊　董氏仲籲　康綸鈞字□書號伊山　康觀濤字用于號海槎

## 225－1　東觀餘論二卷　明萬曆刊本　四册　潘雪槎、胡心耘、吴平齋舊藏　（07535）

是書先刻於建安漕司，明項篤壽據以重雕。書分上、下二編。上編《法帖刊誤》上、下二卷，又《法帖古器》四十七條；下編《法帖名畫古籍題跋校論》一百七十七條。别有詩文五首，皆他人爲黄氏作者。又《邵資政考次瘞鶴銘文》一則，皆不列總目。卷末有「右《東觀餘論》不載，今附于後」一行，即指此也。其子訒及樓鑰、莊夏後跋，均鈔補。序及上、下二編之末，均有「建安漕司刻梓」及「嘉禾項氏萬卷堂梓」兩木記。

潘雪槎跋　甲辰秋日，小樓坐雨，從容繙閲是書，欣賞不已，並爲點勘數字。尚惜無足本一快校讎也。

又跋　《雲林古瓦辨》，「長安民獻秦武公羽陽宫瓦。」按陸友仁《硯北雜志》云：「攷《西漢地志》，羽陽宫乃秦武王，非武公。」又云：「秦武王所居，乃平陽封宫。」此瓦號「羽陽千載」，則知非武公明矣。跋《子敬帖》云：「《晉書》謂其瘦如隆冬枯樹。」按唐太宗《論獻之書》云：「觀其字勢疎瘦，如隆冬之枯樹；覽其筆蹤拘束，如嚴家之餓隸。」今謂出《晉書》，恐誤。冬十一月廿又四日，重校是册，並識於後。

胡心耘跋　《東觀餘論》二卷，宋槧未見。通行本有二：毛氏《津逮祕書》、張氏《學津討源》是也。二者俱有訛誤。余弱冠時，有陳竹西丈，以項氏萬卷堂本贈余。書甚奇祕，惜非完帙，受而束諸高閣者十餘年矣。今秋自都門歸，檢理舊篋，是書猶在，終以殘闕藐之。無何，觀書善長巷毛氏，見此完本，向爲叔美先生所藏。亟詢其直，索價頗廉，僅以青蚨三貫易之歸。取篋中舊本一一互校，纖毫無異。舊本書後無鈔跋數葉。謹查《四庫提要》，知其跋固在不可少之列，遂移入此册，以成完璧。因思天下事何奇不有。十餘年前缺憾之書，孰知留以待今日之大快乎。而今而後，雖有殘闕之書，總當寶而藏之已。此書末有甲辰秋日潘雪槎題識「惜無足本一快校讎」云云，乃指殘本而言。今既移入足本，此識本宜删去。因其書法尚佳，仍留之。咸豐四年中秋後八日，胡珽識。

又跋　余得是書後，以《津逮祕書》略爲一勘。知毛刻即從此本出，其訛謬處動以百計。《學津討源》又從毛本出，無庸更校矣。毛刻跋中，深惜此刻未廣流布。是明代已爲罕覯之奇，今又越二百餘年。日久日微，幾成斷種。余獨何緣而遇之耶？書中間有缺筆避諱，是猶沿宋槧之舊，即與宋槧書並儲，亦何不可。遂命工重裝，竭十日而竣事。得書之價雖廉，而裝工實倍之。又恐後之閲是書者，不知珍愛，復恭録《四庫提要》於前，毛刻跋語於後，倘遇博雅君子，其庶幾乎。琳琅主人又題。

光緒五年乙卯冬十月十三日，新建勒方錡、吴縣潘遵祁、中江李鴻裔、元和顧文彬、長洲彭慰高、吴縣潘曾瑋、歸安沈秉成，集吴氏聽楓山館同觀。因記。下鈐 成 文彬 西圃 曾瑋之章 慰高私印 李觀鴻裔 臣勒方錡 悟九 諸印。

藏印　毛氏仲遠　榕坪所藏　叔美　慶善　慶善字叔美印　谿東外史　宗歐之章　侶韓　書柿軒　胡珽詞翰　胡珽校勘　壺天小隱　琳琅祕室藏書　從吾所好　第一奇書　子孫守之　紅豆書樓　尚友齋書畫記　尚友齋印　吴平齋讀書記　吴雲字少青號平齋晚號復樓　歸安吴雲平齋收藏金石文字印　吴雲私印　吴雲平齋　兩罍軒藏書印　兩罍軒

## 225－2　又一部

版本同前　二册　（07536）

卷首有萬曆甲申項篤壽校序，爲前本所無。卷末其子訒及樓鑰跋均存，惟莊夏跋亦闕。

## 226　能改齋漫録

鈔本　存九卷　三册　盧抱經校藏　（07537）

《四庫提要》稱「元初以來，刊本久絶，明人從閣本鈔出，闕首尾二卷。第二卷、第十七卷，各分爲二，以足其數，實非完帙。」是本目録所列，卷一、二，《事始》；卷三、四、五，《辨誤》；卷六、七，《事實》；卷八，《沿襲》；卷九，《地理》；卷十，《議論》；卷十一，《記詩》；卷十二、三，《記事》；卷十四，《記文》；卷十五，《方物》；卷十六、七，《樂府》；卷十八，《神仙鬼怪》。《提要》又稱或無《謹正》一類，而併入《記事》類中。是本正同。由琴川汲古毛氏鈔出，經盧抱經校勘。如卷一之「人君葬地歌辭曰曲恅憛」，卷二之「宋敏求家報狀」。卷三之「前溪歌黄金臺」，卷七之「玉盤」，卷十一之「權常侍詩」各條，或徵引未當，或考訂有訛，盧氏均爲之糾正。別有浮籤若干條，爲孫志祖所校，亦足補盧氏所未逮。惜僅存卷一至三，卷七至十一。

盧抱經題　是書余借得大興朱竹君、歙縣程蕺園兩家本，互相參校，訂訛補缺，遂遠出舊本之上。爲卷十八，凡十二門，曰《事始》，曰《辨誤》，曰《事實》，曰《沿襲》，曰《地理》，曰《議論》，曰《記詩》，曰《記事》，曰《記文》，曰《方物》，曰《樂府》，曰《神仙鬼怪》，總一千三百六十五條。何義門謂：「本缺首尾兩卷，後人分第二卷、第十七卷各成兩卷，以就元數耳。」案今兩家本，於第一、第二分卷處各不同，皆鈔者以意爲之。第十三卷中間「師説六箴」下有缺葉，鈔者皆不知也。末「鼂迥燕居詩」一條，其文不全。一本無目，此有目者，亦是後人所爲。以其便於檢尋，故略爲訂正而并録之。此書正前人之失爲多，然徵引繁富，而見於六經者，反或昧其由來。讀者獵其華腴而益思務其根柢，庶可免逐末之誚乎。乾隆三十六年歲除日，盧文弨識。

藏印　虎林盧文弨寫本　武林盧文弨手校　盧紹弓

## 227 緯略十二卷 明鈔本 四册 鬱岡齋、怡府舊藏 （07538）

是書守山閣錢氏據繡水沈士龍刊本重刻。士龍跋稱：「先得胡元端藏本，繼得曹能始所藏焦弱侯校本，續又覓得同郡項穉玉、江陰李貫之兩家藏本。增出若干字，其他偏旁舛誤，三本互爲參定，復百許字。」云云。是本爲鬱岡齋鈔藏，原有闕文。沈本頗有增補，然亦有沈本闕而此不闕者。如卷十二「漢甘露鼎」條「調滋味」下，多七十六字；「筆橐」全條凡一百九十三字，皆諸家所未見者。惟皕宋樓有明鈔本，與此相同，今亦流出海外矣。按鬱岡齋主人爲王肯堂，字宇泰，金壇人，明萬曆十七年進士，著有《鬱岡齋筆麈》行於世。

藏印 安樂堂藏書記 明善堂覽書畫印記

## 228 鶴山渠陽讀書雜鈔附經外雜鈔不分卷 明鈔本 四册 何義門校，吳文定、張伯起舊藏 （07539）

宋魏了翁輯。《四庫》入子部雜家，各作二卷。《提要》稱：「《經外雜鈔》，隨手記載，以備考證之用。本無意於著書，後人得其稿本，傳寫成帙。」又稱：「《讀書雜鈔》爲隨筆劄記之書。」云云。是本並未分卷，或即從稿本傳録，故義門以爲猶存魏氏之真。

何義門跋 康熙戊寅，得此本於吳興粥書人。以其出於叢書堂，又有張伯起印記而存之。開卷頗恨其多訛字，未之重也。癸巳，偶得嘉興曹侍郎家所藏四明范氏鈔本，則爲後人類分五卷，失「雜鈔」二字本意，且妄有改竄，可以使人笑來。又增加於舊者十之二、三。乃知此本猶存魏氏之真。書非傳緒有自，詎可信哉。既粗校而記其後。義門何焯。

藏印 曾在張士驤處 士驤 伯起 白龍 曾在陳彥和處 還就軒鮑氏珍藏書畫印 鮑氏家藏 還就軒印

## 229 賓退録十卷 宋刊本 十册 周光霽、張子昭舊藏 (07540)

前後有趙與旹序跋。尚有陳宗禮序，已佚。半葉十行，小字雙行，行十八字。版心上記字數。宋諱「玄」、「恒」、「貞」、「徵」、「桓」、「慎」、「惇」、「敦」等字，又「軒轅」二字，均闕筆。字體瘦勁，極似南宋書棚本。吾宗文漁先生曾見竹垞影宋鈔本。卷末有「臨安府睦親坊陳氏經籍鋪印」一行。是本末葉適闕，爲後人補鈔，疑原本亦必有之也。卷末題「元統二年八月日重裝于樂志齋吳下張雯」一行。下鈐「張氏子昭」墨文方印。按鄭光祐《張子昭墓誌》，「張雯字子昭，其先浚儀人，祖父世居吳。雯少嗜學，家臨市衢，構樓蓄書，自經傳子史，下逮稗官百家，無不備。日繙閱研究。年六十四，卒於至正十六年」云云，是子昭跋此書時，年方四十有八也。卷末尚有「光霽」、「子弌」、「古杭光霽周緒子弌書」等印。款式色澤，當出宋元人手。其所占地位，猶居子昭之前。卷八末葉，又有「志雅齋」一印。按周密《齊東野語》「吾家三世積累，有書四萬二千餘卷，庋置『書種』、『志雅』二堂」云云。公謹晚年寓居錢塘，或改稱古杭周氏，光霽殆爲其後嗣歟。

藏印　古杭光霽周緒子弌書　古杭周氏　光霽　子弌　緒　志雅齋　張氏子昭　楊烈　烈　文石　文石讀書臺印　德海樓藏書印　快閣主人

【藏印　楚蒲折賀、志先家藏書卷】

## 230　學齋佔畢四卷　明鈔本　二册　顧千里、黃蕘圃舊藏　（07541）

宋史繩祖撰。卷首淳祐庚戌作者自序。卷末景定壬戌鄱陽郭囦跋。

黃蕘圃題　余舊藏《學齋佔畢》，係叢書堂紅格舊鈔本，惜已缺其下二卷，無從鈔補。頃我友顧子千里從揚州歸，攜得舊鈔《學齋佔畢》二册，行款與叢書堂本異，即詞句亦多殊者。就二本核之，似顧本爲勝。然首缺序并卷一第一葉上半葉，未敢以他本遽補之。適訪周丈香嚴，問及是書，以殘宋本對，越日請觀，止有第一卷是宋刻，其第二卷已屬鈔本。

遂乞千里影寫，足其所缺者。蓋此鈔本實出自宋刻，故行款邊幅多同，始信古書遇合，真可遇而不可求也。至於周本佳處，余手校於叢書堂本上，茲册不須點汙矣。蕘翁識。

顧千里題　序及第一卷首半葉，蕘翁以香嚴書屋所藏殘宋本屬補足。時方小病，腕力孱弱，未能求工也。越十日裝成，重觀因記。乙丑九月，澗薲居士書。

【藏印　顧澗薲藏書、平江黄氏圖書】

## 231　論衡三十卷　宋刊元明遞修本　十四册　蔣香生舊藏　（07542）

卷首至元七年安陽韓性序。略謂：「宋慶曆中，進士楊文昌定本號稱完善。番陽洪公重刻於會稽蓬萊閣下。歲月既久，文字漫滅。江南諸道行御史臺經歷克莊公以所藏善本，重加校正。紹興路總管宋公文瓚爲之補刻，而其本復完」云云。其後弘治、正德、嘉靖遞有修補。半葉十行，行二十字。宋刊各葉，字體遒整，有歐虞筆意。上記字數，下記刻工姓名。惟字多蝕損，可辨者僅有朱章、李憲、潘亨三人，與日本島田翰記彼國祕府所藏相合。宋諱「殷」、「驚」、「樹」、「桓」、「慎」等字，均闕筆。通津草堂及《漢魏叢書》本，《累害篇》均脱去四百字。此本俱存。黄蕘圃舊藏宋刻元修明補本，謂「聚書四十餘年，所見《論衡》無逾之者。」今歸鐵琴銅劍樓。取以對勘，彼此正同。惟此闕慶曆五祺楊文昌後序一

首。【今依瞿本補鈔，遂成足本云。】

## 232 夢溪筆談二十六卷 明覆宋本　八册　宋蘭揮舊藏　（07543）

前沈括自序。後乾道二年揚州州學教授湯修年跋。跋稱：「大帥周侯開藩，斥田租之餘，刊沈公《筆談》，爲養士亡窮之利。」又云：「代匱泮宫，備校書之職，謹識其本末，且證辨訛舛凡五十餘字。疑者無他本，不敢以意驟易，姑仍其舊。」是此書先後兩刊，一爲周氏公庫本，一爲湯氏州學本。滂喜齋潘氏有宋刻本。半葉十二行，行十八字。是本行款相同，語涉宋帝均空格，宋諱避至「瑋」、「慎」二字，且有雙行小字注「避仁宗嫌名」者。又「軒轅」二字，亦缺末筆。可爲明覆宋刻之證。世人有認爲宋刻者，職由於此。

藏印　宋蘭　筠揮

## 233 冷齋夜話十卷 元至正刊本【疑成化本】　二册　黄蕘圃舊藏　（07544。著録作「明刻本」）

此爲元至正三衢書肆刊本。《四庫總目》所指各節標題之誤，此均同，蓋沿襲久矣。半葉九行，行十七字。中有闕葉，黄蕘圃手自寫補者二。【鈔補缺葉必須同是一刻，或新書而行款字數同者，尚是其次。否則，寧增空葉不妄補。】

目後刊書題識　是書僧惠洪所編也洪本筠州彭氏子祝髮爲僧以詩名聞海内與蘇黄爲方外交是書古今傳記與夫騷人墨客多所取用惜舊本訛謬且兵火散失之餘幾不傳於世本堂家藏善本與舊本編次大有不同再加訂正以繡諸梓與同志者共之幸鑒

卷末牌記　至正癸未春莫新刊三衢石林葉敦印

黄蕘圃跋　《冷齋夜話》所見本，此爲最古矣。惜是坊刻，故多訛舛。余先蓄一本，係殘帙。後從嘉禾友人處借得補全，以備藏弆。頃書賈獲一全本，中所闕失錯亂，復賴前本鈔寫更正，亦一快事。壬申中秋後十日記。復翁。

繆小山跋　《夜話》以此本爲最古，蕘圃言之矣。陸氏所藏同。《提要》所舉兩目，亦與此本合。内缺三葉，黄補二葉，又九卷《開井法》、《禁蛇方》只存末數語，似缺一葉。然號數聯接，不可解。敝藏舊鈔，已去此條矣。荃孫讀畢謹識。下鈐「繆印荃孫」白文方印。

【右一則據日本五山本録補。是本有目無文，《津逮》本並目亦删去。卷九《開井法》、《禁施方》前段五山本亦不缺。恕今年游滬向涵芬樓叚讀是書，鈔補以咸完帙。歲在重光噩且月，武昌徐恕識。在補文之後】

**234 春渚紀聞十卷** 明影宋鈔本 五册 項藥師舊藏 (07545)

是書前五卷陳繼儒刊入《祕笈》，其後毛子晉得舊本，補其脱遺，刊入《津逮祕書》，然第九卷中仍缺一葉。盧抱經獲見足本，以其所補輯入《羣書拾補》中。是爲明人鈔本，完整無闕。目後有「臨安府太廟前尹家書籍鋪刊行」一行。

藏印 檇李項藥師藏 寶墨齋記 萬卷堂記

【藏印 吴大夫氏家藏圖籍印】

**235 却掃編三卷** 明鈔本 一册 (07546)

是本無徐度自序及邵康跋。《四庫提要》所指爲例不純三條，一一具在。卷中語涉宋帝，均提行或空格。卷末有「門生迪功郎桂陽軍司法參軍王杰校正」一行。按此款式，當自宋本傳録。絳雲舊藏，已遭刦火。錢夢廬所得者，尚有臨安尹家書籍鋪本。蕘圃、仲魚均經寓目，紀載至詳，然却未道及校正銜名。是此所據者，必別爲一本而非書棚本，或與絳雲所藏同出一源歟。

## 236 墨莊漫録 明萬曆刊本 存卷一至七 四册 勞季言校藏 (07547)

原爲商濬《稗海》刊本,仁和勞季言先以錢遵皇十二行廿四字鈔本勘過,復以高瑞南十行廿字鈔本再校。其一、二、三卷,又經鮑氏重勘。錢、高二本,與商刻異同甚多鮑氏覆校,亦極詳密。勞氏一一迻録,均注明誰某之筆,復時時参以己意,博引他書,爲之攷訂。按「錢遵皇」卷中亦作「遵王」,爲述古堂主人;高瑞南名濂,字深甫,自號瑞南道人,生當有明中葉,家有妙賞樓,藏書甚富,嘗著《遵生八牋》,並刻《瑞竹堂經驗方》行世。鮑氏所校,審其筆意,當出知不足齋主人之手。惜佚後三卷。

勞季言録諸家跋語如左:

嘉慶元年四月十六日,從高瑞南舊鈔本校正於柳塘寓室。鮑跋。在卷一末。

己酉歲三月九日,從隱湖歸,校此一卷。字句殊覺此本爲勝。但兩本俱未完善,惜其中脱落多耳。遵王。錢跋。

嘉慶元年四月十七日,高本勘定。鮑跋。以上在卷二末。

吴彩鸞所書《唐韻》,余在泰興季因是家見之。正作旋風葉卷子,其裝潢皆非今人所曉,真奇物也。校畢此卷,偶記於末。遵王。錢跋。

嘉慶元年四月十七日，高本校。鮑跋。以上在卷三末。

初十日校此四卷。錢跋。

藏印　勞格　覺士　勞季言　格　惜陰書屋　實事是正　多聞闕疑

## 237　庶齋老學叢談三卷　鈔本　三册　黄蕘圃、吴平齋舊藏　（07548）

卷末過録鹿原林佶跋，今録於左：

右《庶齋老學叢談》三卷，乃宋從仕郎崇明州判官致仕盛公如梓著。其於經史、天文、地理、名物，以及文章流派、儒先格言，引證辨駁，皆有根據，足以覘其學之有本也。觀《叢談》中語氣，知公是揚州人。其談賈平章佚事數則，似曾受賈之知者。要其晚年悮國之罪，亦未嘗爲之諱也。大抵宋末諸公流入元年者，率隱居以著述自適。如盛公輩者，何可勝道。然有傳有不傳。即如此集，其存者亦幾希矣。但卷帙無多。倘有好事君子，爲重刊之，介夫先生宜爲留意也。康熙己亥十月大雪前三日，鹿原林佶借觀力疾跋。

或疑開卷即頌元受命之符，以公非仕宋者。予以爲書成於元之世，安得不出此，且崇明稱州與判官，皆宋制也。惜客寓藏書少，不能博徵廣引以證，尚其俟諸他日乎。佶又跋。

厲樊榭跋　庶齋揚州人。元大德中仕爲衢州教授崇明州判官。鹿原以爲宋人，誤也。雍正壬子，錢唐厲鶚跋。

黄蕘圃跋　此册雖非舊鈔，然末有厲樊榭跋，亦可珍也。爰以五百錢易得。相傳此書在賣骨董高姓鋪中，陶五柳主人與我友孫蔚堂豪奪而歸，大抵以跋語爲重耳，然則人固貴有名哉。蕘圃氏黄丕烈識。

藏印　士禮居藏　吴平齋讀書記

## 238 便民圖纂十六卷　明嘉靖刊本　四册　(07549)

《四庫》著録無撰人名氏。錢遵王《讀書敏求記》謂不知何人所輯。《明史·藝文志》農家類有是書，卷數相同，著者爲鄺璠。然吕經翻刊叙中，則僅云「鄺氏選刻於吴」。卷首有嘉靖甲辰泰和歐陽鐸序。滇、粤先後覆刻，故又有雲南左右布政使北地吕經、湖南黄昭道、廣西潯州知府泰和王貞吉諸氏序跋。卷一、二，《農務女紅圖》，圖各附《竹枝詞》；卷三，《耕穫》；卷四，《桑蠶》；卷五、六，《樹藝》；卷七，《雜占》；卷八，《月占》；卷九，《祈禳》；卷十，《涓吉》；卷十一，《起居》；卷十二、三，《調攝》；卷十四，《牧養》；卷十五、六，《製造》。《四庫》入雜家類存目。《提要》譏其所載《避鬼魅法》爲迂闊，《祛狐狸法》爲兒戲。然如雜占、月占、祈禳、涓吉諸類，亦何一非誕妄之言。讀古人書，棄其瑕而録其瑜可也。

## 239 山樵暇語十卷

明鈔本　二册　朱文石舊藏　（07550。著録作「四册」）

明俞弁撰。《四庫》入雜家類存目。因未詳始末，故列於明季諸家。是爲明人鈔本，卷末有作者後序。知弁字子容，又號守約居士，爲正、嘉時人。《四庫》據天一閣本著録，蓋失其後序也。書中稱吴文定、王文恪爲鄉人，作者必爲吴産。卷五云：「予一日訪唐子畏於城西之桃花塢别業」，是又爲六如之友矣。是書雜録古今瑣事及詞章典故，間加考證，亦有全録舊文者。體例在詩話、小説間。卷十引俞文豹《吹劍録》以自況，並效文蔚題詩二絶，可知其宗旨所在矣。然紀載翔實，不如文蔚之議論紕繆。

藏印　神品　朱象玄氏　朱氏象玄　文石子印　留爲永寶　徐堅藏本　太史氏印　懷新館藏　懷新館藏書記　鄧尉徐氏藏書　大雅　快然　愛閒居士　桐軒主人藏書印　桐軒主人　譙國郡長

## 240 論古間睟不分卷 鈔本 一册 洪稚存舊藏 (07551。著録作「二册」)

是書撰人姓名詳臧鏞堂記。記稱其「發明經史」,實則論述史事較多於經。其言謂「尚論今古,不可憑習聞」,又言「古人不必皆是,今人不必皆非。」故於史乘所載若已論定之事,多所駁正。讀書得間,是能不隨流俗爲轉移者。

臧鏞堂記 張韓字幼韓,天啓間諸生。原籍常熟人,後移家梁谿。其古文與歸元恭相伯仲,所著《論古間睟》一册,發明經史,足與深寧叟争長。當時閻潛邱、顧亭林諸名宿皆推重之。惜未經付梓,故購覓匪易。仲春自嶺南旋歸,洪稚存先生以此册見示,因題數語於簡端。鏞堂記。

藏印 城南書圃

## 241 棗林雜俎不分卷 鈔本 六册 (07552)

鹽官談遷孺木撰。無卷數,但標「智」、「仁」、「聖」、「義」、「中」、「和」六集。分類記載凡十七門。「智」、「仁」二集曰《逸典》,「聖集」曰《科牘》、《先正流聞》、《藝簣》,「義集」曰《彤管》、《技餘》、《土司》、《空玄》、《炯鑒》、《緯候》、《名勝》,「中集」曰《名勝》、《營建》、《器用》、《榮植》、《蹟動》，「和集」曰《幽冥》、《叢贅》。《四庫》入子部雜家類存目。《提要所載》僅十二門，此增其五。然《土司》一門，有目無文。《空玄》門「苟道人」條下「天主教」一條亦闕，故《提要》疑爲雜録未成之本。所録皆明代遺聞軼事。其《逸典》、《科牘》二門，有關一朝掌故，足供史家參考。此書向無刊本。晚清季年，始有人以活字版印行。

## 242 雲煙過眼録不分卷　鈔本　一册　文徵仲、鮑以文、戴松門舊藏　(07553)

題「齊人周密公謹父撰」。全書不分卷。通行本有析爲二卷或四卷者，又有附録一卷者，皆後人所爲，並非原書之舊。是本卷末有「至正廿年秋八月夏頤手鈔于立志齋」一行，必係傳録元人鈔本。錢遵王藏隆慶三年周曰東鈔本，亦自夏本傳出，見於《讀書敏求記》。卷中間有訛奪，經鮑以文校補。

藏印　衡山　玉磬山房　戴光曾印　培成鑒藏

## 243 新增格古要論十三卷　明天順刊本　八册　(07554)

《四庫》著録僅三卷，題「曹昭撰」。是編增爲十三卷，題「雲間曹昭明仲著，雲間舒敏志學編校，吉水王佐功載校增」。卷九以下，則專署王佐一人。卷首舒敏序，次曹昭序，次新增凡例九條，不署名，蓋王佐筆也。卷一，《論古琴》；卷二、三，《古碑法帖》；卷四，《金石遺文》；卷五，《古畫》；卷六，《珍寶古銅》；卷七，《古硯》、《異石》、《古窑器》；卷八，《古漆器》、《古錦異木竹》；卷九，《文房》；卷十，《誥勅》、《題跋》；卷十一至十三，《雜考》，已盡改曹氏原編次第。所增門類亦不免於淩雜。然吾國著述，紀載物質者最爲罕見。郎瑛詆斥原書未能該備，《四庫提要》已爲辨明，則此增廣之本，更不宜苛責矣。

卷末牌記　徐氏善得書堂　天順壬午新刊

## 244 類説六十卷　明刊本　三十二册　繆小山舊藏　（07555）

宋温陵曾慥編。卷首有岳鍾秀刊板序，序後目録。所輯書凡二百五十種，每書摘録若干事，每事各有標題。曾慥原引謂：「可以資治體，助名教，供談笑，廣見聞。」書初出時，麻沙書坊嘗有刊本。寶慶時，葉旹爲建安守，重鋟於郡齋。是本爲天啓時刊，每卷題「新野馬之騏參閱」、「山陽岳鍾秀訂正」。《四庫》著録明人刊本，亦六十卷，度必與此同一版刻。嘗以舊鈔本對校數種，編次無殊。惟是本每種均少數則，至宋本則絶不相同。鐵琴銅劍樓瞿氏有殘宋本，僅存三種：一曰《仇池筆記》，其爲宋本所有而不見於是本者二事，其標目全異者一事，又是本所録而宋本不載者六十七事；二曰《隱齋閲覽》，是本作

《遯齋閑覽》，全部九十六事，宋本則祇二十八事；三曰《東軒雜録》，是本全部五十八事，宋本則祇二十七事，標目全異者乃有十四事。至於字句之歧異，編次之參錯，更屬不勝枚舉。古人之書往往爲後人删削，而此獨反是，豈葉旹重刻之時有所裁節，而馬、岳諸人乃復其初耶？然又何解於舊鈔本之所存留者，而此反有所挂漏耶？是真求其故而不得者矣。宋本無總目，以《仇池筆記》爲第一種。首行題大名，次行題小名，均跨行大字，三行題著者「蘇東坡」三字。第二種題「陳正敏撰」，第三種題「臨漢魏泰撰」。半葉十行，行十六字。標題頂格，記事下一格。以宋本極罕見，故附記於此。

藏印　荃孫　藝風堂藏書　雲輪閣　求古居

## 245　皇朝仕學規範四十卷　宋刊本　十册　（07556。著録作「十二册」）

前有淳熙丙申作者張鎡自序，次總目。卷一至三，《爲學》；四至十三，《行己》；十四至二十八，《涖官》；二十九至三十一，《陰德》；三十二至三十五，《作文》；三十六至四十，《作詩》。次所編書目，計一百件。半葉十二行，行二十五字。音句加圈。版心下記刻工姓名，有陳云、文只、李貴、喬恕、王□文、壬中、余子云、劉中、劉志中、王梅保、史天保、劉興才、文富、文民、王如、谷保諸人。《四庫提要》稱：「徵引原文，各著出典。若所采《九朝名臣傳》、《四科事實》，其書皆不傳。」云云。除上文所舉外，其已佚書足資采輯者，尚不少也。錢夢廬言：「新篁里張叔未解元藏有宋刻宋印本，紙墨如新，爲明初袁忠徹所藏，惜有缺卷」云云。清儀閣藏書散盡，無可蹤跡，恐此爲海内僅存之本矣。

藏印　古燕查氏家藏　查林印信　樝林讀過　寶拙堂印　守樗　稚凱

## 246　説郛　明鈔本　存九十一卷　二十九册　（07557）

《四庫》著録，據順治丁亥陶珽刊本，凡一百二十卷。《提要》疑非宗儀之舊。是爲明人鈔本，總一百卷，與楊鐵崖序所稱卷數合，編次亦與陶本迥殊。凡《提要》所舉竄亂之跡，此均無有。意者其猶爲廬山真面乎。書略有闕，録其見存之卷之目如左：

卷一　經子法語

卷二　古典録略　朝野僉載　雜志　隱窟雜志　梁溪漫志　博物志　續博物志　劇談録　東皋雜録　澠水燕談録　北户録

卷三　卷四　闕

卷五　鶴林玉露　溪蠻叢笑　常侍言旨　家世舊聞　藏一話腴　傳載　雜纂　雲溪友議　談選

卷六　讀子隨識　石林燕語　杜陽雜編　雞肋編　廣知
卷七　諸傳摘玄　軒渠録　戎幙閒談　牧豎閒談　豹隱記談　夢溪筆談　佩楚軒客談
卷八　桂苑叢談　葦航紀談　錢唐遺事　雞林類事
卷九　玉澗雜書　野客叢書　貴耳集　緯略　捫蝨新話　玉壺清話　乙卯避暑録話
明道雜志　松漠紀聞　兼明書　虜廷事實　抱朴子　志雅堂雜鈔
卷九　感應經　賈氏談録　中朝故事　步里客談　吹劍録　聞見録　西溪叢語
卷十　事始　續事始
娱書堂詩話　嬾真子録　冷齋夜話　涑水紀聞　該聞録　緗素雜記　鑑戒録
卷十一　玉泉子真録　金華子雜編　燈下閒談　清尊録　意林
卷十二　悦生隨鈔　鍜排雜説　東軒筆録　教坊記　北里志　翟氏後耳目志　洞天清禄集
卷十三　畫鑒
卷十四　就日録　茅亭客話　閒談録　卻掃編　倦游雜録　稽神録　游宦紀聞
芥隱筆記　楚史檮杌　幕府燕閒録　博異志
卷十五　因話録　幽怪録　續幽怪録　泊宅編　相鶴經　相貝經　土牛經　質龜

論　養魚經　師曠禽經　洞冥記

卷十六　三器圖義　雲林石譜　宣和石譜　漁陽公石譜

卷十七　希通録　野人閑話　愛日齋叢鈔

卷十八　坦齋筆衡　負暄雜録　碧雞漫志

卷十九　打馬圖經　遂昌山樵雜録　忘懷録　因話録　甘澤謡　鐵圍山叢談　中吳紀聞

卷二十　浩然齋意鈔　浩然齋視聽鈔　儒林公議　行都紀事　視聽鈔　西京雜記

南唐近事　述異記　洛中紀異録　讀書愚見　幽閒鼓吹

琵琶録

第二十一　卷二十二　闕

卷二十三　賓退録　諧史　歸田録

卷二十四　孔氏雜説　塵史　湘山野録　吹劍續録　墨客揮犀　續墨客揮犀　感應類從志　逸名　西征記　碧雲騢　肯綮録

卷二十五　小説　卓異記　集異記　荆楚歲時記　桐譜　北風揚沙録　白獺髓

卷二十六　宣政雜録　洛陽名園記　洛陽花木記

卷二十七　雲仙散録　高齋漫録　山房隨筆　三朝野史
卷二十八　遂初堂書目
卷二十九　桃源手聽　東坡手澤　坦齋通編　碧湖雜記　朝野遺記　澹山雜識
昭德新編　巖下放言　玉堂逢辰録　家王故事
卷三十　蜀道征討比事　雋永録　拾遺記　雲谷雜記
卷三十一　紫微雜記　侯鯖録　藝圃折中　東齋記事　文昌雜録　談藪
卷三十二　遯齋閒覽　迷樓記　海水記　趙飛燕外傳　趙飛燕別傳　明皇雜録
羣居解頤　拊掌録
卷三十三　二老堂詩話　歲寒堂詩話　搜神祕覽　睽車志　宜春傳信録　啽囈集
畫史　瀟湘録　三水小牘
卷三十四　春明退朝録　趨朝事類　麟臺故事　豪異祕纂　耳目記　辨疑志　談
淵　嶺表録異記
卷三十五　壺關録　青塘録　省心銓要　能改齋漫録　續釋常談
卷三十六　酉陽雜俎　酉陽雜俎續集　繙古叢編　艇齋詩話　珸溪詩話　蟹略
雲南志略

卷三十七　揮麈録　揮麈餘話　河源志　倦游録　野史　琴書類集　摭青雜説
卷三十八　緑珠傳　梅妃傳　楊太真外傳　重編燕北録　異聞　續骫骳説
卷三十九　侯鯖録　陶朱新録　真臘風土記　投轄録
卷四十　友會叢談　南窗紀談　三楚新録　慎子　野説　先公談録
卷四十一　宣室志　駿鸞録　吴舩録　攬轡録　曲洧舊聞　後耳目志
卷四十二　山水純全集　春渚紀聞　春夢録　化書
卷四十三　宣靖妖化録　炙轂子雜録　陵陽先生室中語　發明義理　酬酢事變
感知録　緒訓　詩詞餘話　列仙傳　神仙傳　續仙傳　集仙傳
卷四十四　禮範　靖康朝野僉言　澗泉日記　次柳氏舊聞　稿簡贅筆　絶倒録
煬帝開河記　括異記　酒經　讀北山酒經
卷四十五　錢氏私志　默記　平陳記　幸蜀記　田間書　蜀檮杌
卷四十六　松窗雜録　瑞桂堂暇録　墨子　子華子　曾子　尹文子　孔叢子
卷四十七　公孫龍子　鬻子　鄧析子　韓非子
卷四十八　聱隅子歔欷瑣微論　程氏則古　北夢瑣言　退齋雅聞録　退齋筆録
五總志

卷四十九　唾玉集　過庭録　詩談　金玉詩話　南游記舊　小説舊聞録
卷五十　識遺　桂海虞衡志
卷五十一　豫章古今記　侍講日記　洛陽搢紳舊聞記　安南行記
卷五十二　北邊備對　漢武故事　大觀茶論　困學齋雜録
卷五十三　鉤玄　四朝聞見録　甲申雜記　聞見近録　隨手雜録　席上腐談　石林家訓
卷五十四　文子通玄真經　北轅録　蒙韃備録
卷五十五　聖武親征録
卷五十六　安雅堂酒令
卷五十七　鯨背吟集　演繁露　姑蘇筆記　雪舟脞語　大業雜記
卷五十八　江表志　江南別録　資暇集　醉鄉日月
卷五十九　史記法語
卷六十　五代新説　品茶要録　宣和北苑貢茶録　北苑別録
卷六十一　清異録
卷六十二　蘭亭博議

卷六十三 金漳蘭譜 蘭譜奥法
卷六十四 積善録 續積善録 景行録 漫堂隨筆 真率記事 瑣語 灌畦暇語
五國故事 韓魏公遺事 范公正公遺事 九河公語録
卷六十五 羯鼓録 開顔集 善謔集 觀時集 臨漢隱居詩話 續齊諧記 采異記
神異記 香譜
卷六十六 酒譜 竹譜 續竹譜
卷六十七 孫公談圃 詩論
卷六十八 釋常談
卷六十九 善誘文 官箴 翰墨志 螢雪叢説 續雞肋 庚溪詩話
卷七十 菊譜 石湖菊譜 史老圃菊譜 范村梅譜 牡丹榮辱志 蔬食譜 菌譜
笋譜 芍藥譜 海棠譜
卷七十一 亢倉子 關尹子 文中子 揚子 鬼谷子
卷七十二 顔子 老子 龍城録 法帖譜系
卷七十三 刀劍録 荆州記 鄴中記 成都古今記 廣異記 暘谷漫録 無名公傳
書訣墨藪 南楚新聞 談賓録 記文譚 雜説 真誥

卷七十四　大中遺事　秦中歲時記　芝田録　江南録　辨惑論　大事記　褚氏遺書
卷七十五　蘇氏演義　談助　洞微志　雞跖集　國史補　青瑣後集　金鑾密記
士林紀實　水衡記　橘録　東觀奏記　洽聞記　初學記
卷七十六　青箱雜記　獨斷　續書譜　六一筆記　袪疑説
卷七十七　東谷所見　荔枝譜　西域志　雞林志　法顯記　青城小記　北征記
玄中記　燕北雜記　嵩山記　番禺雜記　金坡遺事　景龍文館記
卷七十八　欒城遺言　隋遺録　硯史　硯譜　端溪硯譜　法書苑
卷七十九　玉堂雜記　王公四六話　西疇常言　海岳名言
卷八十　雲麓漫抄　韓詩外傳　諸集拾遺　盛事美談　比紅兒詩　吕氏鄉約　獻醜集
卷八十一　學齋佔畢　試筆　茶録　煎茶水記
卷八十二　道山清話
卷八十三　後山詩話　茶經
卷八十四　保生要録　錢譜　師友雅言

卷八十五 護法論
卷八十六 卷八十七 卷八十八 卷八十九 卷九十 闕
卷九十一 世説 物類相感志 桯史 武侯心書 三輔黄圖 夢華録
卷九十二 書斷 漁樵問對
卷九十三 國老談苑 晁氏客語
卷九十四 厚德録
卷九十五 志林 白虎通德論
卷九十六 燕翼貽謀録
卷九十七 金山志 遼東志略 稽古定制 勸善録 夷堅志 神僧傳 效顰集
卷九十八 中華古今注 折獄龜鑑 樂善録 皇朝類苑 横浦語録 丁晉公談録
卷九十九 鼠璞 中華古今注
卷一百 前定録 續前定録 論衡 隨筆

## 247 陽山顧氏文房四十種 明正德刊本 二十册 (07558)

顧元慶，字大有。吴之長洲人，家於陽山大石下。錢牧齋稱其藏書萬卷，擇刊善本，署曰「陽山顧氏文房」。其梓行紀年歲者，前爲正德丁丑，後爲嘉靖壬辰。多以家藏宋本翻雕，或記「夷白齋」，或記「十友齋」，凡十一種。亦有不記何本而沿避宋諱者，必仍出自宋本。黄蕘圃得其《開元天寶遺事》，跋其後曰：「書僅明刻耳。在汲古毛氏時已珍之，宜此時視爲罕祕矣。」又曰：「唐朝小説尚有《太真外傳》、《梅妃傳》、《高力士傳》，皆刊入《顧氏文房小説》。向藏《梅妃傳》亦顧本，《太真外傳》別一鈔本，《高力士傳》竟無此書，安得盡有顧刻之四十種耶。」如黄氏言，當時已極罕祕，況今又在百年後乎。原書無序跋，其目録亦已佚去。《天禄琳琅後編》有《四十家雜説》，即此書。葉焕彬《郋園讀書志》亦有之，惟編次均不同。此爲原裝次第，照録如左。

| | | | |
|---|---|---|---|
| 古今注 | 隋唐嘉話 | 周秦行紀 | 南岳魏夫人傳 |
| 博異記 | 楊太真外傳 | 卧游録 | 山家清事 |
| 明道雜志 | 宜齋野乘 | 松窗雜録 | 柳氏舊聞 |
| 芥隱筆記 | 艾子雜説 | 梅妃傳 | 集異記 |
| 虬髯客傳 | 資暇集 | 幽閑鼓吹 | 小爾雅 |
| 葆光録 | 洛陽名園記 | 趙飛燕外傳 | 高力士外傳 |
| 開元天寶遺事 | 續齊諧記 | 海内十洲記 | 卓異記 |

松漠紀聞　洞冥記　白猿傳　碧雲騢
劉賓客嘉話録　嘯旨　文録　深雪偶談
詩品　本事詩　德隅齋畫品　鼎録

## 248 子彙二十四種　明萬曆刊本　十二册　(07559。著録作「三十二册」)

儒家七種：一《鬻子》，二《晏子》，三《孔叢子》，四《陸子》，即《新語》，五《賈子》，即《新書》，六《小荀子》，即《申鑒》，七《鹿門子》；道家九種：一《文子》，二《關尹子》，三《亢倉子》，四《鶡冠子》，五《黄石子》，即《素書》，六《天隱子》，七《玄【元】真子》，八《无能子》，九《齊邱子》；名家三種：一《鄧析子》，二《尹文子》，三《公孫龍子》；法家一種：《慎子》；縱横家一種：《鬼谷子》；墨家一種：《墨子》；雜家二種：一《子華子》，二《劉子》。原書前後無刊版序跋，僅《鬻子》、《晏子》、《孔叢子》、《文子》、《慎子》、《墨子》有本書前後序，均題「潛菴志」。歸安陸心源定爲周子義别字。其人於隆慶萬曆間官南京國子監司業。黄虞稷《千頃堂書目》子部雜家類有余有丁《子彙》三十三卷。此爲三十五卷，疑黄目傳寫偶誤。按南監本《史記》、《梁書》、《新五代史》，均有丁與子義二人聯名校刊。是書或同時鐫版，有丁官祭酒，其職尊於司業，故虞稷僅舉列名在前者歟。所刊諸子頗有善本，足資考訂。

## 249 國朝典故 明鈔本【北京圖書館亦有明鈔殘本(顧批)】 二十四册 怡府盛伯羲舊藏 (07560)

卷首有嘉靖壬寅魯宗臣當澗序。所收皆明代掌故，目録所載凡六十七種，一百十卷。

今存者如下：

天潢玉牒一卷無撰人名氏。附《御製皇陵碑》、《滁陽王廟歲祀册》【《敕賜滁陽王碑》】《御製周顛仙傳》

皇明本紀一卷無撰人名氏

翦勝野聞一卷無撰人名氏

國初事蹟一卷【明】劉辰撰

國初禮賢録二【一】卷無撰人名氏，四庫存目劉基撰

【敕賜】滁陽王廟碑一卷張來儀撰

奉天靖難記四【三】卷無撰人名氏，缺卷四

壬午功臣爵賞録【一卷】壬子功賞別録【合】一卷【明】都穆撰，穆自跋

北征前録一卷，後録一卷【明】金幼孜撰，秦民悦序，桑悦序，羅鑒後序

北征録一卷無撰人名氏，四庫存目有後北征記，楊榮撰

建文皇帝事蹟備遺録一卷無撰人名氏，太嶽山人自序

革除遺事六卷【明】黄佐撰，有傳無紀，佐自序

備遺録一卷【明】張芹撰，芹自序

野記四卷【明】祝允明撰，允明自序

立齋閒録四卷【明】宋端儀撰，端儀自跋

三家世典一卷無撰人名氏，吴廷舉跋，四庫存目郭勛撰

周顛仙傳一卷附見前《天潢玉牒》後，此重出

天順日録六卷【明】李賢撰，四庫存目僅一卷，疑未全

謇齋瑣綴録八卷【明】尹直撰，謇齋自序，子達跋

王文恪公筆記一卷【明】王鏊撰

前聞記一卷【明】祝允明撰

清【青】溪暇筆二卷【明】姚福撰，福自序

寓圃雜記一【二】卷【明】王錡撰

病逸漫記一卷【明】陸釴撰

蓬軒類紀四卷【明】黄暐撰，王鏊序，四庫存目作《蓬窗類記》五卷

彭文憲公筆記一卷彭時撰

菽園雜記十二【五】卷【明】陸文亮撰，缺卷六至十一

縣笥瑣探一卷【明】劉昌撰

瑯琊漫鈔一卷【明】文林撰，仲子璧跋

平定交南録一卷【明】丘濬撰

安南奏議一卷無撰人名氏

議處安南事宜一卷無撰人名氏

平蠻録一卷【明】王軾撰

東征紀行録一卷【明】張瓚撰，八容道人自跋，徐禰跋

星槎勝覽前集一卷，後集一卷【明】費信撰，信自序

瀛涯【厓】勝覽一卷【明】馬歡撰，歡自序，四庫存目作馬觀撰

靖難功臣録一卷無撰人名氏

石田雜記一卷【明】沈周撰，伍忠光跋

皇明傳信録七卷無撰人名氏。是書僅見傳是樓書目，二本，無卷數。是録起太祖誕生，迄武宗崩，世宗入奉宗祧即帝位，稱世宗爲今上。似紀録至此而止，卷帙已完

右存書四十一種，最後三種不見於目。凡八十九卷，中缺七卷。其書大多見於《四庫

全書》及明代諸叢書中。雖卷數名稱不盡相同，或傳録有所分合，無足異也。其有目無書者爲《平吴録》、《北平録》、《平蜀記》、《聖政記》、《宣宗御製官箴》、《宣宗御製詩》、《正統臨戎録》、《李侍郎使北録》、《否泰録》、《宸章集録》、《勑議或問》、《大狩龍飛録》、《三朝聖諭録》、《李文正公燕對録》、《損齋備忘録》、《陳石亭蓄德録》、《日詢手鏡》、《朝鮮記事》、《朝鮮賦》、《平夷賦》、《馬公三紀》、《平番始末》、《雲中紀變》、《使琉球録》、《日本考録》、《後鑒録》、《華夷譯語》，凡二十七種。併前計之，必不止一百十卷之數。故《星槎勝覽》，目録爲卷之一百四、五，而大題已列至一百二十四、五；《瀛涯勝覽》，目録爲卷之一百六，而大題已列至一百二十六，頗疑編纂之時，先定全目，及後求之不得，遂致闕如。此之有目無書者，或爲原闕，未必竟爲散佚也。《明史·藝文志》有鄧士龍《國朝典故》一百卷，《千頃堂書目》亦有其書，增爲一百十卷，與是本卷數合。《四庫全書》傳記類《靖難功臣録》，《提要》謂明嘉靖魯藩宗人當洍編入《明朝典故》。又小説家類《明朝典故輯遺》二十卷，《提要》亦有當洍輯有《國朝典故》之語。是館臣曾見此書，然未予采録，故今無從悉其卷數，不知與鄧士龍本是一是二。代遠年湮，莫可考已。

藏印　安樂堂藏書記　明善堂覽書畫印記

## 250 夷門廣牘一百五十卷 明萬曆刊本 六十四册 （07561。著録作「二十二册」）

嘉禾周履靖編。卷首履靖自序，稱所輯有《藝苑牘》《博雅牘》《尊生牘》《書法牘》《畫藪牘》《食品牘》《娱志牘》《雜占牘》《禽獸草木牘》《招隱牘》，其下曰「終以別傳」。蓋尚有閒適、觴詠二類，即寓於其中。綜計凡十三類。所收之書，百有六種。《四庫提要》謂：「《藝苑》、《博雅》之下，有《尊生》、《書法》、《畫藪》三牘，皆未刊入。」而是本所載，此三類者一一俱存。頗疑館臣僅見殘本，故全書百有六種，乃指爲八十六種也。

## 251 新刊監本册府元龜一千卷 鈔本 二百册 （07562）

卷首崇禎壬申黄國琦二序，文翔鳳序，康熙壬子黄九錫跋。

藏印 金氏 載園

## 252 帝王經世圖譜 宋刊本 存八卷 六册 元國子監、朱文石、季滄葦、徐健菴舊藏 （07563）

《直齋書録解題》：是書十卷，著作佐郎金華唐仲友與正撰，凡百二十二篇。是本前後無序跋。周益公《平園續稿》有是書序一篇，疑原有後佚也。存卷一、篇十六，卷二、篇十一，卷三、篇十六，卷四、篇十一，卷五、篇十一，卷六、篇七，卷七、篇八，卷八、篇十七，共九十七篇。餘二十五篇，當在所闕二卷之内。原書遇「元亨利貞」，改「貞」爲「正」；「宫商角徵羽」，改「徵」爲「祉」；「庶徵」、「休徵」、「咎徵」，改「徵」爲「證」；「玄酒」，改「玄」爲「元」。其他宋諱「殷」、「筐」、「恒」、「貞」、「戌」、「桓」、「燉」等字，偶見闕筆。半葉十五行，行二十八字。版心上下黑口，兩魚尾間，上記卷數、葉數，中、下記字數及刻工姓名，有劉宗、蔡懋、蔡文、胡彦、景平、蔡武、蔡成、胡元、時茂、曾榮、蔡思諸人。有圖之葉，則移於右闌之内，而不記字數。是爲宋槧宋印，先後爲泰興季氏、崑山徐氏所藏。按《季滄葦書目》，是書八卷六本。《傳是樓書目》，「經世」作「歷世」，而卷數、本數同，必係一書。是在三百年前，已經殘缺。卷首，九、十兩卷，目録亦佚，此必爲市估撤去，僞充足本，致可恨也。《四庫》著録十六卷，據《永樂大典》本。《提要》謂：「《大典》析爲十五卷，不復分别門類，割裂舛混，原次遂不可尋」云云。雖經館臣詳爲釐正，依類排比，然未見原書，終難脗合。惜目録佚去二卷，否則取對庫本，不難悉復原書真面。每卷末葉均有「中祕國學圖籍印章」，蓋元代國子監官書也。

藏印

中祕國學圖籍印章　朱印象玄　經術堂印　季印振宜　滄葦　季振宜字詵兮號滄葦　御史之章　崑山徐氏家藏　乾學之印　健菴

## 253 新編古今事文類聚前集六十卷後集五十卷續集二十八卷別集三十二卷新集三十六卷外集十五卷

元刊本　六十六册　（07564）

《前》、《後》、《續》、《别》四集，題「建安祝穆和父編」。《新集》、《外集》題「南江富大用時可編。」《前集》十三部，曰《天道》、《天時》、《地理》、《帝系》、《人道》、《仕進》、《仙佛》、《民業》、《技藝》、《樂生》、《嬰疾》、《神鬼》、《喪事》。《後集》十四部，曰《人倫》、《娼妓》、《奴僕》、《肖貌》、《穀菜》、《林木》、《竹筍》、《果實》、《花卉》、《鱗蟲》、《介蟲》、《毛蟲》、《羽蟲》、《蟲豸》。《續集》十三部，曰《居處》、《香茶》、《燕飲》、《食物》、《燈火》、《朝服》、《冠履》、《衣衾》、《樂器》、《歌舞》、《璽印》、《珍寶》、《器用》。《别集》八部，曰《儒學》、《文章》、《書法》、《文房四友》、《禮樂》、《性行》、《仕進》、《人事》。其《新集》十四部、《外集》九部，則全爲官制。每集先總目。每部附子目，次卷目。每卷分《羣書要語》、《古今事實》、《古今文集》。《官制》各部，又各增歷代沿革一項。目録半葉十四行，行二十六、七字。正文減一行，行減一二字。版心上下間記字數，卷首有淳祐丙午祝穆序。《平津館鑒藏書籍記》謂：「《外集》目録後有『泰定丙寅廬陵武溪書院新刊』木長印。」是本《外集》卷目末葉後幅有剜補痕，作長方式，疑即木印所在，被市估毁棄，將以僞充宋槧也。《四庫》著録尚有遺集十五卷，此已佚。

## 254 古今合璧事類備要前集六十九卷後集八十一卷續集五十六卷別集九十四卷外集六十六卷 宋刊本 一百二十册 （07565）

宋膠庠進士建安謝維新編。前有寶祐丁巳編者自序，新莆田守黄叔度似道跋。總目後有不署名氏識語，略謂：「昨刊四集，盛行于世，但門目未備，再刊外集」云云。皆與《四庫全書總目》所録同，惟《四庫》據本書總目，稱《前集》四十一門，《後集》四十八門，《續集》、《別集》各六門，《外集》十六門。然每卷分目與總目不同，而書中門目又不同。實核之，《前集》減二門，《後集》減三門，《續集》增四門，《別集》增十四門，《外集》增二十門。《提要》謂《後集·致仕》一目，「有録無書」。注曰：「已見《前集》。」是本《後集》並無此目。又云：「蘇軾《詠雪詩》，以富、貴、勢、力分四首，爲本集所不録者，見於此書。」而是本於前四首外，尚有聲、色、氣、味四首。《別集》卷一書名次行題「建安虞載子厚編次」。卷二同，但易「子厚」爲「熙之」。按諸家書目所録，全爲嘉靖三衢夏相刊本。無撰人名氏，惟天禄琳琅所收《外集》有此姓名。《四庫》亦不載。疑所據皆非是本也。半葉十四行，行二十四字。每目事類及詩集、樂府所收詞句，均大字跨行。宋諱「匡」、「恒」、「貞」、「戌」、「桓」、「慎」、「惇」等字，多闕筆。稱理宗爲「今上皇帝」，蓋刊成於寶祐之世。《四庫提要》謂：「所採皆宋以前書，多今日所未見。」是本自《後集》起，每門目下事類之前，均有注釋一段。所題或「古今源流」，或「古今姓纂」，或「事理發揮」，或「古今總論」，或「禮經考索」，或「音樂旨歸」，或「刑法總論」，或「詞訟明誠」，或「輿地提綱」，或「身章撮要」，或「器物總論」，或「器物叢談」，或「格物總論」，或「格物叢話」，或「食品須知」，或「瑞草總論」，或「財貨源流」，均以黑地白字別之。意此必爲當日通行之書。依《前集》例，門目下本有注釋，必編者見有此等類書，考訂明析，遂取以代注釋之用。不然，則釋明門目之義足矣，何必別具標題於上乎？宋前佚書，世所罕見，余故引伸《四庫》之説，以待讀者之考證焉。全書稍有鈔配，亦出元明人手筆。

【藏印　曹淇文漢、曹、文漢、曹淇書籍子孫寶之、華陽、鄭原之印、鄭氏季野、鄭氏用修】

### 255　新編事文類聚翰墨大全　元刊本　三十五册　述古堂錢氏、海源閣楊氏舊藏（07566。著録作「明初刻本」）

卷首大德丁未前進士考亭熊禾去非序，卷中書名。亦有稱《翰墨全書》者。題「前鄉貢進士省軒劉應李希泌編」。半葉十四行，有數卷減一行，行各二十四字。全書十五集。諸家書目所載，卷數多不同。甲集十二卷，乙集九卷，丙集五卷，丁集五卷，或云八卷，戊集五卷，己集七卷，庚集二十四卷，辛集十卷，壬集十一卷，或云十卷，或云七卷，癸集十一卷，後甲集八卷，或云十二卷，後乙集三卷，或云二卷，後丙集五卷，或云六卷，或云八卷，後丁集八卷，後戊集九卷。是本存甲集卷一、卷五至九、卷十二，丁集卷二、卷五，戊集卷三、卷四，己集卷一至四，庚集卷八、卷九、卷十三至十五，辛集卷三至十四，壬集卷六至十七，癸集卷三至五，後甲集卷一至八，後乙集卷下，後丙集卷一，後丁集卷一至四、卷六至八，後戊集卷七。以各集多殘本，無總目，故不能知其始末。惟己集之卷八、卷九，辛集之卷十一至十四，壬集之卷十三至十七，均爲諸家書目所未見。又總目二十五門：一諸式，二活套，三冠禮，四婚禮，五慶誕，六慶壽，七喪禮，八祭禮，九官職，十儒學，十一人品，十二釋教，十三道教，十四天時，十五地理，十六人倫，十七人事，十八姓氏，十九第宅，二十器物，二十一衣服，二十二飲食，二十三花木，二十四鳥獸，二十五雜題，與天禄琳琅所載亦不同。蓋當時世俗流行，坊肆疊有刊刻，隨意增減，故多有差異也。

藏印 錢曾之印 遵王 楊氏海源閣藏 □□張氏家藏圖書 七峯

## 256　新編事文類聚啓劄雲錦不分卷　元刊本　十六册　（07572）

無撰人名氏。全書十集，分三十六門：甲、諸式活套，乙、州郡，丙、氏族，丁、仕宦、榮進、冠禮、婚禮，戊、誕禮、慶壽，己、喪祭、薦悼，庚、祀典、朝賀、祈禳，辛、僧道、題化，壬、人倫、事契、宅舍、文物、藝術、委借、干求、懇事、謁見、餞别，癸、節序、遊賞、花卉、果實、珍異、飲饌、雜賀、醵賀、雜題。總目稱《啓劄雲錦》。每集均改稱《啓劄天章》。卷首各附小啓，以「應合時勢，重加纂集，遠勝舊製」爲言。所列啓劄款式及選録名人舊製，用資模擬者。半葉十三行，行二十二字。其《輿地》、《姓氏》二門及援引故事，加以注釋者，半葉十行，行二十字。此蓋宋時原有舊作。鼎革之後，坊賈略加增補，以供流俗酬應之用。體例猥雜，殊無足觀。然可考見當時俗尚，言社會學者或有取焉。

## 257　新編類意集解諸子瓊林四十卷　元刊本　十六册　（07567）

題「古番貢士如軒蘇應龍雨夫編類」。前有番陽胡雲龍序，不著年代。以字體紙墨辨之，當爲元刊。序記年月爲「彊梧作噩上月甲子朔」。按元代有二丁酉，一爲成宗大德元年，一爲順帝至正十七年。前者正月朔爲甲子，後者爲丙子。胡序撰於大德元年，是書必成於宋末元初矣。凡分十門：曰人倫，曰儒學，曰道德，曰内修，曰外修，曰交接，曰仕進，曰命分，曰選用，曰謀爲。每門又分若干類。《前集》二十四卷，《後集》十六卷。惟有不可解者，《交接》一門分跨於前後兩集，而《後集》之「后」字，多以「前」字改作；《後集》卷數，亦有剜易痕跡。豈當時類書例有數集，蘇氏初意本不以前集自限，後不及爲，遂强自分析，以爲粉飾之計乎？所引子書皆見存者，分類瑣細，僅供場屋剽竊之用。原無足觀，然未將原書删節，所見尚是舊本，足資參考。半葉十四行，行二十四字。精鏤初印，朗潤悦目，且從未著録，殆爲世間孤本矣。

## 258 歷代蒙求不分卷

影元鈔本　一册　毛子晉、黄蕘圃舊藏　（07568）

阮文達據王萱刊本影鈔進呈。此汲古閣從衢州覆本影寫，半葉八行，小字雙行，行十八字。首鄭鎮孫序，次至順改元馬速《讀書敏求記》作「馬速忽」刊書序，次至順癸酉薛超吾衢州重刊序。卷末王萱跋。跋後有「徽州路儒學録上饒游詹校正」一行。毛扆季《汲古閣珍藏祕本書目》，有王芮《蒙求》一本，註元板精鈔，六錢。當即指此。

藏印　元本　甲　毛晉私印　子晉之印　東吴毛氏圖書　汲古主人　汲古得修綆　黄印丕烈　蕘圃　平江黄氏圖書　士禮居　士禮居藏

## 259 永樂大典 明嘉靖鈔本 存二十五卷 二十一册 (04073—04088)

卷之一萬一千一百二十七至一萬一千一百三十四，凡八卷，爲上聲八賄韻中水字之《水經注》半部，已移入史部。餘均不全本，仍列入子部。如下：

卷之二千二百七十五，上平聲六模韻中「湖」字。所録爲湖州府親領縣烏程、歸安、安吉、德清、武康、長興各縣志乘。前有總目，分三十門：曰圖，曰建置，沿革，曰分野，曰至到，曰城池，曰鄉里，曰橋梁，曰渡堰陂塘，曰風俗形勝，曰户口，曰田賦，曰物産，曰土貢，曰山川，曰宫室，曰祠廟，曰寺觀，曰壇壝，曰官制，曰公廨，曰管鎮，曰學校，曰軍營，曰墳墓，曰宦蹟，曰著姓，曰烈婦，曰釋道，曰碑碣，曰文章。所采之書，有《大明清類天文分野之書》、《吴興志》、《吴興續志》、《太平寰宇志》、《郡縣志》、《元一統志》。本卷所録，首地圖十一幅，次建置、沿革、分野、至到四門，卷末銜名闕。

卷之二千二百七十六，承上卷「湖」字。所録爲湖州府親領六縣之城池、鄉里、橋梁、渡堰陂塘、四門。卷末銜名闕。

卷之二千五百三十五及三十六，上平聲七皆韻中「齋」字。卷末有「重録總校官侍郎臣高拱、學士臣瞿景淳、分校官修撰臣丁士美、書寫生員臣崔光弼、圈點監生臣祝廷召、臣曹惟章」銜名六行。前有《四庫全書》纂修蕭簽出前卷内趙蕃《淳熙稿》一條，姚成一《雪坡集》二條，《蕭勤齋集》、華鎮《雲溪居士集》、喻良能《香山集》、曾丰《撙齋詩》、王景初《蘭軒集》各一條，《劉文簡公集》二條，陳元晉《漁野類稿》、耶律鑄《雙谿醉隱集》、《葛元承詩》、《陳子方集》、《項安世集》、王質《雪山集》、包宏齋《敝帚稿略》、《袁蒙齋集》、李俊民《鶴鳴集》、陸厚《幻壯俚語》、《李澹軒集》各一條，陳耆卿《篔牕集》二條，歐陽守道《巽齋稿》、汪藻《浮溪集》、楊宏道《小亨集》、《寓菴詩》、劉行簡《苕溪集》、林希《逸詩》、《趙君鼎集》、李方叔《濟南集》各一條，胡居敬《樗隱集》二條，錢宰《臨安集》、王沂《伊濱集》各一條。後卷内度正《性善堂稿》、沈繼祖《梔林集》、《連百正集》各一條，許綸《涉齋集》二條，王沂《伊濱集》一條，魏初《青崖集》二條，《曾文清公集》、陳長方《唯室集》、華鎮《雲溪居士集》、汪藻《浮溪淵詩》、《劉公是先生集》、張元幹《歸來集》、《吴可詩》、《吴則禮詩》、李方叔《濟南集》、《張孟循詩》、《項安世詩》、《王東牟先生集》、趙蕃《淳熙稿》、陳耆卿《篔牕集》、《葛元承集》各一條，王魯齋《甲寅稿》二條，《蕭勤齋集》、華鎮《雲溪居士集》、《李跨鰲先生集》、《劉文貞公集》、《王文忠公集》、魏初《青崖集》、劉才《邵杉溪居士集》、《朱翌詩》、吴芾《湖山集》、《陳舜俞集》、答禄《與權集》、張舜民《畫墁集》、《曾紘詩》、《張子淵集》、《吕頤浩詩》、《張守詩》各一條。後卷内王沂《伊濱集》、曾丰《撙齋先生集》、《廖行之詩》、《史堯弼詩》、《林敏修詩》、《藍静之集》、《張子淵集》、《李復集》各一條，《許綸詩》三條，《宋元憲公集》、《劉忠肅公集》各一條，張舜民《畫墁集》二條，韓淲《澗泉集》、《高恥堂存稿》、《寓菴集》、余謙一《文安家集》、舒岳祥《閬風集》、胡祇遹《紫山集》各一條，《何蠖菴集》三條，李復《潏水集》、宋元僖《庸菴集》各一條，《元一統志》四條，《張彦實詩》《洪文安公小隱集》、《吕頤浩詩》、《王灼詩》、袁起岩《東堂集》《劉文貞公集》、《江陽譜》、《董霜傑先生集》、喻良能《香山集》、王灼《頤堂集》、張元幹《歸來集》、舒岳祥《閬風集》、劉行簡《苕溪集》、汪藻《浮溪集》、胡祇遹《紫山集》、錢宰《臨安集》、趙中《正德文集》、曾協《雲莊集》、《包宏齋集》、劉將孫《養吾集》、吴則禮《北湖居士集》、謝無逸《溪堂集》、《吕祖儉詩》、《項安世詩》、張舜民《畫墁集》、《毛東堂先生集》、《劉申齋集》、《耶律文獻公集》、徐安國《西窗集》、周麟之《海陵集》、《蕭勤齋集》、《同恕榘菴集》、《甕牖閑評》、趙蕃《淳熙稿》、《徐恢詩》、《江湖集》、《王東牟先生集》、《袁絜齋集》、李正民《大隱集》、李石《方舟集》、《曹橘林集》、《張子淵集》各一條。共書六十四種，計七十條。乾隆三十八年八月廿九日發寫黏單一葉。

卷之二千五百三十九及四十，上平聲七皆韻中「齋」字。卷末有「重録總校官侍郎臣高拱學士、臣瞿景淳，分校官修撰臣徐時行、書寫儒士臣吴仁、圈點監生臣陳惟傑臣林汝松」銜名六行。前有《四庫全書》纂修官蕭簽出前卷内《章惇詩》一條，《曾文清公集》三條，

《呂南公詩》、徐安國《西窗集》、郭印《雲溪集》、《胡文恭公集》、《史蓮峯先生集》、沈繼祖《梔林集》、姚成一《雪坡集》、《宛陵羣英集》、《董霜傑先生集》、《江湖續集》、《江湖後集》、《鄧紳伯詩》、李流謙《澹齋集》、《舒岳祥詩》、《陳子尚詩》、《劉申菴集》、《劉秉忠詩》、劉行簡《苕溪集》、胡祇遹《紫山集》、劉將孫《養吾集》、《程端學集》、《宋景文公集》、呂南公《灌園集》、張子《敝帚稿略》、《非空上人詩集》各一條。共書九十六種,計一百八條。乾隆三十八年八月廿九日發寫黏單一葉。

卷之三千五百二十五及二十六,上平聲九真韻中「門」字。卷末有「重録總校官侍郎臣高拱、學士臣瞿景淳、分校官諭德臣張居正、寫書官中書舍人臣李鳳、圈點監生臣蔣洲、臣蘇泰」銜名六行。前有《四庫全書》纂修官陳簽出前卷内韓元吉《南澗集》、《續談助》、《宛陵羣英集》各一條,程公許《滄洲塵缶編》、《元一統志》各二條,《江湖續集》、趙蕃《淳熙稿》各一條。後卷内《元一統志》、胡祇遹《紫山集》各一條。共書八種,計十一條。乾隆三十八年八月初二日發寫黏單一葉。

卷之六千五百五十八及五十九,下平聲十八陽韻中「粱」字。所録爲《孟子》諸家注,自《齊宣王問毁明堂》章至《齊人伐燕取之》章。卷末有「總校官侍郎臣高拱、學士臣陳以勤、分校官編修臣張四維、寫書官寺正臣叢恕、圈點監生臣傅道玄、臣馮枏」銜名六行。前有《四庫全書》纂修官徐篯出二卷内祝洙《附録》、金履祥《考證》、許謙《叢説》、杜英《旁通》、何文淵《事文引證》、馬豫《緝義》、陳櫟《發明》、史伯璿《管窺》、趙德《箋義》、趙德《附録》、王充耘《經義貫通先儒精義》、李好文《經訓要義》、程復《心章圖》、答禄《與權窺豹管》、鄒霆炎《衍義》、魏公著《句解》、熊禾《標題事義》、趙次誠《考義》、倪士毅《輯釋》、尹和靖《言行録》、詹道《傳纂箋》。以上書見有即鈔。乾隆三十八年月日發寫黏單一葉。

卷之七千三百二十五，下平聲十八陽韻中「郎」字。所録爲官階文職之承事郎等。卷末銜名闕。

卷之七千三百二十六，承上卷「郎」字。所録爲官階武職之左武郎等。卷末有「重録總校官侍郎臣高拱、學士臣陳以勤、分校官修撰臣丁士美、寫書官司務臣黎民表、圈點監生臣馬宗孝、臣扈進第」銜名六行。

卷之七千五百六。下平聲十八陽韻中「倉」字。所録皆常平倉事。卷末有「重録總校官侍郎臣高拱、學士臣胡正蒙、分校官修撰臣諸大綬、寫書儒士臣吴仁、圈點監生臣林汝松、臣董仲輅」銜名六行。

卷之七千五百十，下平聲十八陽中「倉」字。所録皆社倉事。卷末有「重録總校官侍郎臣高拱、學士臣胡正蒙、分校官洗馬臣林爊、書寫儒士臣孫詵、圈點監生臣馬承志、臣吴瓛」銜名六行。

卷之七千五百十三及十四，下平聲十八陽韻「倉」字。卷末有「重録總校官侍郎臣高拱、學士臣胡正蒙、分校官編修臣陶大臨、書寫儒士臣劉大孝、圈點監生臣徐浩、臣曲成學」銜名六行。前有《四庫全書》纂修官吳簽出前卷内尹和靖《言行録》、《楳埜先生文集》、《博士周公文集》、《陸子方集》各一條。乾隆三十八年九月廿一日發寫黏單一葉。

卷之八千二十，下平聲十九庚韻中「蒸」字。所録爲《骨蒸證治》二全卷，皆治此病之方藥。卷末有「重録總校官侍郎臣陳以勤、學士臣王大任、分校官侍讀臣王希烈、書寫儒士臣程大憲、圈點監生臣敖河、臣孫世良」銜名六行。

卷之一萬一千六百二十，上聲十四巧韻中「老」字。所録爲壽親養老書四，皆言老人醫藥服餌之事。卷末有「重録總校官侍郎臣高拱、學士臣胡正蒙、分校官洗馬臣林燫、寫書官主簿臣沈洧、圈點監生臣馬承志、臣吳瓛」銜名六行。

卷之一萬四千三百八十四，去聲四霽韻中「冀」字。所録爲冀州之疆域沿革。卷末有「重録總校官侍郎臣高拱、諭德臣瞿景淳、分校官編修臣張四維、書寫儒士臣陸萬春、圈點監生臣畢三留、臣傅道立」銜名六行。

卷之一萬五千一百四十及四十一，去聲八隊韻中「隊」、「兑」二字。後卷所録爲《周易》兑卦諸家解説。卷末有「重録總校官侍郎臣秦鳴雷、學士臣王大任、分校官修撰臣丁士美、書寫儒士臣章伯輝、圈點監生臣馬宗孝、臣扈進第」銜名六行。

卷之二萬一千九百八十三及八十四，入聲七藥韻中「學」字。前卷闕一、二、三葉，後卷爲《郡縣學》三十。以此推之，則前卷當爲《郡縣學》二十九。後卷末葉及銜名均闕。卷之二萬二千七百四十九及五十，入聲十合韻中「劄」字。所録前卷爲《啓劄雲錦裳》三《仕宦慶賀劄子》；後卷爲前書四，《宴召簡劄》。卷末有「重録總校官侍郎臣陳以勤學士臣王大任、分校官中允臣胡杰、寫書官中書臣周維藩、圈點監生臣馬承志、臣吴璥」銜名六行。

## 260 蘇黄門龍川略志十卷

明叢書堂鈔本　二册　張芙川舊藏　(07569)

前有蘇黄門自撰小引，略謂：「自筠徙雷，自雷徙循。既之龍川，杜門閉目。追思平昔，恍然如記所夢。雖十得一二，或詳或略，遠執筆在旁，使書之於紙，凡四十事，命之《龍川略志》。」按《宋史·藝文志》，蘇轍《龍川志》六卷；陳振孫《直齋書録解題》，《龍川略志》六卷、《别志》四卷。晁公武《郡齋讀書志》，書名卷數與《解題》同，且謂：「轍居循州，追憶平昔，凡四十事。其秋復記四十七事。」綜觀上文，蓋黄門初撰《略志》，其後復撰《别志》。陳、晁二氏所見皆全本，而此則僅得其半，特不知何以定爲十卷，且僅有三十九事耳。是爲叢書堂鈔本，原本署「左迪功郎新授撫州宜黄縣主簿主管學事劉信校正。」篇中語涉宋帝均空格，殆猶從宋本傳録者。

藏印　曾藏張蓉鏡家　臣蓉鏡印　蓉鏡　芙川張蓉鏡寓目　芙川氏　芙川心賞　芙川　虞山張氏

## 261　默記三卷　鈔本　一册　陳仲魚校，馬笏齋舊藏　(07570)

陳仲魚借拜經樓吴氏藏本録出。原本爲朱映漘、鮑以文所校者，俱用硃筆。吴兔床所校者，先用紫筆，繼用緑筆。仲魚各依原色迻録於上。其認爲有未合者，復以黄筆改正之。此書既出名家所藏，所校又爲名人之筆，洵可珍已。

陳仲魚跋　丙申七月二十七日，從拜經樓借得此本，因命胡生鳳苞鈔之，至八月二十七日鈔畢。其諸家校本仍照各色書之。更有一二改正處，則用黄筆。合觀之，恍似文通夢中五色筆矣。　鱣識。

又跋　吾鄉有王性之廟，不知即撰《默記》者否？俟考。卷後有葉石君題跋。按石君名萬，吴之東洞庭山人，晚家琴川，聚書數萬卷，親爲校閲。予每思其人。近日修地志者不載其姓氏，殊恨事也。所云《五總志》，當更從淥飲處借鈔。仲魚載筆。

又録諸家跋文如左：

葉石君跋　壬寅臘月鈔訖并校。憶庚辰之歲，湖賈攜舊鈔本至。先爲林宗取去，自後更歷兵火，此書尚存。辛丑歲偶語及之，乃太息扼腕，云破家子散失。閲次年之冬，同晤錢遵王，話及「明皇玉髑髏」事。錢出此書，因借歸鈔之。時無善書之人，草草雜書。云林宗本尚有《五總志》，又不知何時得鈔之，以成舊觀也。葉石君。

朱映漘跋　甲午九月廿五日，鮑渌飲以此本囑爲校勘，因合汪氏飛鴻堂、汪氏振綺堂藏本互勘，三本皆善矣。朱文藻。

鮑以文跋　《五總志》，南宋吴迥所撰，世多未見。予近始得之。因自嘆耽書之癖，不減昔人，所恨林宗、石君輩不見我耳。乾隆甲午秋日廷博。

又跋　朱君映漘校訖見還，予取飛鴻堂本重勘，復是正數十處。然飛鴻堂藏本不佳，尚有譌脱，無從改定，亦一恨也。九月二十七日燈下，博記。

吴兔床跋　癸巳歲，予借得以文本，吾友朱君雲達爲予手鈔，且以意改其豕亥，藏之篋衍。今予又得朱、鮑二君從汪氏二本校過者。凡此一書，合四家藏本，經四人手眼，吾輩之好書可謂勤矣。他日以示雲達，當更爲之忻然解頤也。甲午十月二十七日，横河舟次，兔床再志。

又跋　明日，海昌吴騫復從知不足齋主人借觀。據其所見，筆之簡端，又不下數十處。而此外訛舛者，亦尚有數處，終未能釋然。此昔人所以有風庭掃葉之嘆歟。

藏印　陳鱣　仲魚　武原馬氏藏書　勿齋藏書　讀史精舍

## 262 揮麈前録四卷後録十一卷三録三卷餘話二卷　影宋鈔本　十册　毛子晉、曹楝亭、敷槎昌齡、沈芙園舊藏　(07571)

每類首卷第一行書名，第二行題「朝請大夫主管台州崇道觀汝陰王明清」。餘多不録全銜。《前録》卷首有實録院慶元元年七月初八日牒文，署銜者戴溪、李璧、高文虎、石宗昭四人。又同年九月二次牒文，銜名除戴溪、李璧、高文虎外，增顔棫、王容、邵康、劉德秀、楊輔、應孟明、黄由、葉翥八人。目録後「有前四卷秀州已嘗刊行」一行。末節爲明清識語。卷末有乾道己丑沙隨程迥跋，臨汝郭九惪跋，李垕復簡，淳熙乙巳明清自跋。《後録》卷末，有紹熙甲寅明清自跋，王禹錫跋。《三録》卷末，有慶元初元明清自跋。《餘話》卷末，有慶元庚申趙不譾跋。與《四庫全書》所載相合。半葉十一行，行二十字。每節之首，其側均有墨圍，標記節次。首行頂格，以下各低一格。語涉宋帝，均空格，或提行。宋諱多闕筆，亦有註「高宗廟諱」、「孝宗御名」、「今上御名」、「犯御名」者。書刊於慶元之初，故最後避甯宗嫌諱。是書宋刻。皕宋樓得葉文莊、汪閬源所藏殘本，前録四卷、後録二卷、三録三卷，今已流入東瀛。士禮居所藏卷數相同，後轉入海源閣。今遭兵燹，不知飄墮何所？是本爲汲古閣毛氏影鈔宋刻。前録一、二卷，三録三卷，雖屬補鈔，仍據汪閬源所藏宋刻影寫，在今日能見此書宋本全部面目者，祇此而已。

《餘話》目後木記

此書浙間所刊止前録四卷　學士大夫恨不得見全書今得　王知府宅真本全帙四録條章無遺誠冠世之異書也敬三復校正鋟木以衍其傳　覽者幸　鑒龍山書堂　謹咨

藏印　宋本　甲

毛晉私印　毛晉之印　毛晉　毛氏子晉　子晉　汲古閣　汲古主人　楝亭曹氏藏書　菫齋收藏印　沈印廷芳　茉園

朱文公二十世孫　步沆之印　沁泉氏　步沆校讀　沁泉手勘　曾藏沁泉處　校書如掃塵

## 263　雞肋編不分卷　影鈔元本　三册　汪閬源舊藏　（07573）

前有撰人莊季裕小序，末有至元己卯陳孝先跋。不分卷。書簽題「影摹元人手録本」，前後並繪王氏元伯、黃鶴山樵者兩印，想均摹自原本。半葉十一行，行二十一字。第十七葉「鄭州去京師兩程」條下缺一葉，葉次爲「又十七」。仁和胡珽得影元鈔本亦不分卷，據以校正文淵閣本，用活字擺印，收入《琳琅祕室叢書》，亦缺此又十七葉。注稱「按影元鈔本空廿二行，每行廿一字」云云，則所見即此本矣。皕宋樓藏吴尺鳧舊鈔本亦不分卷。陸氏跋稱計一百二十葉，行款、葉數與此均同，特不知第又十七葉尚存否？

藏印　曾藏汪閬源家　鏡汀書畫記

## 264　聞見後録三十卷　明鈔本　四册　曹秋岳、黄蕘圃舊藏　（07574。著録作「二十册」）

前有邵博自序。卷中誤字經前人校過，以粉筆塗改。黄蕘圃先藏有職思居鈔本，詡爲甚精。繼得是本互校，乃以是爲甲而退職思本爲乙。職思本嗣歸海源閣楊氏，今不知飄墮何所。是本由謏聞齋顧氏入於涵芬樓，幸未爲六丁所攝，可喜也。

黄蕘圃跋　九月廿六日夜，過五柳居，主人以此舊鈔本見示，云新從嘉禾得來。書中有曹秋岳家圖記，信是也。余於《聞見録》，有元人鈔本，曾手校一過；若《聞見後録》亦有職思居鈔本，而【向】以爲佳。今得此校之，知此雖間有訛謬，然中多佳處，竟勝於職思居本。可見書非舊鈔，不可據也。原書部面多破損，急命工裝之，取繙閱□□□異□職思居本者，悉標于職思居本上。此不復校，以存廬山真面目也。小春廿有六日，復翁識，時歲在甲戌。

藏印　曹溶私印　潔躬

## 265　桯史　宋刊元明修配本　存十三卷　五册　（07575）

卷首有嘉定甲戌作者岳珂自序，序於命名《桯史》之義敘述甚詳。《四庫提要》乃謂「不甚了解」，又云「與著書之義不合」，蓋所收之本原序已佚也。是本半葉九行，行十八字。語涉宋室，均空格。其字體端整，版心白口，上記字數，下記刻工姓名者，當爲宋槧原版。刻工可辨者有吴懋、蔣興祖、劉昭、王通、曹□□、朱春、宋芾、宋蓁、王顯諸人。其闊黑口者，則爲以後遞修之版。其鐫工愈率者，爲時亦愈晚。卷七、卷八皆半葉十行，行二十字，則成化重覆宋本也。卷九鈔配，卷十一、十二均闕，有「文淵閣」、「季振宜滄葦」諸印，皆贋品也。

## 266　漫堂隨筆不分卷　明鈔本　一册　天一閣舊藏　（07576）

明茶夢齋姚氏藍絲闌鈔本。卷末有姚咨手跋，謂是唐伯虎遺書，然所載多宋元祐間事，篇中時有述其仲兄、季兄、仲弟之語，絶非唐氏口吻，必是唐氏迻録宋人著述，故遇「仁宗」、「英宗」、「淵聖」等字均空格。是書見《天一閣書目》子部。據姚氏手跋，定爲明唐寅撰，恐誤。

姚舜咨跋　吴趨唐省元伯虎遺書中，有《漫堂隨筆》一卷，所載多元祐間事，雜以幽冥、報應、夢兆《天一閣書目》誤作「萼桃」神奇。余疑其怪誕，況值歲單雪甚，手凍皴不能運筆，祇摘其涉於倫理者書之。丙辰臘月下旬，皇山人姚咨識。

藏印　姚伯子手校書

## 267 獨異志三卷　明鈔本　一册　袁邦正、天一閣舊藏　(07577)

題「前明州刺史賜紫金魚袋李冗纂」。《四庫》入子部小説家類存目，但作二卷。《提要》詆斥所載「海人狎鷗」、「愚公移山」二事，摭寓言爲實事，尤爲膠固。檢閲本文，僅文字與原書稍殊，且篇中所引，如「庖丁解牛」、「塞翁失馬」、「守株待兔」等語，不一而足。大率隨手撮録，不復檢校原書，故辭句不無少異，似不能遽斥爲瑕疵。至謂王涯爲天兵梟戮，是本却作「天下」，語較平實，與館臣所見不同。卷末有袁表跋語一行，謂得之方山吴太學。按吴岫字方山，蘇州人，家富藏書，《千頃堂書目》簿録類有方山吴岫《姑山書目》一卷。袁表亦蘇州人，官臨江通判，邦正其字也。其兄褧嘗校刻《六臣註文選》、《世説新語》，世咸珍之。

《天一閣書目》藍絲闌：鈔本明李冗纂，序殘。嘉靖戊申袁表識云：「《廣異》、《稽神》、《宣室》三種，皆從吴方山太學所借得，託羅事拙謄繕，類入《獨異志》，共成一帙，以便披覽，且免散逸之苦。」

袁邦正記　此志得之方山吴太學，倩蔣子和謄録，以備按覽。嘉靖戊申四月廿五日吴門袁表邦正識。在卷首

## 268　録異記八卷　明鈔本　一册　(07578)

題「光禄大夫尚書户部侍郎廣成先生上柱國蔡國公臣杜光庭纂」。前有作者自序。白雲霽《道藏》收入洞玄部記傳類恭字號，每二卷爲一號，由恭一至恭四。是本悉如其式，蓋從《道藏》傳録者。

## 269　蓬窗類記五卷　明鈔本　一册　楊夢羽、黄蕘圃校藏　(07579)

題「黄暐日昇撰」。按暐吴縣人，明弘治庚戌進士，官至刑部郎中。《四庫》列小説類

存目。前《國朝典故》中亦有是書，但僅四卷。明刻《煙霞小説》，有《蓬軒吴記》、《蓬軒別記》，歧爲二名。又誤題「楊循吉著」。此爲明人鈔帙，尚是足本，分二十八紀，皆不出鄉里故實，亦《中吴紀聞》之亞也。舊藏楊夢羽家，前三卷經黄蕘圃手校。

隆慶己巳孟秋，海虞陶菴子評。在第一葉

順治三年仲夏，遺民據梧子閲。在卷末

黄蕘圃跋　道光辛巳，郡中方有修志之舉，思廣搜遺籍，以助多聞。適估人以鈔本各種相示，唯此册最舊，因購之。在明人著述中，不多得也。向爲楊五川所藏，尤足珍重云。復見心翁十月廿六日記。

又跋　去冬十二月望間，余友管佛容來，談及伊家藏有此書刻本。聞之喜甚。後以迫殘歲，不暇及此。今春開歲又十四日，枯坐無聊，思假刻以校鈔本，遂往借之。止一卷。原分上下，今存上卷，不分某某記，與原書類記之名不合，不足取也。卷首王序後有其孫省曾序。蓋重刊删削，非其舊矣。名曰《蓬軒吴記》云。壬午，蕘夫。

又跋　管氏所藏刻本亦稍有與此异者。就字之可存者校諸上方。内有異者，著之於卷尾，恐爲重刻時增補也。「濰亭」一條，「今修撰毛憲清」句下，多「丙辰朱懋忠繼之」句；「崑山人也」句上，增「皆」字；下「四」至「四人」，改作「五」。此必後人增益而然，不可據。

「逃虚子」條末有云：「少師公有叔名震者，公回至家，不容相見，曰汝從西方之教，而靖東方之難，難不能靖。置我何地，何見之有」。此可廣异聞，故存之。餘即有一、二异處，無足重輕，不復及云。同日記。

又跋　越上元二日，閒牕無事，仍將刻本校一過。刻不如鈔者，悉未校出。因鈔固全本中摘録。省曾序云：「《吴記》二卷，《别記》一卷。」知所據非全本矣。

藏印　禮部員外郎吴郡楊儀校　海虞楊儀夢羽圖書記　五川居士　程本山讀書記　守香子　氣凌雲表　放膽文章拼命酒　書不盡言　蔡玉家藏　蔡氏家藏　士禮居藏

## 270 説聽四卷　明刊本　一册　黄蕘圃舊藏　（07580）

撰人名氏詳下黄蕘圃跋。書爲筆記體裁，所載多神仙、鬼怪、醫巫、盜俠之事，間涉朝野故實，足資談助。

黄蕘圃題　湖賈以殘帙一册見遺。其書名《説聽》，計四卷。惜首尾葉皆不全，無從知撰人姓氏。卷中有「先君録入《庚巳編》矣」語，始知爲陸粲子也。陸粲《庚巳編》十卷粲弟陸采，有《天池聲雋》四十卷，又，《覽勝紀談》十卷。是爲天池山人子陸延枝《説聽》四卷，皆載入家俞邰《明史・藝文志》小説家類。此則《煙霞小説》本。近時此書不甚廣布，故無可鈔補。稍爲黏補，以便展觀云。癸未冬至後四日裝成記。蕘夫。

## 271 穆天子傳六卷 明叢書堂鈔本　一册　張青父舊藏　（07581）

首至正十年北岳王漸序，次荀勗序。黄蕘圃校明刻本，嘗爲之跋，謂：「借香嚴書屋藏舊鈔本，鈐有叢書堂印，文與此刻同，與所校鈔本不合，且注多節略，似非善本。聊校存其一、二異字。」云云。疑即此書。

藏印　吴寬　叢書堂印　張丑之印

## 272 劇談録二卷 明鈔本　一册　汪秀峯、黄蕘圃舊藏　（07582）

題「將仕郎崇文館校書郎康駢述」。前有乾甯二年駢自序，序後有「臨安府疑脱「陳」字。道人書籍鋪刊行」一行，與《四庫》著録本同。《提要》稱「潘將軍」一條，注中「疑是本作「呼」。爲潘鶻硉字」。今本《劍俠傳》從《廣記》剽掇此條，譌爲「潘鶴碎」，遂不可解。是本未誤。鈔雖未工，却是善本。書衣亦士禮居主人手筆。【每半葉十行，行字數二十餘不等，與普通棚本異。】

【藏印　汪氏啓淑、開萬樓藏書印、黄海書生、愛讀奇書手自鈔】

黄蕘圃跋　舊鈔本《劇談録》見諸《汲古閣祕本書目》，所藏無有也，津逮本已耳。近書估從開萬樓收得舊書數種，内有此册，亟收之以備儲藏。取校毛刻，增多序一篇，每卷多官銜一行，佳字亦時留一二。其舛訛處可揣而知，不礙其爲善本也。嘉慶乙丑十月，蕘翁。

又跋　續收得明代專刻細字本，雖序及題銜已具，而佳字反不及此舊鈔，此本未可廢也。庚午十月，復翁又記。

## 273 闕史　明鈔本　存卷下　一册　葉林宗、孫淵如舊藏　(07583)

題「參寥子高彦休撰」。是本從馮己蒼藏本傳録，葉林宗校過。惜闕上卷。

葉林宗跋　《闕史》二卷，所記皆殘唐佚事。纖碎褻雜，小説家流爾。唐人習爲短記偏部，此其一焉。叙事頗自矜飾，其爲原書無疑。藍本假自友人馮大己蒼。傳寫之訛，不成句讀。馮屬舊鈔，昔人已失于校對，旋命童子修摹印成帙。目睹手披，訂正十之二三，餘俟闕疑可也。崇禎丁丑七月二十八日夕，記於南壇書館。葉林宗。

又録馮己蒼跋　崇禎丙子裝訖，因讀一過。孱守居士識于炳燭齋。十二月初二日燈下。

藏印　東魯觀察使者　孫印星衍

## 274　新刊大宋宣和遺事四卷　明刊本　四册　怡府、盛伯羲舊藏　（07584）

昔黄蕘圃得此書二部，補缺正訛，刊入《士禮居叢書》，但均作二卷。黄氏自謂《述古堂書目》所載爲四卷，微有不同。是本以元、亨、利、貞分作四集。黄本書名僅冠「新刊」二字，此則更增「大宋」二字。書中行款，亦迥不相同，頗疑述古藏本與此爲近，而與黄本有别。元集首葉次行題「金陵王氏洛川校正重刊」。卷中「惇」字亦有避諱作「惇」者。是必從宋本出。卷面題作「宋季刻」，恐非是。

韻蒔齋題　黄蕘圃刻此書，分前後二卷。此本作四卷《述古堂藏書目》亦作四卷，當即此本。蓋當日委巷流傳，非一本也。校讀一過，字句無大異同。黄刻稱從宋本翻雕。此本標題處稱「大宋」，當亦宋季刻也。丁丑冬至，韻蒔齋識。

藏印　明善堂覽書畫印記　安樂堂藏書記　宗室盛昱收藏圖書印

## 275 湖海新聞夷堅續志前集十二卷後集不分卷 元刊本 四册 楊星吾舊藏 （07585、07586。著録作《前集》「二册」，《後集》「二册」）

無撰人名氏。《前集》分人倫、靈異、符讖、拾遺、人事、治道、藝術、警戒、報應九門。刊本存卷七、卷八。半葉十二行，行二十二字。餘鈔補。《後集》書名增「重刊」二字，次行題「江陰薛詡汝節證刊」，分神仙、道教、佛教、文華、神明、怪異、精怪七門。半葉十五行，行二十三字，板刻比《前集》爲晚。歸安陸氏、錢塘丁氏均有鈔本。前後集各二卷，與此不同。丁氏《藏書志》詳載門類，亦互有出入。是本爲宜都楊氏得之海外。《前集》一百八十則，《後集》二百五十八則，均少於丁本。《前集》爲東人補鈔，或有遺漏；《後集》原目具存，並無短闕。豈此爲原刻，丁本爲他人增補歟？

藏印 宜都飛青 楊氏藏閣藏 書記書記

## 276 新增補相剪燈新話大全四卷新增全相湖海新奇剪燈餘話大全四卷 明正德刊本 二册 （07587）

《新話》題「古杭山陽瞿佑宗吉編著」，「清江書堂楊氏重校刊行」，「書林正已詹吾孟簡圖相」。卷末《附録》一篇，題「古杭瞿佑宗吉編著」、「建陽縣知縣張光啓校正」。《餘話》題「廣西左布政使廬陵李昌祺【倛】編撰」、「翰林院庶吉士文江劉子欽訂定」、「上杭縣知縣盱江張光啓校刊」、「建陽縣縣丞何景春同校繡行」。所記故事，不離乎鬼神、怪異、才士、美人之屬，各以詩詞點綴其間。書眉依事繪圖。所謂「補相」、「全相」，猶是元代小説舊式。

卷四末葉木記　正德辛未孟秋　揚江清江堂刊

## 277　妙法蓮華經八卷　五代刊本　八册　（07588。著録作「日本刻本」）

板心高標準尺七寸，半板廣四寸二分弱。每半板六行，行十二字。前後無記載，未知何地何時印造。後跋謂「五代初年活字版印」，竊未敢信。

姚柳屏跋　右五代初年活字版印《蓮華經》八卷，與鳴沙石室本分卷同。此唐本之證。活版爲慶曆中畢昇所進。説見《夢溪筆談》。然以予所見，日本人黑板勝美，曾以小木塔見示，中藏小經咒一卷，高二寸許，長七、八寸許，亦用活字版印，與此經絶相類。云得於某縣壞塔中。塔建之年，當我唐季。以此知活字版唐時已有之，不得據《夢溪》之説致疑也。抱存先生出示此經，因記首册之尾。戊午二月，朋圖。

**278　開元釋教録二十卷附略出四卷**　宋刊藏經本　八册　（07589。著録作「明洪武刻南藏本」）

題「唐西崇福寺沙門智昇」撰。後附《開元釋教録略出》四卷，亦智昇撰。此爲宋刻梵夾本。中有五卷，析分上、下。「宗」字七號，「泰」字八號，「岱」、「禪」二字各七號。

**279－1　佛祖歷代通載**　明宣德刊本　存二十卷　十六册　天一閣舊藏　（07590。著録作「十四册」）

題「嘉興路大中祥符禪寺住持華亭念常集」。前至正元年虞集序，又四年比丘覺岸序，又凡例十三條。卷一末有「宣德五年大慈恩寺首座比丘廣議洪興募緣重刊」木記。卷二、卷三佚。

藏印　天一閣　古司馬氏

**279－2　又一部**　版本同前　存十八卷　十九册　（07591。著録作「二十一册」）

與前書同。闕卷一、二、三及二十二。

**280　敕修百丈清規二卷** 元至元刊本　六册　（07592。著録作「明刻本」）

題「大智壽聖禪寺住持臣僧德煇奉勅重編」，「大龍翔集慶寺住持臣僧大訢奉勅校正」。卷首目録，凡九章：一、祝釐，二、報恩，三、報本，四、尊祖，五、住持，爲上卷；六、兩序，七、大衆，八、節臘，九、法器，爲下卷。後附著爲本山祖師塔銘，暨本堂新舊各序，尚有日用寒暄文及祖師行録，寺産四至。卷末有「西蜀古渝助緣劉普權、蘇善明、劉福祐」一行，蓋捐貲鋟梓者也。按《清規》爲唐洪州百丈山懷海禪師所剏，宗門矩範，梵刹奉行，歷宋及元，遞有損益。法嗣、德煇等於元統三年奉勅重修校印。楊億原序，至元丙子歐陽玄序，至元後戊寅德煇序，紀述綦詳，讀之可知梗概。《傳是樓書目》亦有是書，指德煇爲明人。由至元戊寅至洪武戊申紀元，相距才三十年，其時德煇自可生存也。半葉十行，行二十四字，大小同數，寫印絶精。

藏印　唯我　慧一之印

**281　諸佛菩薩妙相名號經咒不分卷** 明宣德刊本　四册　（07593）

首宣德六年修積善住捐貲壽梓自序，破損過半。次梵文、蒙文六葉，次諸佛世尊妙相番相名號，次本書總目。經咒凡十七種：一、諸佛菩薩名號心咒，一、救度佛母二十一讚，一、般若波羅蜜多心經，一、金剛般若波羅蜜經，一、佛説阿彌陀經，一、妙法蓮華經普門品，一、大佛頂首楞嚴神咒，一、廣大圓滿大悲神咒，一、佛説消災吉祥神咒，一、佛説功德山王神咒，一、如意寶輪王神咒，一、佛母準提神咒，一、無量壽佛真言，一、往生淨土神咒，一、解寃釋結神咒，一、三十五佛名經，一、藏經目録。卷末後有修積善住謹施跋言，並附梵文二葉。

## 282 道德會元不分卷

元刊本　二册　顧俠君舊藏　（07594。著録作「明初刻本」）

題「都梁清菴瑩蟾子李道純元素述」。前有至元庚寅道純自序，略謂：「《老子》一書，河上公《章句》、紫清《道德寶章》之外，諸家解義，各執一端。或治道，或丹道，或兵機，或禪機，皆失聖人作經之意。遂將正經下添注脚，釋經之義，以證頤神養氣之要。又於各章下總言其理，以明究本窮源之序。又於各章後作頌，以盡明心見性之機。復作正辭、究理二説，冠之經首，以破經中異同之惑，俾諸後學隨解而入，不墮偏枯。會至道以歸元，故目曰《道德會元》」云云。半葉十行，行二十字。明正統《道藏》以是書刊入談字，章句悉同。惟析一至三十七章爲上卷，三十八至八十一章爲下卷。是本失去「正辭」一説，道藏本有之，暇時當爲寫補。

藏印　秀埜艸堂顧氏藏書印　扶風馬重之章　伯厚又字質拙　孫祖詒印　祖詒之印　子逸　二酉生

**283　沖虛至德真經**　元刊本　存三至八卷　二册　季滄葦舊藏（07595。著録作「明刻本」）

題「張湛處度注」。注中已將殷敬順釋文散入，不可辨析。半葉十行，小字雙行，行二十一字。序及卷一、二已佚。

藏印　弘載家藏　季印振宜　滄葦

**284－1　南華真經十卷**　宋刊本　十册　（07596）

卷首郭象序，次目録。前六卷，首行題「書名、卷第幾」，次行題「郭象子玄註，陸德明音義」，三行題「莊子某篇篇名第幾」。半葉十行，行十八字。小註雙行，行二十四字。四周雙闌，闌外有耳，記篇名。版心細黑口，書名署「莊幾」，雙魚尾，上記字數，然甚少。版匡高標準尺二十寸，廣二十五寸八分。宋諱避至「慎」字。審其字體，可定爲南宋建陽坊刻。後四卷，首行與前六卷同，次行接《莊子》某篇第幾。下空二字，題「郭象注」，無「陸德明音義」。半葉十行，行十六、七字。小註雙行，行二十四、五字。左右雙闌，版心白口，書名署「莊子幾」。單魚尾，下記刻工姓名，僅有金仲、唐用、王榮、金宣、楊文、劉榮、毛仙、劉青、金青、陳中諸人。版匡視前六卷高增一寸三分，廣增四寸二分。宋諱避至「恒」字，蓋爲北宋早年刊本。至刻於何地，殊難臆定。是書來自東瀛。彼國讀者以片假名雜註行間，不無疵纇。然在吾國中，從未著録。雖有牉合，亦物罕見珍已。

## 284－2 又一部 明世德堂本　四册　沈寶硯校，葉文莊舊藏　(07597)

沈寶硯據宋趙安仁刊本精校。全書均加句讀，脱文訛字一一以朱筆補正，即點畫偶殊，亦摹蓋於本字之上。卷末原有安仁趙諫議宅刊行一樣□子印記，此並臨寫於後。按趙本每半葉十行，每行十五字，小註倍之。猶憶民國初年，有人以趙刻原本求售，云革命軍攻下江甯，盡掠舊家某氏所藏善本，軍中有好古者從而得之。是爲羣書之一，展轉入市，索值甚昂，正欲諧價，忽又收去，從此不可復見。想此書猶在人間，甚望其子孫世守也。

雍正庚戌四月廿有五日，校畢此册。巖記。在卷三末

雍正庚戌五月，得宋本校過。時館城西王氏清蔭堂，學徒叙撰適從書賈收元板《纂圖互註南華經》五册，有吾師直夫【吉】圖記，不知何年散出也。在卷六末

聖清雍正庚戌夏五月望後一日，宋本校對訖。吴門寶研居士沈巖記。

安仁趙氏本覆校一過。在卷十末

【藏印】 葉氏菉竹堂藏書

## 285 莊子鬳齋口義十卷 元刊本 十册 （07598）

前有林希逸自序，後有景定改元知邵武軍建陽縣林經德序，景定辛酉石塘林同、三衢徐霖二跋，然刊板已在元代。篇目正文頂格，《口義》低一格。半葉十行，行二十一字。版心題「莊口義」。

## 286 文子十二卷 孫淵如稿本 四册 劉麓樵舊藏 （07599。著録作「鈔本」）

卷首孫星衍序，大意謂：「淮南受詔著書，成於食【召】時，不能遠引，多用《文子》，頗復謬誤。」其下列舉若干事，以爲之證。又謂：「當時賓客迫于成書，不及修辭達意，或有非賢厠于其列，雜出所見，聊用獻酬羣心。」又怪其時漢之闕庭，無能刺其齟齬。今《文子》具存，可爲援證。」云云。淮南辭句引用是書者，孫氏一一蒐采，舉其篇名，分注於各句下。同時並以樓觀《道藏》杜道堅《讚義》及《老子》、《吕氏春秋》、《太平御覽》校其異同。序後有《文子篇目考》，歷引《史記集解》、《漢書古今人表》、《文選注》，定爲周辛計然所撰。復手訂謄寫行款數條。蓋孫氏意在著述，將以此稿繕成正本，付諸剞劂。然《平津》、《岱南》諸刻均未收入，而序言亦僅刊入《問字堂集》中，意者其中止耶？抑此稿既成而旋失也？

黄帝之言，存乎此書。范蠡得之，以越覆吴。文景是用，垂衣有餘。誰其嗣音，漢庭諸儒。孫星衍銘。在卷面

甲辰十二月六日，又校樓觀、杜道堅《文子讚義》。在卷六末

甲辰臘八日，以樓觀《道藏・文子讚義》本校，多各有長短。今取其長。《讚義》本宋杜道堅撰，亦空疎無所發明。後有《釋音》，亦無考据。序略云：「僕生江左，身老吴邦，訪文子之遺蹤，建白石通元觀，因獲《文子》故編，暇日分章讚義，參贊元風。」前有序：「按《寰宇記》、《吴興志》俱載餘英東南三十里有計籌山，越大夫計然嘗登此山，籌度地形，因名焉。今山陽白石頂通元觀乃故隱處也。」無撰人名，又稱宋乾道，似明人所作。又有至大三年吴全節及道士黄石翁序。在卷十二末

丁未十二月阮元借觀。在卷六末

藏印 泰州鎦麓樵購于揚州癸丑兵火之後

**287　太上感應篇**　宋刊本　存四卷　四册　（07600。著録作「元刻本」）

首行題「太上感應篇卷第幾」，次行題「西蜀李昌齡傳」，三行題「四明鄭清之贊」。半葉十一行，行二十一字。經文頂格，傳低一格，贊低二格。語涉宋帝，均空格。宋諱避「貞」、「朂」、「構」三字。「傳曰」、「贊曰」字，均黑地白文。餘如帝王國主，朝代年號，國名、人名、地名，引用書名、篇名，彼教所奉天帝、教尊、經典，一切神祇鬼物，旁及釋氏相等之名稱，均一一以黑地白文別之。明正統《道藏》列入太清部，首載紹定六年八月右街鑒義主管教門公事太一宫焚修胡微瑩《刊成上進表》文，《表》稱「御題《太上感應篇》八卷。」趙希弁《讀書附志》題「漢嘉夾江隱者李昌齡所編」，亦作八卷。正與是本合。《道藏》本文並無增益，而卷數則廓爲三十二，殆後人所析，非原書編次也。十餘年前，得之京師廠肆，闕前四卷。肆中人謂自内閣大庫散出云。

**288　周易參同契發揮**　元至元刊本　存上中二篇　二册　周九松、汪閬源舊藏　（07601。著録作「明初刻本」）

題「林屋山人全陽子俞琰述」。前有至元甲申琰自序，次阮登炳、張與材、杜道堅序。

半葉十二行，行二十三字。《四庫提要》作宋俞琬，當係避清仁宗諱，但稱此書爲張與材所刻，似未可信。按琰序自稱林屋山人，序後有「全陽子乾坤坎離四卦」橢圓形、「石澗真逸」方形二木記。中篇末葉有「石澗書印」、「林屋洞天」二木記，觀此當爲俞氏自刻也。世有明本，即由是本翻刻。此爲元代初板，惜佚下篇。

藏印

毗陵周氏九松迂叟藏書印　周印良金　曾藏汪閬源家　振勳私印　吳下汪三

# 集部

## 289 楚辭後語 元刊本 存卷五六 一册 (07602)

宋朱子輯。半葉十行,行二十字。全書六卷,卷一至四佚。

## 290 楚辭榷八卷 明刊本 四册 王文簡評點,翁覃溪舊藏

檇李陸時雍刊本。卷首自序、條例、附傳。前五卷,首《離騷》,次《九歌》,次《天問》,次《九章》,次《遠遊》,次《卜居》、《漁父》。第六卷,宋玉《九辨》、《招魂》,景差《大招》。第七卷,淮南小山《招隱士》,揚雄《反離騷》及時雍自作之短招。末附《讀楚辭語》一卷。文簡全部評注蠅頭細楷,丹黄殆徧。今録其最後評語一段如左:

此書王逸所傳,新安朱氏注之最詳。自劉向《七諫》以下,無足觀者,而王褒爲最下。晁無咎以其所載不盡古今詞賦之美,因别録《續楚辭》、《變離騷》爲兩書。則凡詞之如《騷》者,已略備矣。自原之後,作者繼起,而宋玉、賈生、相如、揚雄爲之冠。然較

其實，則宋、馬辭有餘而理不足，長於頌美而短於規過。雄乃專爲偷生苟免之計，既與異趣矣。其文又以摹擬掇拾之故，斧鑿呈露，脈理斷續，其視宋、馬，猶不逮也。獨賈太傅以卓然命世英傑之材，俯就騷律，所出三編，皆非一時諸人所及，而《惜誓》所謂「黄鵠之一舉兮，見山川之紆曲；再舉兮，睹天地之員方」者，又於其間超然拔出言意之表，未易以筆墨蹊徑，論其高下淺深也。此外晁氏所取，如荀卿子諸賦皆高古，而《成相》之篇，本擬工誦箴諫之詞，其言姦臣蔽主擅權，馴致移國之禍，千古一轍，可爲流涕。其他如易水、越人、大風、秋風、天馬，下及烏孫公主，諸王妃妾，息夫躬、晉陶潛、唐韓柳，宋王介父之山石建業，黄魯直之毁璧隕珠，邢端夫之秋風三疊，其古今大小雅俗之變，雖或不同，而晁氏亦或不能無所遺脱，然皆其近楚語者。其次則如班姬、蔡琰、王粲，及唐元結、王維、顧況，亦差有味。又此之外，則晁氏過騷之言者，非余之所敢知矣。晁書《新序》，多爲義例，辨説紛拏，而無所發於義理，殊不足以爲此書之輕重。且復自謂嘗爲史官，古文國書，職當損益，不惟其學而論其官，固已可笑，況其所下缺十餘字。筆削下缺二字。縱能移易其篇次，而於其文字之異同得失，猶不能有所正也。浮華之習，徇名飾外，其弊乃至於此，可不戒哉！道光十有五年八月，王引之識於秦郵研經室之北牕。

## 291－1 蔡中郎文集十卷附外傳 明活字本 四册 黄蕘圃舊藏 （07603）

卷首天聖癸亥歐静序。目録後有「正德乙亥春三月錫山蘭雪堂華堅允剛活字銅版印行」二行。板心上署「蘭雪堂」，中題「伯喈集幾」，下記葉號。葉號下有「聖」、「勛」、「慶」、「魁」、「廣」等字，蓋印工名字也。【無刊工姓名者，係後人依活字本處刊者，不足重。】半葉七行，行十三字。題用大字，正文小字雙行。卷五、六、八、九、十後，各有「錫山」二字圓印、「蘭雪堂華堅活字版印行」十字長印，均篆文。卷尾又有「錫山蘭雪堂華堅允剛活字銅版印」二行。【華本有二本，「正德」云云一在目録後之前半頁，一在目録後之後半頁；一版心無「蘭雪堂」及刊工姓名，一有之；一無「錫山」二字圓印，一有之；一無篆文長印，一有之。】

黄蕘圃跋《蔡中郎文集》錫山蘭雪堂華堅允剛活字銅版印行者，初見於錢唐何夢華行篋中，遂假歸影鈔一部。同人中亦各有影鈔者。惜目録後碑牌剜去年號，不知其爲明代何時所刻。自後或見有藏是集者，非舉碑牌而全去之，即於印行時移去年號干支，故不知者僅舉天聖年間一序，視爲宋刻，往往獲大價，豈不甚可笑乎。是册年號特全，猶是活字真本。書賈居奇，易余番餅五枚而去，□纔與之算累年書帳，議成之後，此書方爲我□，欣然跋之。珍重愛惜之意，亦幾幾乎宋版視之矣。嘉慶庚午小除前一夕，時雪後繼雨，寒中復暖，窗外風聲漸響，不知能快晴否。復翁黄丕烈識。

藏印　施印孔惠　施印天錫　三省堂　陳樹杓印　星邨父　曾在東山徐退菴處　敦仁堂　徐氏珍藏　尚餘數卷殘書在　南州伯子　寅曲侯印

## 291－2　又一部　明萬曆刊本　二册　（07604）

此爲明陳留令徐子器刊本。前有天聖歐静序，次爲萬曆王乾章序。卷三《漢太尉楊公碑》「别風淮雨不易其趣」，是本乃作「烈風雖變」。顧澗蘋斥爲妄改，且云：「此本所改，其淺近者或有是處，稍難讀則每不知而作。」云云。然盧抱經嘗稱歐本篇第之古，又斥張天如、劉嗣素兄弟刻本變易篇第之謬。是本首篇爲《故太尉橋公廟碑》，四銘印列「廟碑」之後。其餘編次，亦悉依歐本，並未變亂，是猶遠勝俗刻也。

藏印　曾在吳東辛處　文肅二十二世孫世圻之印　長齋繡佛前

## 292　蔡中郎文集八卷　鈔本　二册　（07605）

華氏蘭雪堂活字本、徐子器刊本均十卷，附《外傳》。此缺第八、九卷，惟《郡掾吏張玄祠堂碑記》、《九祝辭》二篇，移入《外傳》；又增《警枕銘》、《筆賦》、《焦君贊》、《祝社文》、《琴贊》、《翠鳥詩》六首及《本傳》一篇，不知所據何本。卷一《故太尉橋公廟碑》「臨淄令路芝」句，華本作「賂之」，徐本作「賂財」，是本「之」字脱「艹」頭，「路」不誤「賂」。卷三《太尉楊公碑》「别風淮雨」句，華本作「烈風維而」，徐本作「烈風雖變」，是本作「烈風維雨」。卷六「被收時表」位在「列衆位」句下，華本缺二十字，是本不缺：「反名仇怨奉公」句，徐本删去，是本未删。盧抱經曾校是集，謂：「古書流傳，譌誤自所不免。果有據依，自當改正。」其糾正《故太尉橋公廟碑文》，如「時有椒房桂戚之託」句，「桂」乃「貴」字之誤，華本、徐本亦作「桂」，是本却作「貴」；又「貞以文章得用」句，舊本作「文筆」，華本、徐本亦作「文章」，是本却作「文筆」；又「西府舉公」，「西府」俱「四府」之譌，「四府」乃太傅、大尉、司徒、司空也，華本、徐本亦作「西府」，是本原作「西府」，朱筆却俱改「四府」；「凶人惡言當道」句，「凶人」下注：「本又有一『人』字，衍。」華本、徐本亦衍「人」字，是本却不衍；又「皆公府所特表選」句，舊本作「表送」，蓋仕而不受禄，故公府爲特表送也。華本、徐本亦作「表選」，是本却作「表送」。雖亦尚有沿譌之字，不能盡如抱經所糾，然要勝於華、徐二本。書衣原題「印宋本抄，照宋本校」，似所據尚爲較善之本也。